Kohlhammer

Kohlhammer Human Resource Competence

Herausgegeben von Alexander Haubrock

Fritz Gairing

Organisationsentwicklung

Geschichte – Konzepte – Praxis

Verlag W. Kohlhammer

Es konnten nicht alle Rechtsinhaber von Abbildungen ermittelt werden. Sollte dem Verlag gegenüber der Nachweis der Rechtsinhaberschaft geführt werden, wird das branchenübliche Honorar nachträglich gezahlt.

1. Auflage 2017

Gesamtherstellung: W. Kohlhammer GmbH, Stuttgart

Print:
ISBN 978-3-17-031145-9

E-Book-Formate:
pdf: ISBN 978-3-17-031146-6
epub: ISBN 978-3-17-031147-3
mobi: ISBN 978-3-17-031148-0

Inhaltsverzeichnis

Geleitwort des Herausgebers

Die Buchreihe Human Ressource Competence widmet sich den aktuellen und wachsenden Herausforderungen des Personalmanagements. Zu diesen Herausforderungen gehört ohne Frage die planvolle Entwicklung von Organisationen. Bereits Heraklit von Ephesus (540-480 v.Chr.) formulierte vor rund 2.500 Jahren, dass »nichts beständiger ist, als der Wandel«. Daran hat sich bis heute weder für Menschen noch für Organisationen irgendetwas geändert. Entwicklung, Veränderung und Wandlung bestimmen unser Leben als Menschen, aber natürlich sind auch Organisationen gefordert, sich zu entwickeln, um ihren Fortbestand zu sichern. Organisationsentwicklung unterteilt sich dabei in unterschiedliche Themenfelder und Bereiche. Dies können die Veränderung und Optimierung von Prozessen und Verfahrensweisen, Einführung von technischen Neuerungen, Wandel in der Ausrichtung des Unternehmens oder die Erhöhung der Lernfähigkeit einer Organisation sein. Zunehmend beobachten wir schnellere und kürzere Entwicklungs- und Veränderungszyklen. Kontinuierliche Entwicklung ist in diesem Zusammenhang daher für das Bestehen von Organisationen ohne Frage überlebenswichtig. Aktuelle Entwicklungen wie die digitale Transformation vor dem Hintergrund von disruptiven Innovationen verlangen zudem radikale Veränderungen, die ebenfalls klug und mit Augenmaß gesteuert werden müssen.

Die planvolle Entwicklung von Organisationen stellt aber immer eine besondere Herausforderung dar. Insbesondere wenn es darum geht, die Menschen in der Organisation in die Entwicklung einzubinden und sie möglichst zu Beteiligten und Akteuren der Veränderung zu machen, wird deutlich, dass Entwicklung und Veränderung, gerade wenn sie in einem Kollektiv und unter Zeitdruck geschehen sollen, häufig mit Risiken zu kämpfen haben. Es kommt nicht selten zu Widerständen, zu Ablehnung und Verzögerung der Entwicklungsprozesse. Viele Veränderungsprozesse scheitern – auch daran. Diese Tatsache unterstreicht, dass Entwicklung von Organisationen geplant, strukturiert und methodisch-konzeptionell durchdacht erfolgen muss, damit sie erfolgreich sein kann.

Genau diesem Thema widmet sich der vorliegende Band »Organisationsentwicklung«. Neben den wichtigen Grundlagen der Organisationsentwicklung zeigt der Band auch praktische Umsetzungsmöglichkeiten und beschäftigt sich insbesondere auch mit den aktuellen Herausforderungen der Organisationsentwicklung, die sich u. a. durch die rasante Digitalisierung und Industrie 4.0 ergeben.

Alexander Haubrock, Juni 2017

Vorwort des Autors

Seit mehr als drei Jahrzehnten hat sich Organisationsentwicklung auch außerhalb eingeweihter wissenschaftlicher Zirkel als Konzept-Grundlage für praktisches »Change Management« etabliert. Dabei hat sich das Thema in diesen Jahren erheblich verändert: Während in der OE-Praxis eine beinahe unüberschaubare Vielfalt von Entwicklung- und Veränderungsprozessen auf-, um- und abgesetzt wurde, haben sich die OE-Experten in einschlägigen Publikationen entweder mit marktgängigem Macher-Optimismus oder aber eher schwerblütig-selbstkritisch mit der eigenen Profession und den zu Grunde liegenden Konzepten auseinandergesetzt. Hektische Entwicklungen auf den gesellschaftlichen, politischen und (welt-)wirtschaftlichen Bühnen und eine dramatisch zunehmende Komplexität im Management von Wirtschaftsunternehmen und Non-Profit Organisationen (Schulen, Hochschulen, Behörden, Soziale Einrichtungen, etc.) haben die Dringlichkeit von Wandel und Entwicklung in immer größerem Tempo forciert. Ob Unternehmen fusionieren, einzelne Organisationsbereiche restrukturiert oder gar ausgegliedert werden, ob neue strategische Ziele entwickelt werden oder in Universitäten oder Schulen neue Qualitätsinstrumente eingeführt werden sollen, ob in der Automobilwirtschaft Antworten auf die aktuellen technologischen Entwicklungen gefunden werden müssen oder ob in einer Klinik neue Abläufe eingeführt werden, immer geht es darum diese organisatorischen Veränderungen aktiv zu planen, methodisch so zu gestalten, dass die Reaktionen der betroffenen Menschen und die Konsequenzen der funktionalen Veränderungen möglichst zielführend sind.

Das vorliegende Buch adressiert akademische Leser genauso wie betriebliche Praktiker. Es stellt die theoretischen Hintergründe und Konzepte der Organisationsentwicklung vor und beschreibt eine Vielzahl von praktischen Instrumenten für die professionelle Gestaltung von Veränderungsprozessen. Aktuelle Herausforderungen für die Organisationsentwicklung wie die digitale Transformation, Industrie 4.0, agiles Management und die Reaktion auf disruptive Innovationsprozesse finden dabei besondere Beachtung.

Ich danke meinen Studenten und Kollegen[1] an der Hochschule Pforzheim, der University of Cape Town und der Universität Karlstad für inspirierende Diskussionen, für fruchtbare Irritationen und für aufregende Anregungen in gemeinsamen Seminaren,

---

1 Die Verwendung des generischen Maskulinums in diesem Buch, als sprachliche Vereinfachung, dient einzig und allein der besseren Lesbarkeit des Textes.

Workshops, Vorlesungen & Konferenzen sowie meinen Freunden und meiner Familie für liebevolle Resonanz.

Fritz Gairing, Juni 2017

1 Einleitung

Diejenigen,
die keine Macht über die Geschichte besitzen,
die ihr Leben dominiert,
die nicht die Kraft haben, sie neu zu erzählen,
zu überdenken, zu demontieren und so zu verändern,
wie sich auch die Zeiten ändern,
sind in der Tat machtlos,
weil sie nicht in der Lage sind,
neue Gedanken zu denken.

Salman Rushdie

Die Welt steckt in gewaltigen Umbrüchen. Technisch, wirtschaftlich, politisch und gesellschaftlich. Für viele Organisationen – ob Wirtschaftsunternehmen oder Non-Profit-Gesellschaften – ist es deshalb (überlebens-)notwendig, sich an die sich ständig verändernden Umwelt- und Rahmenbedingungen anzupassen. Nur wer sich entwickelt, bleibt im Spiel. Komplexität und Dynamik treiben heute wirtschaftliche Prozesse in rasantem Tempo voran. Märkte, Technologien, Globalisierung und Digitalisierung zwingen Unternehmen zu tiefgreifenden Veränderungsprozessen. Aber wie kann dieser radikale Wandel professionell gestaltet werden? Wie können strategische, strukturelle und soziale Dimensionen der Veränderung in einem Unternehmen integrativ und handwerklich solide geplant, organisiert und gesteuert werden? Welche wissenschaftlichen Erkenntnisse und welche praktischen Konzepte, Instrumente und Methoden sind essentiell, damit Organisationsentwicklung (OE) in Form eines geplanten Veränderungsprozesses gelingen kann?

Organisationsentwicklung bzw. Change Management ist seit über siebzig Jahren ein Thema in der sozialwissenschaftlichen Diskussion. Ende der 1940er Jahre an Forschungseinrichtungen und Universitäten der amerikanischen Ostküste entstanden, landete das Thema in den 1970er Jahren dann im Umfeld eines emanzipatorischen Zeitgeistes im Gefolge von 1968 in Europa. Als ich mich vor knapp dreißig Jahren zum ersten Mal mit dem Thema OE beschäftigte, war die Literaturlage noch eher übersichtlich. Es gab nur wenige deutschsprachige Bücher (u. a. Glasl/LaHoussaye 1975; Sievers 1977a; Comelli 1985). Wichtig waren vor allem die Werke der amerikanischen OE-Pioniere (u. a. Bennis et al. 1975; French/Bell 1977). Ab den 1970er Jahren erhielt das Thema OE dann auch in Deutschland zunehmende Aufmerksamkeit. Es fiel im akademischen Bereich im Kontext von Verfahren der humanistischen Psychologie auf fruchtbaren Boden und segelte im Wind des emanzipatorischen Trends in den Sozial-

und Bildungswissenschaften. Neben der Rezeption und der akademischen Diskussion in den Sozialwissenschaften und zunehmend auch in der Betriebswirtschaftslehre wurde das Thema vor allem auch durch die praktische Anwendung in den Betrieben befördert: Partizipative Führungsansätze und entsprechende Managemententwicklungsmaßnahmen, wie Verhaltens- und Kommunikationstrainings, erhielten eine wachsende Bedeutung. Auch Teamkompetenzen wurden durch Gruppen- und Projektarbeit immer wichtiger und damit auch Teamentwicklungsmaßnahmen und Konfliktworkshops. Heute ist vor allem auch vor dem Hintergrund schneller und hektischer Veränderungen OE ein vielbeachtetes Konzept zur aktiven, geplanten und zielgerichteten Steuerung von Veränderungen. Und diese Bedeutung wird angesichts der hereinbrechenden digitalen Transformation vehement zunehmen.

Der aktuelle Büchermarkt ist voll von Werken zu OE und Change Management. Das Thema boomt. Und neben Organisationsforschern und Arbeitspsychologen verarbeiten auch viele Organisationsberater ihre Praxiserfahrungen in Publikationen. Viele kluge und sinnvolle Impulse sind in den vergangenen Jahren aus diesen Reflexionen von OE-Praktikern gekommen. Zudem gibt es inzwischen Literatur, die das Thema OE aus sehr spezifischen Betrachtungswinkeln unterschiedlicher Professionen oder akademischer Disziplinen untersucht: OE aus Sicht der Arbeits- und Organisationspsychologie, OE aus betriebswirtschaftlicher Perspektive, OE aus Sicht von Supervision und Mediation, OE im Kontext von Kirche und Pastoraltheologie, OE aus pädagogischer Sicht, OE aus soziologischer Sicht usw. Dazu gesellen sich Bücher, die das Handwerk des Veränderungsmanagements im Stil von Manualen beschreiben und sich als Anleitungsliteratur für Manager oder Berater verstehen. Zum Thema OE wurde also schon viel geschrieben. Das Spektrum reicht von wissenschaftlich-theoretischen Analysen ohne erkennbare Anwendungsrelevanz bis hin zum Praxis-Handbuch mit wenig theoretischem Fundament. Weshalb also ein weiteres Buch zum Thema?

Das vorliegende Werk will genau diese Dichotomie auflösen und eine Brücke schlagen zwischen sozialwissenschaftlicher Theorie und betrieblicher Praxis, zwischen Geschichte, Gegenwart und Zukunft der OE. Ein zentrales Anliegen ist dabei, die Komplexität der vielfältigen heterogenen Dimensionen, die einen Veränderungsprozess ausmachen, durch eine integrative und interdisziplinäre Betrachtung des Themas angemessen aufzubereiten. Deshalb will dieses Buch eine Integration verschiedener Perspektiven herstellen. Es erläutert die wissenschaftlichen Wurzeln, erklärt die zentralen theoretischen Konzepte und beschreibt ganz praktisch das Handwerkszeug bei der Planung und Gestaltung von OE-Prozessen – mit besonderem Augenmerk auf die drängenden aktuellen Herausforderungen. OE ist keine wissenschaftliche Grundlagendisziplin, wie etwa Astrophysik. OE ist eine Konzeption anwendungsorientierter Sozialwissenschaften, deren Bedeutung erst im Spannungsfeld zwischen theoretischem Hintergrund und praktischer Anwendung zum Tragen kommt. Dieses fruchtbare Spannungsfeld will das vorliegende Buch bewusst nutzen.

Wer sich beim Verständnis der Mechanismen und Gestaltungformen eines Veränderungsprozesses nicht nur auf Hochglanzpräsentationen und Beraterlyrik verlassen will, sollte die wissenschaftlichen Quellen der OE und deren Hintergrundideen kennen. Dabei muss man heute nicht alles goutieren, was die Gründerväter der OE einst erdacht haben. Aber es ist sinnvoll, die Absichten, die Beweggründe sowie die theoretischen und empirischen Erkenntnisse zu den Dynamiken und Gesetzmäßigkeiten bei der Veränderung sozialer Systeme zu kennen. Der OE-Vordenker Kurt Lewin fasst diese Gedanken in dem bekannten Bonmot: »Nichts ist so praktisch wie eine gute Theorie!« Wer die Logik und die Mechanismen von Veränderungsprozessen verstehen will – ob als Manager, als Berater, als Wissenschaftler oder als Studierender – der muss die zentralen Anwendungs-Konzepte der OE-Protagonisten kennen, die in den letzten Jahrzehnten systematische Ansätze dafür entwickelt haben. Und gerade heute ist die Frage nach angemessenen Formaten der OE und des Change Managements angesichts der Herausforderungen der Digitalisierung drängender denn je. Greifen die klassischen OE-Konzepte auch bei diesen Herausforderungen oder braucht es einen Wandel des Wandels? Braucht es neue Formen der OE für die Arbeitswelt 4.0? Dieses Themenspektrum rund um OE wird in diesem Buch aus vielfältigen Blickwinkeln integrativ entfaltet – und das ist neu!

OE zu definieren ist schwierig. Der amerikanische Organisationswissenschaftler Robert Kahn meint gar: »Organisationsentwicklung ist kein Begriff, zumindest nicht im wissenschaftlichen Sinne des Wortes« (Kahn, 1977, S. 286). Die Tatsache, dass OE eine praxisbezogene Konzeption ist, hat dazu geführt, dass nahezu jeder Berater, Autor oder Forscher seine eigene Definition abgibt. Kahn beschreibt dies süffisant: »Der Beruf, die Mächtigen dabei zu beraten, wie sie ihre Ziele besser erreichen können, ist sehr alt. OE andererseits ist ein neues Etikett für ein Konglomerat von Dingen, die eine wachsende Zahl von Beratern unternehmen, während sie gleichzeitig darüber schreiben. Was sich hinter diesem Etikett versteckt, hängt in hohem Maße vom jeweiligen ›Täter‹ bzw. ›Schreiber‹ ab« (Kahn, 1977, S. 281). Und auch der deutsche OE-Pionier Karsten Trebesch hat bereits 1982 einen Artikel zur OE-Definitionsproblematik geschrieben. Titel: »50 Definitionen der Organisationsentwicklung – und kein Ende« (»und es hätten leicht hundert werden können«) (Trebesch, 1982). Aus diesem Grund soll hier erst gar nicht der bereits per se untaugliche Versuch unternommen werden, die richtigen Definitionen von OE aufzuführen. Vielmehr soll eine Übersicht der aus meiner Sicht relevanten *Wesensmerkmale* helfen, das Thema zu fassen.

Wendell French und Cecil Bell jr. definieren in ihrem Standardwerk »Organisationsentwicklung« das gleichnamige Konzept präzise und konzentriert als: »eine langfristige Bemühung, die Problemlösungs- und Erneuerungsprozesse in einer Organisation zu verbessern, vor allem durch eine wirksamere und auf Zusammenarbeit gegründete Steuerung der Organisationskultur – unter besonderer Berücksichtigung der Kultur formaler Arbeitsteams – durch die Hilfe eines OE-Beraters oder Katalysators und durch Anwendung der Theorie und Technologie der angewandten Sozialwissenschaften unter Einbeziehung von Aktionsforschung« (French/Bell, 1990, S. 31). Der Begriff »Organisationsentwicklung« (im Englischen: »Organizational Development« (OD)) taucht erst in den 1950er Jahren in den USA auf. Das Konzept basiert historisch im Wesentlichen auf zwei Quellen, die in diesem Buch noch ausführlich dargestellt werden: Die Laboratoriumsmethode, die aus der Aktionsforschung Kurt Lewins ab Ende der 1940er Jahre in den USA erwuchs und die »Survey-Feedback«-Methode, entwickelt am Institute for Social Research an der University of Michigan, die die Erkenntnisse der Laboratorien auf den realen Praxiskontext von komplexen Organisationssystemen transferierte. Burkhard Sievers, Inhaber des ersten deutschen Lehrstuhls für OE an der Universität Wuppertal, gibt folgende Beschreibung: »Von anderen wirtschafts- und sozialwissenschaftlichen Teildisziplinen unterscheidet sich die OE vor allem durch ihren unmittelbaren Anwendungscharakter. Sie ist darauf ausgerichtet, Theorien, Modelle und Methoden zu entwickeln und anzuwenden, die eine erfolgreiche Veränderung von Organisationen durch geplanten sozialen Wandel ermöglichen« (Sievers, 1977b, S. 11).

Die Gesellschaft für Organisationsentwicklung e. V. (GOE) bezieht sich bei ihrer Definition von OE auf drei Schwerpunkte.

- OE ist ein längerfristig angelegter Entwicklungs- und Veränderungsprozess von Organisationen und den in ihr tätigen Menschen.
- Der Prozess beruht auf Lernen aller Betroffenen durch direkte Mitwirkung und praktische Erfahrung.
- Das Ziel besteht in der gleichzeitigen Verbesserung der Leistungsfähigkeit der Organisation (Effektivität) und der Qualität des Arbeitslebens (Humanität) (Trebesch, 1982, S. 51).

OE wird heute allgemein als ein sozialwissenschaftlich basiertes Handlungskonzept verstanden, dass die Planung, Gestaltung und Steuerung eines längerfristigen Veränderungsprozesses in Organisationen umfasst. Dieser Prozess wird in der Regel von Beratungsexperten in enger Abstimmung mit dem Management und dem HRM-Bereich der betroffenen Organisation begleitet. Im Rahmen des Veränderungsprozesses ist eine weitgehende Beteiligung der Organisationsmitglieder essentiell (»Betroffene zu Beteiligten machen«), damit zum einen eine breite Akzeptanz der Veränderung geschaffen wird und zum anderen weitreichende Lernerfahrungen der Beteiligten – sowohl individuell als auch organisational – möglich sind (Gairing, 2008).

Ziele der OE sind zum einen, die Selbstentfaltung und die Persönlichkeitsentwicklung des Einzelnen im Kontext seiner Arbeit zu fördern (Humanisierung der Arbeitswelt) und zum anderen zugleich auch die Leistungs- und Wettbewerbsfähigkeit der Organisation (Produktivität, Effektivität und Effizienz) zu erhöhen. Diese optimistisch-emanzipatorische Grundidee der OE, die gleichzeitige Verbesserung von Produktivität und Humanität, wirkt in unserer heutigen Welt mit permanent gesteigerten Performance-Ansprüchen etwas weltfremd und sozialromantisch verklärt. Inzwischen hat sich der Zeitgeist geändert und selbst Pioniere der deutschsprachigen OE haben sich von dieser Grundformel distanziert. So kritisiert Karsten Trebesch, einer der Gründungsväter der GOE eine »beziehungslastige« OE, die als reine »Befindlichkeits-Organisationsentwicklung« obsolet sei. Vielmehr müsse eine »nützliche« OE die politischen Prozesse der Zielfindung, die strategische Planung und ökonomische Konzepte einschließen. Ein OE-Berater müsse nicht nur Experte für die soziale Organisation von Projekten und Prozessen sein, sondern auch betriebswirtschaftliches und fertigungstechnologisches Wissen besitzen (Trebesch, 1994, S. 23).

OE muss heute also nicht nur das organisationale Verhalten, mithin die sozial- und organisationspsychologischen Prozesse fokussieren, sondern zugleich auch betriebswirtschaftliche und technologische Dimensionen berücksichtigen. Dieses umfassende, integrative und interdisziplinäre Verständnis von OE ist die Basis dieses Buches.

Eine Besonderheit in der aktuellen Diskussion ist das Verhältnis von OE und Change Management (oder Wandel-, Veränderungs- bzw. Transformationsmanagement etc.).

Heute scheint die Formel Change Management den Begriff OE zu verdrängen. Dazu hat neben der Mächtigkeit anwendungsorientierter Managementkonzepte sicher auch der Erfolg des Bestsellers »Change Management« von Klaus Doppler und Christoph Lauterburg beigetragen (Doppler/Lauterburg, 2014), deren Grundaussagen in Kapitel 3 (Kernkonzepte) dieses Buches vorgestellt werden. Simon Werther und Christian Jacobs haben versucht, beide Begriffe trennschärfer zu fassen (Werther/Jacobs, 2014, S. 47). Dieser Versuch einer begrifflichen Klärung ist begrüßenswert, ist in dieser Form meiner Meinung jedoch zu holzschnittartig und formal, weshalb ich ihn – näher an der Praxiswirklichkeit – »entschärft« habe (▶ Abb. 1).

	Organisationsentwicklung	**Change Management**
Hintergrund des Begriffs	Sozialwissenschaftlich geprägtes Konzept, für geplanten Wandel in einer Organisation, betrifft i. d. R. die gesamte Organisation	Sammelbegriff aus umgangssprachlicher Perspektive für jegliche Veränderungen in einer Organisation
Organisationsverständnis	Ganzheitliche Perspektive aus personeller (z. B. Führung, Kommunikation, Organisationskultur) und struktureller Perspektive (Strukturen, Prozesse, Technologien, Finanzen). Organisation als soziales System	Oftmals funktional-technisches Verständnis von Veränderung analog zu Projektmanagement und Veränderung technischer Systeme
Schwerpunkte	Längerfristig angelegter Veränderungsprozess mit substanziellen und nachhaltigen Veränderungen	Optimierungen mit unterschiedlichen Schwerpunkten, z. B. Kostensenkung, Restrukturierungen, neue Technologien/IT, Qualitätsmanagement
Zeitliche Perspektive	Mittel- bis langfristig	Kurz- bis mittelfristig
Akteure	Organisations- und Prozessberater, oft mit sozialwissenschaftlichem Hintergrund	Unternehmensberater, oft mit betriebswirtschaftlichem oder ingenieurwissenschaftlichen Hintergrund
Zentrale Annahmen	Partizipation, das Streben aller Menschen nach Weiterentwicklung. Beratung als »Hilfe zur Selbsthilfe«	Steuerbarkeit und Beherrschbarkeit sozialer Systeme analog zu technischen Systemen

Abb. 1: Organisationsentwicklung versus Change Management (Eigene Darstellung in Anlehnung an Werther/Jacobs, 2014, S. 47)

Nach meiner Einschätzung sind in der betrieblichen Praxis und selbst im akademischen Diskurs die beiden Termini de facto kaum noch voneinander zu unterscheiden. Es ist richtig, dass die OE in einer Reihe von sozialwissenschaftlichen Studien, Projekten und daraus resultierenden Erkenntnissen entstanden ist und richtig ist auch, dass der Begriff Change Management eine Formel ist, die eher unspezifisch eine pragmatisch-hemdsärmelige Anwendungskonzeption beschreibt. Aber die wissenschaftlichen Bemühungen, über epistemologische und semantische Differenzierungen eine präzise Abgrenzung der beiden Konzepte zu beschreiben, treffen meines Erachtens nicht den Punkt. In einer akademischen Betrachtung der Konzepte und einer entsprechenden Definition mag der Unterschied tatsächlich bedeutsam sein, für die Praxis der Gestaltung von Veränderungsprozessen sind die Begriffe jedoch zweitrangig. In der Praxis der OE oder des Wandels ist es aus meiner Sicht nicht wesentlich, welches Konzeptetikett gewählt wird, sondern, mit welchen Haltungen und mentalen Modellen die handelnden Akteure (vor allem Manager und Berater) ans Werk gehen. Wird eine echte Beteiligung und das Lernen der Organisationsmitglieder gewünscht und in den Veränderungsprozess programmatisch integriert oder geht es um eine hierarchisch angeordnete Restrukturierung, deren Inhalte top-down exekutiert werden sollen? Für die handelnden Manager und Berater sind die Konzeptbegriffe dabei letztlich unbedeutend. Deshalb werden in diesem Buch die Begriffe OE und Change Management hinsichtlich der praktischen Anwendungsbezüge synonym verwendet. Als theoretisch-wissenschaftliche Basis wird jedoch die sozialwissenschaftlich fundierte Konzeption der OE (zum einen aus der sozialpsychologisch-gruppendynamischen Tradition und zum anderen aus dem Bündel systemischer Organisations- und Beratungstheoreme) zugrunde gelegt.

Auch Konzepte zur Gestaltung von Veränderungsprozessen unterliegen dem Wandel. In einer Zeit, in der Transformationen oder Restrukturierungen scheinbar immer schneller durchgeführt werden müssen, Veränderungszyklen als auch Verfallsdaten von Wissen, Technologien und Produkten immer kürzer werden, bleibt den meisten Unternehmen nicht viel Zeit für Veränderungen. Stabile Phasen zur Verstetigung neuer Strukturen und Prozesse sowie Muße zum Lernen und Ausprobieren scheinen heute kaum noch möglich. Zugleich verlangen die Märkte nach Innovationen, nach völlig neuen Dienstleitungen und nach kreativen und individualisierten Produkten. Die digitale Revolution und die praktischen Konsequenzen der sogenannten »Industrie 4.0« fordern vielfach radikale Reorganisationen in den Unternehmen. Die Lage der deutschen Automobilindustrie zeigt das Bündel der Herausforderungen wie in einem Brennglas: Elektrifizierung, neue Mobilitätsformen, Sharing, autonomes Fahren, Digitalisierung und völlig neue Wettbewerber auf dem Markt. Bleibt das Auto Mittelpunkt im Ökosystem Mobilität oder wird das Produkt Automobil ein austauschbares Asset im Orbit einer neuen digitalisierten Mobilität? Und wie kann dieser digitale Transformationsprozess aktiv und zielgerichtet gestaltet werden – und mit welchen Veränderungskonzepten?

Ziel dieses Buches ist es, den Lesern – ob praktischen Anwendern wie Führungskräften und Beratern oder Interessierten aus der akademischen Welt – einen systematischen und umfassenden Überblick über Theorie und Praxis der OE zu geben und damit auch mögliche Antworten auf die aufgeworfenen Fragen zu liefern. Dies soll in den folgenden vier Kapiteln geschehen:

- 2 Wegbereiter:
  Wesentliche theoretische Konzepte und Hintergründe
- 3 Kernkonzepte:
  Zentrale Anwendungsmodelle
- 4 Handwerk:
  Konkrete und praxiserprobte Instrumente und Tools
- 5 Herausforderungen:
  Aktuelle Anforderungen und mögliche Gestaltungsansätze

2 Wegbereiter

»In unserem Geschäft fehlt uns eine anerkannte Berufsausbildung – mit allen Vor- und Nachteilen. Uns fehlen vielleicht auch die angemessene Achtung unserer Gründungsväter und die Annehmlichkeiten, die ihre Instrumente uns geben können.«

John Van Maanen

2.1 Scientific Management

Als Ausgangspunkt für die wissenschaftliche Erforschung von Managementarbeit gelten die Arbeiten von Frederick Winslow Taylor. 1911 führte Taylor mit seinem Buch »Scientific Management« (Taylor, 1911) das epochemachende Konzept für ein wissenschaftlich fundiertes Management ein (vgl. Kieser/Walgenbach, 2010, S. 345 f.). Das zentrale Thema war für Taylor dabei die optimale Organisation der Produktion. Zur Erreichung dieses Zieles empfahl Taylor ein Spektrum von Methoden, das von gestuftem Leistungslohn bis zur Leistungsoptimierung anhand der Durchführung von Zeit- und Bewegungsstudien reichte. Dabei entwickelte Taylor Methoden zur Analyse von Arbeitsprozessen, um den gesamten Arbeitsprozess in möglichst kleine Aufgabenelemente zu zergliedern, die dann von verschiedenen Arbeitern erledigt werden konnten (Taylor 1913).

Damit war der »Taylorismus« geboren und der Weg geebnet für Fords Fließbandproduktion. Taylors Augenmerk galt ausschließlich der funktionalen Optimierung der Arbeitsabläufe – eine Methode, die im Übrigen heute vom Verband für Arbeitsstudien

(REFA) weiter gepflegt und angewandt wird – um damit eine Verbesserung der Arbeitsökonomie und der Produktivität zu erreichen. Dabei waren für Taylor neben der Produktionstechnologie die Arbeiter nur funktionale »Stellgrößen« zur optimalen Konfiguration des Arbeitsprozesses. Psychologische und soziale Faktoren hatten in Taylors Konzept keine Bedeutung. Der Mensch war für ihn ausschließlich ein Teil des Produktionsprozesses. Er war »nur« Mittel zum Zweck. Die praktische Umsetzung des tayloristischen Produktions- und Organisationssystems wurde durch das Fließband erreicht. Auch wenn dieses Arbeitsformat bereits Ende des 19 Jahrhunderts in den Schlachthöfen von Chicago angewandt wurde, kann man Henry Ford, der diese Produktionsmethode beim Bau seines legendären T-Modelles (Tin Lizzy) im Januar 1914 konsequent im Sinne der Taylor'schen Prinzipien ausrichtete, als den Vater der Fließbandproduktion bezeichnen.

2.2 Human Relations

Erst mit der Erkenntnis der 1920er Jahre, dass Management »getting things done with and through people« (Macharzina, 1993, S. 47) bedeutet, entwickelte sich eine Management- und Organisationstheorie, für die der Mensch und sein Verhalten im Mittelpunkt des Arbeitsprozesses stehen. Dieser Theorieansatz wurde vor allem von Mayo, Roethlisberger und Dickson (Roethlisberger/Dickson, 1966) entwickelt.

1927 bis 1933 wurde in den Hawthorne-Werken der Western Electric Company in Hawthorne in der Nähe von Chicago Experimente zur Arbeitsoptimierung durchgeführt. Die Experimente standen unter Leitung des Harvard-Professors Elton Mayo. Mayo und seine Kollegen Fritz Roethlisberger und William Dickson untersuchten dabei die Folgen der Veränderung von Arbeitsbedingungen auf die Arbeitsleistung. Konkret ging es in einem dieser Experimente um die Bestimmung der optimalen Beleuchtung für die Arbeitsplätze der Arbeiterinnen, die Telefonrelais zu montieren hatten. Dabei stießen die Ingenieure auf ein zunächst unerklärliches Phänomen: Sowohl in der Experimentiergruppe, wo die Wirkung von unterschiedlichen Beleuchtungsarten untersucht wurde, als auch in der Kontrollgruppe, wo an der alten Beleuchtung nichts geändert wurde, stiegen die Leistungen der Arbeiterinnen kontinuierlich an. Die Arbeitsleistungen stiegen also in beiden Gruppen, obwohl nur in einer Gruppe die technischen Rahmenbedingungen der Arbeit verändert wurden. Und sie gingen in der Experimentiergruppe erst zurück, als die Arbeiterinnen bei schummriger Beleuchtung fast nichts mehr sehen konnten (Mayo, 1949).

An diesem Punkt »erkannten Mayo und sein Team, dass die Annahmen, von denen sie ausgegangen waren, sich nicht halten ließen. Sie hatten das Experiment begonnen, um den Einfluss äußerlicher Arbeitsbedingungen […] quantitativ zu bestimmen. An seinem Ende stand die Entdeckung eines neuen Faktors, der psychischen und vor allem der sozialen Begleitphänomene der industriellen Arbeit.« (Burisch, 1971, S. 46 f.). Für Lutz von Rosenstiel ist die zentrale Erkenntnis aus den Hawthorne-Studien deshalb auch, »dass die Arbeitsleistungen in starkem Maße von den Sozialbeziehungen abhängig sind, die zwischen Vorgesetzten und Unterstellten bestehen.« (von Rosenstiel, 1991, S. 194).

Dieses Phänomen, die Bedeutung des sozialen Kontextes für die Arbeitsproduktivität, das dabei eher zufällig entdeckt wurde, ging als »Hawthorne-Effekt« in die sozial- und wirtschaftswissenschaftliche Literatur ein und begründete die sogenannte »Human-Relations-Bewegung«; eine Forschungsrichtung, die über die Verbesserung der sozialen Rahmenbedingungen versuchte, die Motivation der Mitarbeiter und die Arbeitsleistung zu steigern. Kritiker bemängeln jedoch die aus ihrer Sicht vereinseitigende Rezeption der Hawthorne-Studie durch die Praxis der Human-Relations-Bewegung, denen sie unterstellen, sie arbeite nach der Maxime »Glückliche Kühe geben mehr Milch« (Hofmann et al., 1991).

Neben den Erkenntnissen des »Hawthorne-Projektes«, dass die sozialen und psychologischen Dimensionen im Arbeitsprozess einer Organisation für die Arbeitsleistung eine zentrale Bedeutung haben, hat die Reflexion der Forschungsmethodik im Rahmen der Hawthorne-Untersuchungen zu einem Paradigmenwandel in den Sozial- und Wirtschaftswissenschaften geführt. Maßgeblich dazu beigetragen hatte dabei, dass die Forscher offensichtlich sensibel, weitsichtig und unideologisch genug waren, um von ihrer vorgegebenen Forschungshypothese abzuweichen und damit in einem völlig anderen Metier sehr überraschende und neuartige Erfahrungen machten. Diese wissenschaftstheoretische und forschungsmethodisch wesentliche Bedeutung des »Hawthorne-Effekts« vernachlässigen leider viele Autoren bis heute, wenn sie nur die Ergebnisse der inhaltlichen Oberfläche rezipieren. Dies scheint ein durchaus zentrales Manko des Wissenschaftsbetriebs zu sein; ein Phänomen, das Theodor W. Adorno folgendermaßen kommentiert: »Dass ich es also nach wie vor riskiere, ungedeckte Gedanken zu denken, die sonst von diesem übermächtigen Kontrollmechanismus, der da Universität heißt, den meisten Menschen sehr früh [...] abgewöhnt werden. Es zeigt sich nun dabei, dass die Wissenschaft selber durch diese Kontrollmechanismen in diesen Bereichen so kastriert und so steril wird, dass sie dann gleichsam dessen bedarf, was sie selber verpönt, um überhaupt sich halten zu können« (Adorno, 1971c, S. 135).

Mayo (1939) beschreibt diese grundlegende Forscherkompetenz am Beispiel des Hawthorne-Forscherteams: »If Mr. G. A. Peacock, who began and developed this series of experiments, had not been intimately acqainted with this human complexity, if he had not been thus inspired to critical inspection of this first apparent findings, then this history would not have been written« (Mayo, zitiert nach Roethlisberger/Dickson, 1966, XI).

Diese Grundhaltung für sozialwissenschaftliche Feldforschung, die hier offensichtlich wird, hat Theorie und Praxis, Forschung und Beratung im Rahmen von OE – neben den inhaltlichen Erkenntnissen dieser Untersuchungen – grundlegend beeinflusst. Lewins Konzept der »Aktionsforschung« wurde davon ebenso geprägt, wie die Idee des »prozessualen Beratens« (Schein, 2010) im Rahmen der OE.

Der erste Teil dieses Kapitels hat zwei wesentliche ideengeschichtlichen Wurzeln der Organisationstheorie als Rahmen für die Entwicklung der OE beleuchtet: Taylors Scientific Management und die durch die Hawthorne-Untersuchungen ausgelöste Human-Relations-Bewegung. Im Grundsatz kann man sagen, dass die Dichotomie organisationaler Optimierung (Strukturen, Prozesse) auf der einen Seite und die Bedeutung des menschlichen Verhaltes auf der anderen Seite bis heute die spannungsgeladene Polarität darstellt, zwischen der sich Management und vor allem auch OE bewegt. Dieser Spagat zwischen der organisatorischen Arbeitsgestaltung und -optimierung und der Beachtung der menschlichen und sozialen Bedürfnisse zieht sich wie ein roter Faden durch alle Herausforderungen, die wir im Rahmen von Management und Leadership kennen.

Aus der Tradition des Scientific Management haben sich dabei viele Konzepte der modernen Betriebswirtschaft entwickelt: Flussorientierte Produktion, Lean Management, Kennzahlenorientierung, REFA, Prozesscontrolling und -optimierung, um nur einige zu nennen. Auf der anderen Seite hat die Konzeption der Human-Relations-Bewegung eine große Bedeutung hinsichtlich vieler aktueller Themen der Mitarbeiterführung gewonnen. Dabei steht insbesondere die Interaktion zwischen Vorgesetzten und Mitarbeitern aber auch die Beziehung zwischen Kollegen im Zentrum. Themen wie Mobbing, Teambuilding, transformationale Führung u. a. basieren ganz elementar auf den Erkenntnissen der Human-Relations-Konzepte. Auch heute beherrscht diese Grundspannung zwischen den beiden polaren Konzepten den betrieblichen Alltag. Oswald Neuberger beschreibt diese Spannung am Beispiel der Mitarbeiterführung, wenn er von einem Grunddilemma der Führungskräfte, ihre Mitarbeiter als Mittel oder als Zweck sehen, spricht.

Grunddilemma Mitarbeiterführung: Mitarbeiter als Mittel oder als Zweck	
Mittel Betrachtung des einzelnen als »Kostenfaktor«, »Instrument«, »Leistungsträger«, »Mensch als Mittel«	**Zweck** Selbstverwirklichung und Motivbefriedigung des Einzelnen als oberstes Ziel: »Mensch im Mittelpunkt«

Abb. 2: Grunddilemma Mitarbeiterführung: Mitarbeiter als Mittel oder als Zweck (Neuberger, 1995a, S. 91)

In Zusammenhang mit dieser Aussage ist auch Vorsicht angezeigt bei pathetischen Formulierungen wie »Der Mensch ist Mittelpunkt« (gebetsmühlenhaft vorgetragener Missionssatz in wohlfeilen Managersonntagsreden und Hochglanzbroschüren). Im Alltag lautet die Formel dann doch eher: »Der Mensch ist Mittel. Punkt!«

Der Industriesoziologe Roland Springer beschreibt den Zusammenhang zwischen Humanisierungsphasen und Rationalisierungsphasen in Abhängigkeit von der aktuellen ökonomischen Rahmensituation. Verkürzt ausgedrückt kann man seine Argumentation auf folgenden Punkt bringen: Nur wenn der Arbeitsmarkt leergefegt ist (und die Unternehmen daher Probleme bekommen), haben Humanisierungsprojekte Konjunktur.

Auf Basis der Erfahrungen mit den Hawthorne-Experimenten und in Abgrenzung zu der techno-funktionalen Theorie Taylors wurden von den Vertretern der Human-Relations-Schule, die vor allem an den renommierten Ostküsten-Universitäten in den USA (MIT, Harvard, Michigan University u. a.) forschten, zahlreiche Führungs-Ansätze entwickelt, die die Bedürfnisse, die psychologische Verfassung und Identität der Mitarbeiter zentral in das Managementhandeln einbeziehen. Die bisherige Annahme, die vor allem durch das tayloristische Denken geprägt war, das Verhalten von Mitarbeitern

Produktmarktkonkurrenz \ Arbeitsmarktkonkurrenz	stark	schwach
stark	Gleichrangigkeit von Effizienzsteigerung und Humanisierung (späte 1980er und frühe 1990er Jahre)	Primat der Produktivität (1990er Jahre)
schwach	Primat der Humanisierung (1970er und frühe 1980er Jahre)	Primat der Planerfüllung bei Monopolstellung (Sonderfall)

Abb. 3: Humanisierung und Produktivität im Kontext von Arbeits- und Produktmarkt (Springer, 1999, S. 32)

als »ökonomisch-rational« zu betrachten, wird von den Human-Relations-Vertretern als zu einseitig und begrenzt kritisiert. Denn auch ein straffes und systematisches Management läuft Gefahr, durch die unberechenbare Wirkung der informellen Beziehungen, der vielfältigen individuellen Interessen, Motive und Kalküle oder auch der Wirren sozialer Dynamiken in Gruppen zu scheitern. Die Konzepte der Human-Relations-Bewegung fokussierten deshalb vor allem die sozialen Antriebsfaktoren der Mitarbeiter und die Frage nach deren Beeinflussung zur Steigerung der Arbeitsleistung. Dabei wurde dem Thema Mitarbeiterführung eine zentrale Bedeutung zugesprochen. Neben Organisation und Planung wurden vor allem Motivation, Kommunikation und aktive (demokratische) Beteiligung der Mitarbeiter als wesentliche Handlungsfelder der Führungskräfte gesehen. Ein besonders wichtiges Kriterium war für die Human-Relations-Forscher dabei die Wirkung des Führungsstils für die Arbeitsleistung der Mitarbeiter und deren Haltung zur Arbeit. Wichtige Vertreter der Human-Relations-Bewegung sind Abraham Maslow (Bedürfnispyramide der Motivation), Frederic Herzberg (Zweifaktorentheorie der Motivation) und Douglas McGregor (Theorie X/Y), die mit ihren Arbeiten zentrale Beiträge für die Managementtheorie und auch für die OE geliefert haben (vgl. dazu auch Biderman/Zimmer, 1961).

2.3 Dewey, Moreno, Lewin

Im Folgenden sollen hier drei weitere Wissenschaftler und ihre Konzepte vorgestellt werden, die eine grundlegende Bedeutung für die Entwicklung der OE haben: John Dewey, Jakob L. Moreno und Kurt Lewin.

Dass neben Kurt Lewin auch Jakob Moreno und John Dewey zu den zentralen und prägenden Vätern der OE zu rechnen sind, haben Wendell L. French und Cecil H. Bell jr.

in ihrer »History of organization development« bereits in den 1980er Jahren verdeutlicht (French/Bell, 1985).

Sie schreiben folgendes über die prägenden Einflüsse auf die Lewin-Schüler Bradford, Lippitt und Benne, die bereits 1946 zusammen mit Lewin den ersten gruppendynamischen Workshop des Research Center for Group Dynamics als Forscher begleiteten und 1947 nach Lewins Tod das erste Laboratoriumtraining in Bethel/Maine durchführten und somit als bedeutsame Mitgestalter der OE gelten:

> »In addition to Lewin and his work, influences on Bradford, Lippitt and Benne relative to the intervention of the T-group and the subsequent emergence of OD included extensive experience with role playing and Moreno's psychodrama. Further Bradford and Benne had been influenced by John Dewey's philosophy of education, including concepts about learning and change and about the transactual nature of humans and their environment« (French/Bell, 1985, S. 19).

Eine Übersicht über die Entwicklungsstränge der OE (► Abb. 4) gibt einen Eindruck über die Vielfalt und Vielschichtigkeit der Einflüsse, die zur Entstehung und Entwicklung der OE beigetragen haben. Chin und Benne unterscheiden dabei drei Grundkategorien von Strategien für geplante Veränderungen, die gleichsam als Grundentwicklungsstränge der OE verstanden werden können:

1. **Rational-empirische Strategien** gehen davon aus, dass Menschen durch rationale Einsicht mit Argumenten zu Veränderungen zu bewegen sind.
2. **Macht- und Zwangsstrategien** gehen davon aus, dass nur Macht – sei sie ökonomisch, politisch, moralisch oder auch physisch – tatsächlich Veränderungen bewirken kann.
3. **Normativ-reedukativen Strategien** gehen nicht von einem Bild des rationalen Menschen aus, sondern von einem komplexeren Menschenbild, das sich auch durch irrationale, emotionale und unbewusste Motive auszeichnet und durch bestimmte soziale Interaktionen, Dynamiken und Kontextsituationen determiniert wird. Der normativ-reedukative Ansatz wird generell dem Konzept der OE zugerechnet.

Der zweite Abschnitt des Kapitels widmet sich dann der Entstehung und Entwicklung der OE von den Anfängen der Arbeit am Research Center for Group Dynamics am MIT 1945 bis zu den methodischen und inhaltlichen Ausdifferenzierungen der OE Anfang der 1960er Jahre.

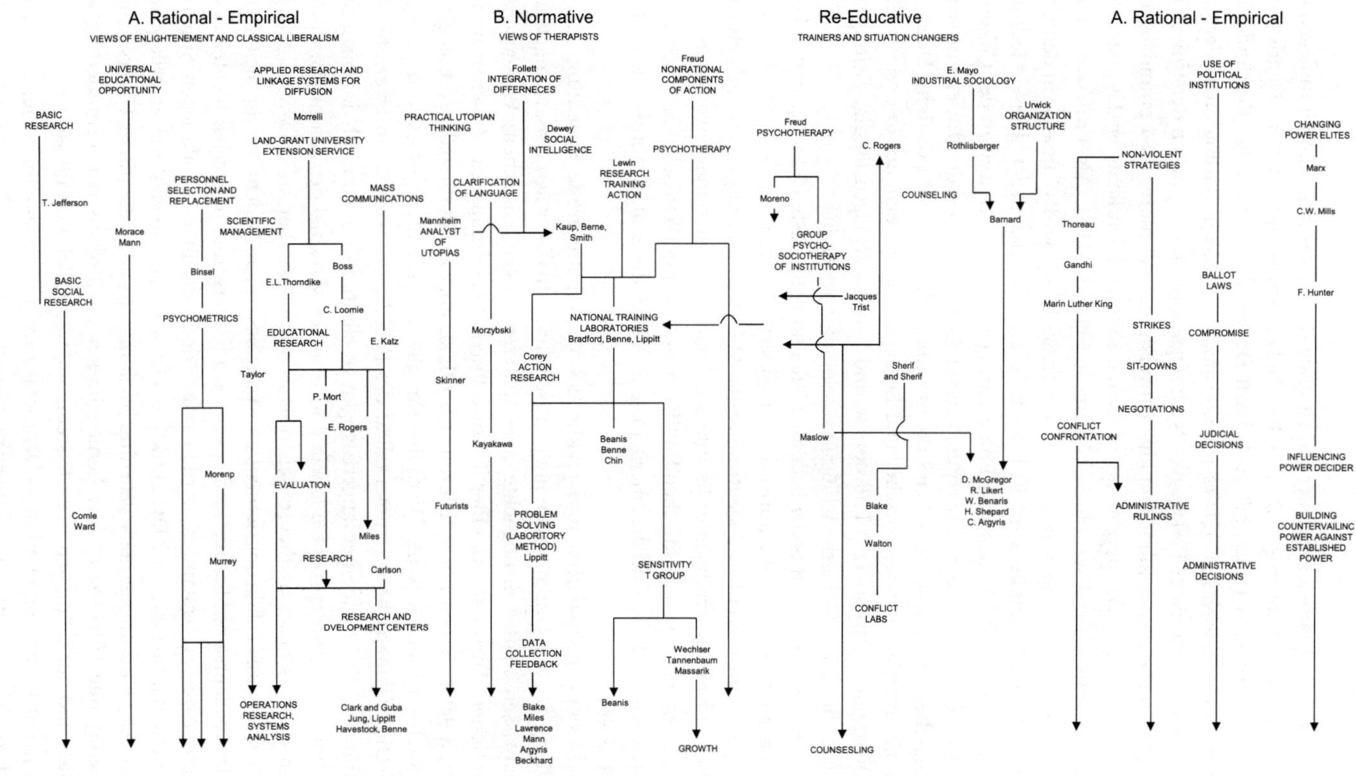

Abb. 4: Entwicklungsstränge der OE (Benne/Bennis/Chin, 1975, S. 74 f.)

2.4 Pragmatismus

Die Entstehung und Entwicklung der OE ist ohne die philosophischen Grundlagen des amerikanischen Pragmatismus nicht denkbar. Neben den Hauptvertretern Charles Sanders Pierce und William James, gilt auch **John Dewey** als ein wichtiger Begründer des Pragmatismus (Hookway, 2017). Dieser wurde am 20.10.1859 in Burlington in Vermont geboren und studierte später Pädagogik, Psychologie und Philosophie an der Universität von Vermont sowie an der Johns Hopkins University in Baltimore. 1884 promovierte er mit einer Arbeit über »The psychology of Kant«. 1886 veröffentlichte er das erste amerikanische Lehrbuch für Psychologie (Martens, 1981, S. 242 f.). Als Professor an der Universität von Chicago war er prägend für die Entwicklung der Psychologie in den USA. Ebenso hatte er großen Einfluss auf die Reform des amerikanischen Schulwesens (Schultz, 1969, S. 125). Von 1904 bis zu seiner Emeritierung 1930 lehrte Dewey an der Columbia University in New York. Hauptschwerpunkt seiner Arbeit war dabei die Umsetzung seiner psychologischen und philosophischen Erkenntnisse in die soziale Praxis. John Dewey ist zu Recht als interdisziplinärer Forscher und Lehrer zu bezeichnen, der in drei verschiedenen Disziplinen (Psychologie, Philosophie und Pädagogik) eigenständige Beiträge erarbeitet hat, die sich jedoch sehr schlüssig aufeinander beziehen.

Dewey war über Jahrzehnte der bedeutendste und prägendste Pädagoge in den USA. Seine Bücher waren »Pflichtlektüre« an den amerikanischen Universitäten (Martens, 1981, S. 245). Seine besondere Bedeutung verdankt Dewey allerdings seiner gebündelten theoretischen Kraft durch die interdisziplinäre Argumentation seiner Forschungsergebnisse sowie seinen großen praktischen Einflüssen auf die amerikanische Gesellschaft, auf das Bewusstsein und auch auf die amerikanische Politik, die er aktiv mitgestaltete (Richter, 1994, S. 46).

John Deweys theoretisches und praktisches Werk hatte große Bedeutung für die Entwicklung der OE. Durch seinen pragmatisch-funktionalistischen Ansatz angewandter Sozialwissenschaften ermöglichte er es späteren (angelsächsischen) Wissenschaftlergenerationen, Forschung in einer Theorie-Praxis-Verzahnung zu verstehen und zu gestalten, welche die besondere Relevanz der OE als angewandte sozial-psychologische und erwachsenenbildnerische Disziplin für die Organisationspraxis erst möglich machte. Die pragmatische Instrumentalität der Forschung, wonach ein erreichtes Ziel immer nur ein Schritt auf einer längerfristigen gesellschaftlichen und phylogenetischen Entwicklung ist, wurde später bei Lewin konstitutives Merkmal der Aktionsforschung.

Neben den wissenschaftstheoretischen Merkmalen hat aber auch Deweys pädagogisches Konzept des Erfahrungslernens eine ganz besondere Bedeutung für die OE. Die These, dass bedeutsames Lernen immer vor dem Hintergrund des realen Kontextes des Lehr-/Lernprozesses verstanden werden muss, der von einer der aktuellen Situation immanenten Rationalität und Dynamik gespeist wird, hat sowohl die amerikanische Tradition des Handlungslernens (learning by doing) als auch die dieser Untersuchung zugrundeliegende Hypothese, dass Lernen immer ein Prozess der Veränderung von Individuen und der sie umgebenden Systeme sei, wesentlich beeinflusst.

Deweys hat 1916 in seinem Buch »Democracy and Education« formulierte Postulate bezüglich sozialem Lernen, Projektlernen, Gruppenarbeit und Erfahrungslernen sind heute im Umfeld der Erwachsenenbildung und des Organisationslernens hochaktuelle und zentrale pädagogische und methodische Prämissen. Diese Lernformen, die insbesondere auch die Handlungsfähigkeit und die Selbstverantwortung des Einzelnen in den Fokus rücken, spielen in der operativen Umsetzung von Veränderungs- und Entwicklungsprozessen auch heute eine entscheidende Rolle.

In diesem Zusammenhang ist auch eine Einschätzung von Gordon W. Allport – einem Schüler Kurt Lewins – interessant, der schrieb:

> »Obwohl Lewin niemals mit John Dewey zusammengetroffen ist, gab es doch eine geistige Gemeinsamkeit zwischen dem deutschstämmigen Psychologen und dem in Amerika geborenen Philosophen. Beiden war die Funktionsfähigkeit der Demokratie ein ernstes Anliegen. Beide erkannten, dass jede Generation die Demokratie erneut lernen muss. Beide erkannten die dynamische Beziehung zwischen der Demokratie und der Sozialwissenschaft und wie wichtig es für die Sozialwissenschaft sei, dass sie ihre Forschungsarbeit in Freiheit entfalten kann, in einer Freiheit, die nur durch eine demokratische Umwelt gesichert werden kann. Wenn Dewey der herausragende Philosoph der Demokratie genannt werden kann, war Lewin der wichtigste Theoretiker und Forscher unter den Psychologen« (Allport, zitiert nach Marrow, 1977, S. 250 f.).

Zusammenfassend kann zweierlei festgehalten werden:

Erstens: Deweys Bedeutung für das gesellschaftliche, politische und wissenschaftliche Bewusstsein in den USA ist immens. Sein pragmatisch-funktionalistischer Grundansatz hat diese Felder nachhaltig beeinflusst und damit besonders die angewandten Sozialwissenschaften geprägt, die bei der Entstehung der OE nach dem Zweiten Weltkrieg wesentlich beteiligt waren.

Zweitens: Deweys explizite Aussagen zu Erziehung und Lehr-/Lernprozessen sind heute genauso aktuell wie vor 100 Jahren. Die pädagogischen Konzepte Deweys sind für die aktuelle OE-Praxis von ganz besonderer Bedeutung.

2.5 Sozialpsychologie und Aktionsforschung

Jakob Moreno ist einer der großen Protagonisten sozialwissenschaftlicher Theorie und Praxis des 20. Jahrhunderts. Seine Arbeiten zur Gruppentherapie, zur Soziometrie und die Entwicklung des Psychodramas haben entscheidenden Einfluss auf die aktuellen Ansätze von Theorie und Praxis der OE.

Als Kind jüdischer Eltern wurde Jakob Moreno 1889 in Rumänien geboren und wuchs in Wien auf. 1917 promovierte er in Medizin, hatte aber bereits während seiner Studienzeit enge Verbindungen zur Wiener Literaten- und Künstlerszene (Leutz/Engelke, 1983, S. 1009). In der von Alfred Adler, Franz Werfel und anderen herausgegebenen expressionistischen Zeitschrift »Der Daimon« schrieb er einige Beiträge, die bereits die ersten einschlägigen Kennzeichen seiner späteren Theorie trugen. In dieser Zeit führte er auch bereits Stegreifexperimente mit Schauspielern durch, die als Vorläufer des Psychodramas gelten können. Diese ersten Schritte der Psychodramaarbeit hat Moreno in seinem anonym erschienenen Buch »Das Stegreiftheater« (Moreno, 1924) aufgezeichnet. Als Arzt des Flüchtlingslagers Mitterndorf Ende des Ersten Weltkriegs erkannte und erforschte Moreno die Zusammenhänge zwischen den sozialen Verhältnissen und deren pathogenen Wirkungen. Nach dem Ersten Weltkrieg arbeitete er als Gemeindearzt in Bad Vöslau und gleichzeitig als Betriebsarzt der Vöslauer Kammgarnfabrik. Dabei setzte er sich weiter intensiv mit der sozialen Not in Zusammenhang mit den Gesundheitsschäden seiner Patienten auseinander, was ihm bei politischen und akademischen Repräsentanten den Ruf eines hoffnungslosen Weltverbesserers einbrachte (Leutz/Engelke, 1983, S. 1009 f.).

1925 wanderte Moreno in die USA aus. In New York hatte er die Möglichkeit, Studien in Schulen, Gefängnissen und Erziehungsanstalten zu betreiben. Als eine zentrale Konsequenz der Ergebnisse dieser Forschungen schlug er bei der Jahrestagung der »American Psychiatric Association« 1932 die Einführung der »Gruppenpsychotherapie für Strafgefangene und Anstaltsinsassen« vor (Leutz/Engelke, 1983, S. 1010). 1994 veröffentlichte Moreno sein klassisches Werk »Who shall survive«, in dem er seine soziometrischen Untersuchungen und die Rekonstruktion der Erziehungsanstalt für Mädchen in Hudson/New York beschrieb. 1942 gründete Moreno die »American Society of Group Psychotherapy and Psychodrama«. Im selben Jahr wurde auch das »Sociometric Institute« und das »New York Institute of Psychodrama« gegründet. Kurz vor seinem Tod im Mai 1974 wurde durch Morenos Einfluss beim 1973 in Zürich stattfindenden »V. Internationalen Kongress für Gruppentherapie« die »International Association of Group Psychotherapy« (IAGP) gegründet (Leutz/Engelke, 1983, S. 1012).

Morenos gruppentherapeutischer Ansatz, der sich im Konzept der triadischen Gruppenpsychotherapie fokussiert (Hörmann/Langer, 1987, S. 185 ff.), hat zentrale Elemente der Theorie und Praxis der OE vorweggenommen. Besonders deutlich wird dies durch die Tatsache, dass bei Moreno immer Individuum und Gruppe zugleich und interdependent verknüpft Ziel und Thema der therapeutischen Arbeit sind. Moreno hat weder eine isolierte Einengung hinsichtlich der Einzelperson noch bezüglich der Gesamtgruppe betrieben. Für ihn ist die Gesundung des Einzelnen immer abhängig von der Gesundung der Gruppe. In der OE – und dies ist das grundlegende Thema meiner Arbeit – ist genau diese Korrelation der Entwicklung von Individuum und Organisation – hier: das Lernen von Menschen und Systemen – das bestechende Merkmal des theoretischen und methodischen Konzeptes.

Bisher war die Bedeutung Morenos für die OE wenig bekannt (Richter, 1994, S. 56). Als zentraler Pionier der Gruppendynamik wurde vor allem Kurt Lewin genannt. Dies hat auch weiterhin seine Richtigkeit, allerdings darf dabei die Arbeit Morenos und dessen Einfluss auf Lewin und insbesondere auf die OE nicht vernachlässigt werden. Viele der von Moreno entwickelten Methoden, wie z. B. das Rollenspiel oder auf der Soziometrie basierende Methoden, wie die Gestaltung einer Gruppenskulptur oder einer Skulptur der Herkunftsfamilie, sind wesentliche konzeptionelle Elemente der methodischen Arbeit im Rahmen der OE.

Dass Moreno dabei auch im Rahmen der Forschung und der Theoriebildung wegweisend war, ist noch weniger bekannt. Hilarion Petzold (1978; 1980a; 1980b) hat in mehreren Artikeln auf die beinahe ideologische Nicht-Beachtung dieser Tatsache hingewiesen. Dabei weist er akribisch nach, dass es Moreno war, der wesentliche Termini und mit ihnen theoretische Konzepte der psychologischen Gruppenarbeit geprägt und entwickelt hat: Begriffe wie »Gruppendynamik«, »Training group«, »Hier und Jetzt« sind konstitutive Grundlagen jeder Form von sozialpsychologischer Arbeit mit und in Gruppen. Auch die Aktionsforschung, die Kurt Lewin 1946 in seiner Arbeit »Action research and minority problems« auf den Begriff bringt, hat Moreno bereits in der Beschreibung seiner Arbeit in seinem Werk »Who shall survive« als sozialwissenschaftliche Forschungsform verwendet. Er schreibt:

> »Der teilnehmende Beobachter des sozialen Laboratoriums, das Gegenteil des wissenschaftlichen Beobachters im physikalischen Laboratorium, muss sich einer profunden Veränderung unterziehen […] Wenn es dem teilnehmenden Beobachter gelingt, seine Beobachterrolle mehr und mehr aufzugeben und stattdessen jedem Individuum der Gruppe bei der Verwirklichung seiner Bedürfnisse und Interessen zu helfen, erfährt er eine Veränderung vom Beobachter zum Hilfs-Ich (Mitspieler im Psychodrama/Anmerkung des Autors). Die beobachtenden Personen werden zu Förderern des Projekts, anstatt mehr oder weniger widerwillig, etwas über sich selbst oder jemand anderen zu enthüllen. Das Projekt wird zum gemeinsamen Anliegen« (Moreno, 1937, S. 39 f.).

Mit diesen theoretischen, konzeptionellen und forschungsmethodischen Grundlagen sowie seinen kreativen, praktischen Methoden für die psychologische Arbeit mit Gruppen hat Moreno enormen Einfluss auf die Entwicklung der OE gehabt, ohne dass er seine Arbeit je explizit auf das Feld »Organisation« bezogen hätte. Auch die Idee einer nutzbringenden Rekonstruktion der Gruppenkonstellation, um deren Zusammenspiel zu optimieren, ist heute ein Grundgedanke der OE. Dabei geht es Moreno allerdings weniger um die pragmatische Entwicklung einer sozialen Einheit, wie dies Dewey oder auch Lewin verstehen, sondern vorrangig um die therapeutische Arbeit mit individuellen Persönlichkeiten.

Moreno und Lewin haben sich zum ersten Mal 1935 durch die Vermittlung von Alfred Marrow, dem Lewin-Schüler und Verfasser einer bekannten Lewin-Biographie, getroffen. Moreno (1955, S. 93) behauptet in seiner Autobiographie, Lewins Interesse für die Gruppenpsychologie erst geweckt zu haben, hatte sich dieser doch bis dahin primär mit individualpsychologischen Problemen befasst.

Die Zusammenarbeit Morenos und Lewins zu gruppenpsychologischen Themen war sehr fruchtbar und zeigte sich auch in der beachtlichen Anzahl gemeinsamer Schüler, die allesamt bedeutende Vertreter der Gruppendynamik und OE wurden: Ronald Lippitt, Alvin Zander, John R. P. French, Alex Bavelas, Leland P. Bradford, Charles Hendry, Margaret Barron und Kenneth D. Benne (Moreno, 1955, S. 94). Diese Wissenschaftler veröffentlichten wie Lewin auch ihre sozialwissenschaftlichen Forschungsergebnisse in

Morenos Zeitschrift »Sociometry«. Auch das von Lewin und dessen Schülern gegründete »Research Center for Group Dynamics« am MIT in Boston hat sich sehr deutlich am »soziometrischen Institut« Morenos in Beacon/N. Y. orientiert (Petzold, 1980a, S. 2 ff.).

Nach dem Tod Lewins 1947 brachen die beiden Schulen auseinander und Moreno fokussierte seine Arbeit auf den therapeutischen Bereich. Dieser Bruch führte zu verhärteten Fronten, die zur Folge hatten, dass die Schüler Lewins die Forschungen zur Gruppendynamik und zur OE für sich reklamierten, Morenos Anteil an der Entwicklung der OE in Vergessenheit geriet und »der Name Moreno bis heute kaum in der Literatur zur Gruppendynamik und Organisationsentwicklung erscheint.« (Richter, 1994, 58).

Kurt Lewin wurde am 9. September 1890 als Sohn jüdischer Kaufleute in Mogilno in der preußischen Provinz Posen geboren. 1905 zog die Familie nach Berlin. Lewin studierte in Freiburg, München und Berlin Philosophie und Wissenschaftstheorie. 1916 nach einem Einsatz als Kriegsfreiwilliger im Ersten Weltkrieg und einer ernsthaften Verwundung promovierte Lewin mit einer Arbeit über die »Psychologische Tätigkeit bei der Hemmung von Willensvorgängen und das Grundgesetz der Assoziation« (Lewin, 1916). 1920 habilitierte er sich mit einer »Experimentellen Untersuchung zum Grundgesetz der Assoziation«. 1921 erhielt Kurt Lewin eine Stelle als Privatdozent am Psychologischen Institut der Universität Berlin, wo er im Kreise der Berliner Gestaltpsychologen Kurt Koffka, Wolfgang Köhler und Max Wertheimer arbeitete. Köhler und Wertheimer waren mit der Entwicklung der Gestalttheorie dabei, psychologisches Neuland zu betreten. Grundpostulat der Gestalttheorie und auch der Gestaltpsychologie war die These, dass Ganzheiten etwas Anderes sind als die Summe ihrer Teile. Sie nehmen zusätzliche Merkmale und zusätzliche Qualitäten an. Diese These, die im naturwissenschaftlichen Forschungsdiskurs der 1920er Jahre als Extrakt der Heisenbergschen Quantentheorie auftaucht, hat die Arbeit Lewins bezogen auf die Analyse der Dynamik von Gruppen wesentlich beeinflusst.

Nach einem Vortrag 1929 beim Internationalen Psychologiekongress in Yale erhielt Lewin eine Einladung als Gastdozent an die Stanford University. Während der Rückreise von dieser Tätigkeit erfuhr er 1933 von der Machtergreifung Hitlers. Sofort beschloss er nach seiner Ankunft in Berlin, Deutschland zu verlassen. Über seine amerikanischen Freunde Fritz Heider und Donald MacKinnon betrieb Lewin seine Suche nach einer geeigneten Stelle in den USA. Im Mai 1933 kündigte er seinen Lehrauftrag an der Universität Berlin und kam damit einer Amtsenthebung zuvor. Im Juli 1933 wurde Lewins Sohn Daniel geboren und im August verließ Kurt Lewin mit seiner Familie Deutschland, um eine Gastprofessur der Cornell University anzunehmen. Auch seine drei Freunde und Kollegen am Psychologischen Institut – die gesamte Gruppe der »Berliner Gestaltpsychologie« – emigrierten in die USA. Köhler war der letzte, der 1935 Berlin verließ, als die Nazis das Institut übernahmen.

Nach drei Jahren an der Cornell University wechselte Lewin auf eine Stelle bei der »Iowa Welfare Research Station«. In dieser Zeit – auch nach dem Zusammentreffen mit Moreno – wandte sich Lewin immer mehr der sozialen Dimension der psychologischen Forschung zu. Die Arbeiten aus dieser Zeit gelten heute als die Anfänge von Gruppendynamik und Aktionsforschung. 1940 erhielt Kurt Lewin die amerikanische Staatsbürgerschaft; er galt während dieser Zeit bereits »als einer der führenden experimentellen und theoretischen Psychologen des Landes« (Marrow, 1977, S. 137). Während des Zweiten Weltkriegs arbeitete Lewin zusammen mit anderen Sozialwissenschaftlern an interdisziplinären Forschungsprojekten, die sich mit den sozialen und psychologischen Aspekten des Krieges auseinandersetzten. Dabei arbeitete er mit Margaret Mead, Paul Lazarsfeld und Rensis Likert zusammen.

1944 gründete Lewin das »Research Center for Group Dynamics« am Massachusetts Institute of Technology (MIT) in Boston. Hier hatte Lewin geradezu ideale Möglichkeiten zur Gestaltung seiner Forschungsarbeit:

> »Das MIT gab den idealen Rahmen für Lewin ab. Die Flexibilität seiner Verwaltungsstruktur gestattete Lewin, das Programm des Zentrums so zu planen, wie er es für das Beste hielt. Er war vergleichsweise ungehindert, seine Interessen zu verfolgen, wohin immer sie ihn führen mochten, und er nahm diese Möglichkeit mit großer Freude wahr. Das Zentrum war dem Fachbereich für Wirtschafts- und Sozialwissenschaften angegliedert, der sich wenig um die Grenzen der Einzeldisziplinen innerhalb der Sozialwissenschaften kümmerte. Dies kam Lewin entgegen, der, da er sich gegenüber den Verfahren der Versuchsplanung und Methodologie eklektisch verhielt, diesen Rahmen für die vielfältigen Forschungsinteressen und Präferenzen seiner Gruppe als ideal empfand« (Marrow, 1977, S. 202).

Die Arbeit an diesem Institut gab Lewin zudem Gelegenheit zu einer engen Zusammenarbeit mit Douglas McGregor vom MIT und mit Gordon Allport von der Harvard University. Im selben Jahr konnte er auch noch seinen ehemaligen Schüler John R. P. French Jr. für den Lehrkörper des Zentrums gewinnen. Das Ziel Lewins mit dem »Research Center for Group Dynamics« war es, Gruppenverhalten als Ausgangspunkt sozialer Veränderungsmaßnahmen experimentell zu erforschen. Dabei war er überzeugt, dass es eine enge Beziehung zwischen der Gestaltung von Sozialforschung und sozialem Handeln geben musste.

Ab 1945 arbeitete er zusammen mit anderen amerikanischen Verhaltenswissenschaftlern in der Commission in Community Interrelations (CCI) zusammen. Aufgabe dieses interdisziplinären Instituts mit Sitz in New York war es, prinzipielle soziale Probleme des kommunalen Zusammenlebens zu erforschen und politische Empfehlungen abzugeben. Die Ergebnisse der CCI wurden allen Kommunen in den USA zugänglich gemacht. Zu den Forschungsthemen gehörten Fragen des kulturellen Pluralismus, Probleme von ethnischen oder religiösen Minderheiten, Konsequenzen der sozialen Schichtung, Bekämpfung von Diskriminierung. Besonders spannend war die Arbeit im CCI auch deshalb, weil die unmittelbare Verknüpfung von Forschung und politischer Einflussnahme eine besondere Herausforderung für die sozialwissenschaftliche Arbeit und insbesondere für die von Lewin programmatisch forcierte Form der Aktionsforschung war. Aus diesem Grund wurde im CCI auch die Methode der Aktionsforschung weiter ausgearbeitet und differenziert, um damit ein Optimum in der Gestaltung der Theorie-Praxis-Problematik zu erreichen. Dabei war Lewin klar, dass bei der Arbeit in der CCI nicht auf endgültige Forschungsergebnisse und Beweise gewartet werden konnte. »Es musste mit dem verfügbaren Wissen ein Beginn gemacht werden. Die Aktion würde zu verlässlichen Erkenntnissen führen. Aktion würde Forschung werden, und Forschung Aktion. Die CCI würde nicht immer die Tatsachenforschung abwarten können. Sie würde sich auf die Anwendung gewisser Postulate der Gruppendynamik verlassen müssen, um öffentliche Spannungen abzubauen« (Marrow, 1977, S. 216).

Im Sommer 1946 leitete Lewin ein weiteres bahnbrechendes Experiment von zentraler, sozialer Bedeutung. Im Auftrag der Connecticut State Interracial Commission führte er im Juni 1946 zusammen mit Ronald Lippitt, Kenneth Benne und Leland Bradford am Teachers College in New Britain/Connecticut das erste T-Gruppentraining[2] durch. Aufgrund der positiven Erfahrungen sollte das Training im Sommer 1947 wiederholt werden. Dieses Training konnte Kurt Lewin allerdings nicht mehr miterleben. Er starb im Februar 1947 mit 57 Jahren unerwartet an einem Herzanfall.

Lewins Werke waren durch die damalige Zeit und seinem Leben sehr geprägt. Seine eigene Erfahrung mit Faschismus und Unmenschlichkeit floßen unausweichlich in seine Arbeit. Heijo Rieckmann beschreibt diese Tatsache folgendermaßen:

> »Nicht wenige sozialwissenschaftliche Forscher – vor allem Lewin – standen in den 1930er Jahren unter dem schockierenden und existenzbedrohenden Erlebnis von Hitlerdeutschland [...] Die Entdeckung der Wirksamkeit jenes [...] partizipativen (=demokratischen), (sozial)-wissenschaftlichen lernorientierten und verhaltenspraktischen Veränderungsansatzes ließ jedoch wieder aufatmen und neue Chancen sehen. Lewin widmete dieser Aufgabe demzufolge seinen ganzen weiteren (Lebens-) Einsatz« (Rieckmann, 1991, S. 128).

Kurt Lewin war – da er Wissenschaftstheorie und Philosophie bei Ernst Cassirer in Berlin studierte und anschließend aber auf Anraten Cassirers in Psychologie promovierte – zeitlebens ein Grenzgänger zwischen den wissenschaftlichen Disziplinen. So ist sich sein Biograph und Schüler Alfred J. Marrow nicht klar darüber, ob Lewin nun »in erster Linie Psychologe und erst in zweiter Linie ein Philosoph« war oder ob er »im Herzen immer ein Philosoph (blieb) unabhängig von der Richtung, die seine Interessen nahmen« (Marrow, 1977, S. 30 f.). Unzweifelbar ist jedoch die Tatsache, dass Lewins Interesse für die Philosophie und die Wissenschaftstheorie seine spezifische Art der psychologischen Forschung nachhaltig beeinflusst hat.

Bis zu seiner Emigration im Sommer 1933 war Lewins Forschungsinteresse vorwiegend an der Psychologie des Individuums orientiert. Mit seiner Emigration in die Vereinigten Staaten veränderte sich sein Forschungsinteresse zusehends in eine sozialpsychologische Richtung. Daran waren wohl neben deutlich besseren Forschungsstandards in

2 T-Gruppentrainings sind eine Teildisziplin der Gruppendynamik. Als Trainings- und Übungsform für soziale Gruppenprozesse dienen sie dem Ziel, das soziale Geschehen in Gruppen durch Selbst- und Gruppenerfahrung zu erleben, zu reflektieren und dabei die Dynamik und Mechanismen von Verständigungsprozessen zu verstehen.

diesem Bereich in den USA und dem Zusammentreffen mit renommierten Vertretern der Sozialpsychologie auch und vor allem die biographische Zäsur im Leben Lewins – bedingt durch antisemitische Diskriminierung in Hitlerdeutschland, Emigration und Neuanfang in einem fremden Land – ausschlaggebend, sich zunehmend auf die Anwendung psychologischer Forschung auf soziale, politische und gesellschaftliche Probleme zu konzentrieren.

Die drei Konstrukte, die Lewins Ruf als Pionier der Sozialpsychologie des 20. Jahrhunderts begründeten, wurden auf der Basis dreier wissenschaftstheoretischer und forschungsmethodischer Grundhaltungen entwickelt: Feldtheorie, Gruppendynamik und Aktionsforschung. Diese Kernkonzepte des Lewin'schen Werkes gelten auch heute noch als konstitutive Theoriegrundlagen der OE.

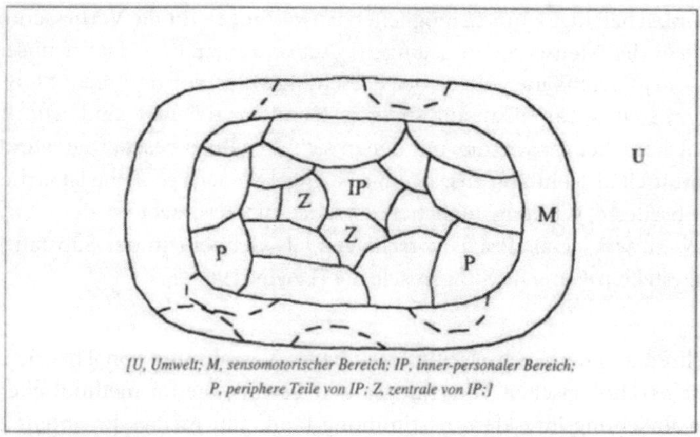

Abb. 5: Topologie der Person (Lewin, 1969, S. 69)

Lewin erläutert das Thema Topologie (► Abb. 5) folgendermaßen: »Topologisch lässt sich die Person darstellen als eine verbundene Region, die sich gegenüber der Umwelt durch eine Jordankurve abgrenzen lässt. Innerhalb dieser Region gibt es Teilregionen, wie zum Beispiel die innerpersonale und die perzeptivmotorische Region. Letztere nimmt die Stelle einer Grenzzone zwischen der Region der inneren Person und der Umwelt ein« (Lewin, 1936, S. 177).

Mit diesem Schaubild gelingt es Lewin, das Spannungssystem des Individuums zwischen Intrapersonalem und Umwelt sowohl präzise zu beschreiben als auch eine angemessene Visualisierung der Wechselwirkungen der verschiedenen Wirkfaktoren zu erzielen. Dies hat Lewin zusammengefasst in der Formel $V = f(LR) = f(P,U)$, das heißt, Verhalten (V) ist eine Funktion des Lebensraums (LR), der wiederum ein Produkt der Wechselwirkung von Person (P) und ihrer Umwelt (U) ist (Lewin, 1963, S. 69).

Mit seiner Emigration in die Vereinigten Staaten und den damit verbundenen schmerzhaften persönlichen Erfahrungen, als jüdischer Wissenschaftler zu einer diskriminierten Minderheit zu gehören, dessen einzige Möglichkeit der existentiellen Bedrohung zu entgehen darin besteht, seine Heimat zu verlassen, konzentrierte sich Lewins Forschungsinteresse zunehmend auf sozialpsychologische Problemstellungen. Dabei war er in besonderem Maße an einer konkreten Veränderung – nicht nur an einer akademischen Analyse der Phänomene – der Probleme interessiert. Im Vorwort zur deutschen Ausgabe einer Aufsatzsammlung Lewins (1968) »Die Lösung sozialer Konflikte« schreibt Max Horkheimer:

> »Der Name Kurt Lewin wird immer untrennbar mit der Vorstellung verbunden sein, dass man es vermöge, die Sozialpsychologie mit der Lösung praktischer Probleme in Zusammenhang zu bringen […] Die in den USA außerordentlich erfolgreiche sozialwissenschaftliche Schule des ›action research‹ hat in Kurt Lewin ihren Urheber. Wir sehen heute sein Verdienst nicht allein darin, Methoden erarbeitet zu haben, durch die man befähigt wird, zu möglichen Anweisungen für die Verbesserungen von Beziehungen der Menschen zu gelangen. ›Action research‹ – das ist unsere Überzeugung – liegt bereits im Vollzug der Forschung selbst vor und nicht bloß dort, wo Untersuchungen unmittelbar auf späteres Handeln gerichtet sind. Die Inangriffnahme solcher Themen wie die, mit denen sich dies Buch beschäftigt, wirkt sich als solche unmittelbar wohltätig aus: schon das Angehen der Probleme ist ›action‹. Liegt doch die breiteste Wirkung mancher Forscher nicht so sehr in dem spezifischen Inhalt dessen, was sie als Praxis vorschlagen, als vielmehr in der Substanz der von ihnen angestellten Untersuchungen selbst.« (Lewin, 1968, S. 7 f.)

Diese Beschreibung der wechselseitig fruchtbaren Verzahnung von Theorie und Praxis in der sozialpsychologischen Forschungsarbeit Lewins, die im methodischen Konzept der Aktionsforschung ihre klare Bestimmung fand, gibt meines Erachtens einen treffenden Eindruck hinsichtlich der Bedeutung Lewins für die Theorie und Praxis der Sozialpsychologie des 20. Jahrhunderts. Es waren eben nicht nur die – ohnehin sozial und gesellschaftspolitisch hochrelevanten Themen, die er mit seinen Kollegen und Mitarbeitern erforschte, sondern insbesondere auch die Art wie er diese Forschung betrieb: Also nicht in einem Laborexperiment über ein isoliertes Verhaltenssegment, sondern als breit und konkret angelegte »Feld«-Forschung, in der die Komplexität der Einflussfaktoren für menschliches Verhalten angemessen abgebildet und analysiert werden konnte.

Für Lewin war Aktionsforschung »eine vergleichende Erforschung der Bedingungen und Wirkungen verschiedener Formen des sozialen Handelns und eine zu sozialem Handeln führende Forschung« (Lewin, 1963, S. 280). In diesem Sinne waren Gruppen das bevorzugte Forschungsszenario der Aktionsforschung.

Lewin konstatiert in seinem Aufsatz »Psychologische Probleme einer Minderheitengruppe« (Lewin, 1968, S. 204 ff.): »Einer der wichtigsten Bestandteile des Bodens, auf dem der einzelne Mensch steht, ist die soziale Gruppe, zu der er ›gehört‹ (und) […] die längste Zeit seines Lebens handelt der Erwachsene nicht rein als Einzelwesen, sondern als Mitglied einer sozialen Gruppe« (Lewin, 1968, S. 205 f.). Die Fokussierung auf sozialpsychologische Themen bedeutete für Lewin eine Übertragung seiner individualpsychologischen Konzepte auf den »sozialen Raum«, auf das soziale Geschehen, das sich zentral in der Interaktion einer Gruppe äußert. In seinem Aufsatz »Experimente über den sozialen Raum« (1968, S. 112 ff.) beschreibt Lewin seinen Anspruch an sozialpsychologische Gruppenforschung am Beispiel des sehr zentralen Themas der Führung oder des sozialen Ranges:

> »Ein wirklicher Versuch, diesen Problemen […] experimentell nachzukommen, verlangt technisch, dass man verschiedene Typen von Gruppen schafft und experimentell eine Fülle von sozialen Faktoren aufzubieten hat, die diesen Rang ändern könnten. Der mit Experimenten arbeitende Sozialpsychologe wird sich mit der Aufgabe vertraut zu machen haben, experimentell Gruppen zu bilden, ein soziales Klima oder einen Lebensstil zu schaffen« (Lewin, 1968, S. 113).

In diesem Aufsatz verwendet Lewin zum ersten Mal den Begriff der »Gruppendynamik« (Lewin, 1968, S. 117). Um eine Veränderung in einem Individuum zu bewirken, muss nach Lewins Einschätzung zuallererst eine Veränderung der Kultur der Gruppe bewirkt werden, deren soziale Mitgliedschaft für das Individuum wichtig ist. In seinem Aufsatz »Das Verhalten, die Kenntnis und die Übernahme neuer Werte« (1968) macht Lewin deutlich, weshalb die Gruppenkultur einen solch großen Einfluss auf individuelle Verhaltensveränderungen hat: »Nur indem es sein eigenes Verhalten in etwas verankert, das so groß, so gehaltvoll und so überindividuell ist wie die Kultur einer Gruppe, kann das Individuum seine neuen Ansichten genügend festigen, um sie gegen die täglichen Stimmungsschwankungen und Einflüsse immun zu erhalten, denen es als Individuum ausgesetzt ist« (Lewin, 1968, S. 96).

2.6 Sozio-technische Systeme

Die Literatur zu OE verweist bei der Entwicklung einheitlich auf zwei wesentliche Quellen (Sievers, 1977b, S. 33; French/Bell, 1990, S. 37; Fatzer, 1993, S. 13; Schein, 2000, S.20 ff.). Dies sind zum einen die Entwicklungen, die aus der sogenannten Laboratoriumsmethode hervorgegangen sind, als zweite Quelle wird das Survey-Feedback-Verfahren genannt. Beide Quellen sind eng mit der von Lewin entwickelten Aktionsforschung verknüpft.

Daneben gibt es ein weiteres frühes sozialpsychologisches Projekt im Bereich der Arbeit, das bereits Aktionsforschung und OE im Sinne einer angewandten sozialwissenschaftlichen Feldforschung und handelnden Intervention betrieb, ohne die später entwickelten Begriffe oder methodischen Konzepte zu kennen oder zu benutzen. Dieser Ansatz der sozio-technischen Systemtheorie oder auch »Tavistock-Konzept« genannt, kann zurecht als weiterer Vorläufer und Wegbereiter der OE bezeichnet werden. Er hat neben den im letzten Kapitel beschriebenen ideengeschichtlichen Wurzeln auf ganz andere – sehr konkrete – Weise zur Entstehung und Entwicklung des Konzeptes der OE beigetragen.

Parallel zu den Forschungsarbeiten Kurt Lewins und seiner Mitarbeiter am »Research Center for Group Dynamics« am MIT arbeiteten auch Forscher am *Tavistock-Institute* in London an ganz ähnlichen Themen. French und Bell beschreiben die Arbeit von Tavistock folgendermaßen: »Somewhat parallel to the work of the RCGD, SRC and NTL was the work of the Tavistock Clinic in England [...] Tavistock leaders, including Trist and Bion had frequent contact with Kurt Lewin, Rensis Likert and others in the United States. One product of the collaboration was the decision to publish Human Relations as a joint publication between Tavistock and MIT`s Research Center for Group Dynamics. Some Americans prominent in the emergence and evolution of the OD field, for example, Robert Blake [...] and Warren Bennis studied at Tavistock« (French/Bell/Zawacki, 1989, S. 25).

1920 war die Tavistock-Klinik als psychotherapeutische Einrichtung nach psychoanalytischen Grundsätzen zur Behandlung von Soldaten, die mit Kriegsneurosen aus dem Ersten Weltkrieg heimkehrten, gegründet worden. Auch durch die therapeutische Arbeit mit Familien war Gruppenarbeit dort bereits früh ein zentrales Thema. Entscheidend für die weitere Arbeit in Tavistock waren die Experimente von Wilfred Bion und die Erfahrungen der Feldtheorie Lewins.

1946 gründete Eric Trist (1972) zusammen mit dem englischen Psychologen A.T.M. Wilson das »Tavistock Institute of Human Relations« in London. Im Rahmen dieser Arbeit wurde auch das Konzept des »sozio-technischen Systems« entwickelt, für das Tavistock und vor allem Eric Trist, bekannt wurden (Trist, zitiert nach Bennis/Benne/Chin, 1975, S. 201 ff.). Das Institut war in den Jahren nach dem Zweiten Weltkrieg am Wiederaufbau der englischen Industrie beteiligt. Dabei sind zwei Projekte, die während dieser Zeit bearbeitet wurden, für die konzeptionelle Entwicklung von Tavistock besonders relevant.

Das erste Projekt bei der »Glacier Metal Company«, einem privaten Ingenieurunternehmen, untersuchte die Gruppenbeziehungen der Mitarbeiter auf allen Ebenen. Bei diesem Projekt fand zum ersten Mal eine konkrete Anwendung der sozialpsychologischen Konzepte des Instituts in einem industriellen Kontext statt. Allerdings lag der Fokus der Arbeit auf den Belangen des sozialen Systems. Gearbeitet wurde mit den Instrumenten der Aktionsforschung.

Das zweite Projekt war das später unter der Bezeichnung Tavistock-Kohle-Bergbau-Experiment bekannt gewordene Projekt in der britischen Kohleindustrie. Ausgangspunkt war die Verstaatlichung des britischen Kohlebergbaus 1946. Der nationale Aufsichtsrat der Kohle-Industrie startete nach dem Krieg ein Programm zur technologischen Erneuerung des Bergbaus. Allerdings machte sich bereits nach kurzer Zeit Enttäuschung über den Erfolg der technischen Lösungen breit. Die Produktivität war wesentlich niedriger als vorhergesagt, Abwesenheits- und Fluktuationsraten stiegen und weitere Anzeichen deuteten auf ein Absinken der Arbeitsmoral (Trist, 1972).

Vor diesem Hintergrund erhielt das Tavistock-Institut den Auftrag, die Veränderungen der Arbeit durch die neuen Technologien zu untersuchen. Dabei machten die Tavistock-Forscher die Erfahrung, dass die durch die technologischen Veränderungen verursachte veränderte Arbeitsorganisation nur scheinbar effektiver für den Arbeitsprozess war. Der Verlust von Loyalität und Verantwortung bei den Arbeitern durch die Entwurzelung der alten »Kumpel«-Kultur hatte letztlich die mangelnde Produktivität verursacht, die der Grund für den Forschungsauftrag war. Dabei erlebten die Tavistock-Forscher, dass die Bergleute sehr wohl das Problem erkannt hatten und auch zu Verbesserungen fähig waren, wenn man sie gewähren ließ. Ken Bramford, ein Kollege von Eric Trist, berichtete 1950 von einer selbstinitiierten Verbesserung der Kumpel im Schacht South Yorkshire. Eric Trist beschreibt dies so:

»Die Arbeitsorganisation im neuen Schacht war für uns ein neues Phänomen und bestand aus mehreren relativ autonomen Gruppen mit untereinander wechselnden Rollen und Schichten, die ihre Dinge untereinander mit einem Minimum an Beaufsichtigung selbst regelten. Ganz offensichtlich war eine bessere Kooperation zwischen den Aufgabengruppen vorhanden. Erkennbar waren starke persönliche Verantwortung und Zusammengehörigkeitsgefühle, geringe Abwesenheit, seltene Unfälle und hohe Produktivität. Zwischen der Atmosphäre und Arbeitseinteilung in diesen Bereichen und konventionell arbeitenden Schächten mit ihren auffallend negativen, für die Industrie charakteristischen Merkmalen gab es große Unterschiede. Die Männer erzählten uns, dass sie, um sich am besten an die technischen Bedingungen im neuen Schacht anzupassen, eine Form der Arbeitsorganisation entwickelt hätten, die auf gebräuchliche Verfahren aus Zeiten vor der Mechanisierung zurückging, als noch kleine Gruppen die gesamte Arbeitstätigkeit verantwortlich und autonom übernahmen. Diese Verfahren waren mit der zunehmenden Mechanisierung im Zusammenhang mit der Einführung der ›Longwall-Methode‹ verschwunden. Dies hatte zur Vergrößerung der Aufgabenbereiche geführt und zu Gruppierungen mit beträchtlicher Größe, deren Tätigkeiten auf Rollen nach dem Prinzip ›ein Mann – eine Aufgabe‹ reduziert wurden. Die dabei erzwungene Koordination und Kontrolle wurde auf externe Vorgesetzte übertragen. Nun hatten sie die Möglichkeit gefunden, den Gruppenzusammenhalt und die verlorene Selbstregulation der Gruppe auf dem höheren Niveau der Mechanisierung wiederherzustellen und ihren Einfluss zur Mitwirkung bei Entscheidungen über ihre Arbeitseinteilung zu erweitern« (Trist, 1972, zitiert nach Cherns, 1989, S. 484 f.).

Aus diesen Erfahrungen im britischen Kohlebergbau entwickelten die Forscher des Tavistock-Instituts unter Federführung von Eric Trist das Konzept der »sozio-technischen Systemtheorie«, die besagt, dass alle Arbeitsorganisationen ein technisches und ein soziales System besitzen. Nach dieser Theorie ist es notwendig, das technische und das soziale System einer Organisation gemeinsam zu optimieren, anstatt isolierte Lösungsansätze für technische Themen (»Ingenieur«-Lösungen) und für soziale Themen (»Personal«-Lösungen) zu forcieren. Insbesondere ist eine Synchronisierung beider Bereiche zu erreichen.

Aus den Erfahrungen in den Industrieprojekten entwickelte sich die Idee der »Tavistock-Konferenzen«, eine Gruppen-Trainings-Veranstaltung, die sehr viele inhaltliche und methodische Parallelen zu den Laboratorien der RCGD (Research Center for Group Dynamics an der Michigan University) hatte. Clayton Alderfer beschreibt den Ansatz so:

> »Although Tavistock theories have envolved from the psychoanalytic tradition, the conferences are directed to learning, not therapeutic goals. [...] Tavistock laboratories also focus on intergroup relations through the use of exercises which ask participants to negotiate among groups in order to make a decision or carry out a task. These activities serve to underline the impact of individual subgroup, and group boundaries. The analysis of boundaries plays a key role in Tavistock theory and methods. One of the key learnings is the types of fantasy and mythmaking that groups indulge in, with respect of each other, across group boundaries [...] It is one thing to learn that persons develop vivid and hostile fantasies about persons who appear to be leaders yet deny the role, who behave in distant ways and speak metaphorically about their perceptions of the group. Tavistock laboratory can be very enlightening with regard to multiple group functioning in large scale social systems.« (Alderfer, 1989, S. 266 f.).

Die sozio-technische Systemtheorie und ihre Anwendung hat sich in der Zwischenzeit weiterentwickelt und berücksichtigt Probleme, wie z. B. Führung, Anpassung an Informationssysteme, Gruppenarbeit etc. (Cherns, 1989, S. 488). Das Tavistock-Institut in London existiert noch heute und führt die Forschungen, Konferenzen und Trainings im Sinne einer ganzheitlichen OE weiter.

Eric Trist bringt den Tavistock-Ansatz der sozio-technischen Systembetrachtung auf den Punkt, indem er schreibt:

> »Daher muss man, wenn man ein Produktionssystem als ein funktionierendes Ganzes untersucht, die technologischen sowie die sozialen Komponenten, die ihrerseits als Systeme behandelt werden, sorgfältig beachten. Unter mehr oder weniger willkürlich ausgewählten Einzelaspekten der Technologie – wie etwa die repetitive Natur der Arbeit, die Zwangssituation am Fließband, die Zerstückelung der Arbeitsaufgabe – lassen sich die Vorgänge nicht verstehen. Aber gerade das wird allzu häufig versucht« (Trist, 1975, S. 205).

Der Ansatz der soziotechnischen Systemtheorie ist nach meiner Einschätzung auch heute höchst aktuell, weil noch immer – und ganz besonders in Zeiten wirtschaftlicher Krisen – durch eine isolierte Betrachtung einzelner Organisationselemente oder ausgewählter Problemfelder und die entsprechenden Versuche der Veränderung von Teilphänomenen die systemische Erkenntnis der Tavistock-Forschungen ignoriert wird. Und damit werden häufig partikulare Scheinlösungen generiert, vielfältige Probleme im Gesamtgefüge der Organisation vernachlässigt oder sogar dadurch erst neu geschaffen.

Die Tavistock-Konzepte – und mit ihnen insbesondere die Arbeiten von Bion und Trist – müssen notwendigerweise bei einem Abriss über die Forschungsgeschichte der OE als wesentliches und auch prägendes Element genannt werden. Besondere Bedeutung haben die Tavistock-Forschungen auch vor dem Hintergrund der Tatsache, dass heute den systemischen Zusammenhängen in der OE in nahezu allen ernstzunehmenden

Change-Ansätzen eine zentrale Rolle zugeschrieben wird. Diese frühe Beachtung und Betonung eines integrativ-systemischen Ansatzes macht die Tavistock-Konzeption aus heutiger Sicht in forschungshistorischer Perspektive zudem interessant.

2.7 Geschichte der OE im deutschsprachigen Raum

Die wissenschaftliche Diskussion zum Thema OE war bis zur Jahrtausendwende von einer »eigenartigen Diskrepanz« (Sievers, 1977b, S. 11) zwischen der theoretischen und praktischen Rezeption geprägt, so wurde in den letzten 15 Jahren eine Vielzahl von Publikationen zum Thema erstellt. Inzwischen scheint die zunehmende Professionalität und Effektivität der OE-Praxis die akademische Diskussion deutlich zu beflügeln. Eine schier unüberschaubare Flut an Veröffentlichungen zum Thema kann in den letzten Jahren festgestellt werden. Dazu haben vor allem auch viele aus der Praxis kommende Veröffentlichungen aus den Reihen wissenschaftlich fundierter Praktiker beigetragen.[3]

Die »klassische« OE-Arbeit im deutschsprachigen Raum ist geprägt von der Gruppendynamik. Als Dachorganisation in Deutschland betätigte sich vor allem die Sektion »Gruppendynamik« des Deutschen Arbeitskreises für Gruppenpsychotherapie und Gruppendynamik (DAGG), in der Schweiz die Schweizerische Gesellschaft für Gruppendynamik und Gruppenpsychologie (SGGG) und in Österreich der Österreichische Arbeitskreis für Gruppenpsychotherapie und Gruppendynamik (ÖAGG) sowie die Österreichische Gesellschaft für Gruppendynamik und Gruppenpädagogik (ÖGGG). Inzwischen haben sich durch eine weitere Differenzierung weitere Gesellschaften aus diesen Verbänden entwickelt, die sich dezidiert mit OE beschäftigen. Zum einen ist dies in Deutschland die bereits genannte Gesellschaft für Organisationsentwicklung e. V. (GOE) und in Österreich die Österreichische Gesellschaft für Gruppendynamik und Organisationsberatung (ÖGGO). Aus dem Kontext dieser Verbände und Gesellschaften kommen viele der deutschsprachigen OE-Forscher und -Berater.

Neben den aus der Tradition der Gruppendynamik kommenden Organisationsentwicklern gibt es seit etwa 25 Jahren eine immer einflussreichere Bewegung – die systemisch orientierte Organisationsberatung. Dieser Ansatz entwickelte sich aus der soziologischen Systemtheorie (Parsons/Luhmann et al.) und vor allem den Erkenntnissen und Konzepten der »Systemischen Familientherapie« (Mara Selvini Palazzoli in Mailand sowie Helm Stierlin in Heidelberg). Darüber hinaus ist dieser Ansatz sehr stark geprägt von den erkenntnistheoretischen Grundlagen des britischen Anthropologen Gregory Bateson sowie dem wissenschaftstheoretischen Paradigma des »radikalen Konstruktivismus« (Spencer-Brown/v. Foerster/v. Glasersfeld). Das nächste Kapitel geht auf die »systemische OE« und deren Wegbereiter umfassend ein. Als ursprünglich naturwissenschaftlicher Ansatz hat die Systemtheorie inzwischen in unterschiedlichen

3 Z.B. Hernsteiner, osb-Wien, CONECTA sowie der inzwischen renommierten Carl-Auer Verlag des Heidelberger Instituts für systemische Forschung und Beratung.

Disziplinen eine bedeutende Rolle erhalten – neben der Soziologie auch in der Physik, der Biologie sowie der Betriebswirtschaft und insbesondere in der Managementlehre.[4] Die Bedeutung dieser systemischen Prägungen und das Konzept der systemischen OE werden in Kapitel 3.7 noch detailliert vorgestellt.

In der theoretischen Diskussion wie auch in der Praxis der OE hat heute längst ein interessanter Verschmelzungsprozess stattgefunden. Die Grenzen der verschiedenen OE-Konzepte verschwimmen zunehmend (Königswieser et al. 2009). Einige renommierte und theoretisch wie beratungspraktisch überzeugende Protagonisten der deutschsprachigen OE-Beraterszene postulieren zudem explizit ein integratives OE-Konzept, das aufbauend auf einer gruppendynamischen Basis dezidiert systemische Ansätze einbezieht (Wimmer 2012). Aber auch die OE-Vertreter, die sich selbst in der Tradition der »klassischen« von der Gruppendynamik geprägten OE sehen, wie etwa Klaus Doppler, Christoph Lauterburg oder Karsten Trebesch, deren OE-Ansätze weiter unten unter dem Titel »OE im Kontinuum von Aktionsforschung und Gruppendynamik« beschrieben werden, haben längst grundlegende Erkenntnisse der Systemtheorie in ihre Arbeit integriert.

Aus diesem Grund ist ein präzise voneinander abgrenzbares polares Profil der beiden OE-Formen, falls es je existiert haben sollte, heute in einer eindeutigen Trennschärfe nicht mehr festzumachen, da beide Traditionen im Sinne eines pragmatischen Eklektizismus sowohl theoretische Konstrukte als auch Gestaltungs- und Interventionsmethodik voneinander übernehmen.

Der folgende Abschnitt zeigt den Stand der OE im deutschsprachigen Raum vor dem Hintergrund der oben genannten Situation auf und erörtert die aktuellen Entwicklungen. Die Rezeption der OE wurde im deutschsprachigen Raum besonders – wie oben bereits erwähnt – durch gruppendynamisch orientierte Arbeitskreise und Zusammenschlüsse getragen.

Bereits 1954 führte Leland Bradford zusammen mit Traugott Lindner in Wien das erste Lab-Training im deutschsprachigen Raum durch. Aus dieser Veranstaltung und nach Forschungsreisen mehrerer europäischer Sozialpsychologen in die USA entwickelte sich später die Einrichtung der »Hernstein-Seminare« als eine Institution, die eine gruppendynamisch orientierte Arbeit mit Führungskräften aus Industrie, Therapie und Sozialarbeit anbot. Die Gruppe, die diese Seminare leitete, orientierte sich am konzeptionellen Standard der »National Training Laboratories« in den USA und organisierte sich später im »European Institute for Transnational Studies in Group and Organizational Development« (EIT) (Fengler, 1978, S. 625).

Nach ersten gruppendynamischen Seminaren mit Volkshochschuldozenten im Mai 1963 fand im Herbst 1963 das erste Labortraining in Deutschland statt – aufgrund einer Initiative von Max Horkheimer – als Lehrerfortbildungsseminar in Schliersee unter der Leitung von Kenneth D. Benne, Tobias Brocher, Don Nyhlen und Georg Lehner (Brocher, 1967, S. 173). Dieses erste Laboratorium blieb allerdings weitgehend wirkungslos. Erst mit den »Sensitivity-Trainings« des »Bonner Psychologischen Instituts«, die Alf Däumling ab 1965 veranstaltete, wurden Lab-Trainings in Deutschland etabliert.

4 St. Galler Managementmodell.

1967 wurde der »Deutsche Arbeitskreis für Gruppenpsychotherapie und Gruppendynamik« (DAGG) von Anneliese Heigl-Evers, Alf Däumling und Helmut Enke in Karlsruhe gegründet. 1968 konstituierte sich in der DAGG die Sektion »Gruppendynamik«. Die vom DAGG herausgegebene Fachzeitschrift »Gruppendynamik« wurde zum einschlägigen Forum für gruppendynamisch orientierte Psychologen.

In den 1970er Jahren entwickelte sich die Gruppendynamik dann – trotz vielerlei Polemik und Unverständnis – zu einer einflussreichen sozialpsychologischen Arbeitsform. Die Lab-Trainings wandten sich in dieser Zeit vor allem an Mitarbeiter in sozialen Berufen (Psychologen, Lehrer, Therapeuten, Theologen etc.). Ab 1972 bot Peter Fürstenau im »Institut für Angewandte Psychoanalyse« mehrstufige Laboratorien für Führungskräfte aus Industrie, Verwaltung und sozialen Institutionen an. In dieser Zeit nahmen auch die meisten der heute aktiven gruppendynamisch orientierten Berater als Ausbildungsteilnehmer, als Co-Trainer oder als Trainer an Lab-Trainings teil (Fengler, 1978, S. 626 f.).

Bereits 1970 beschrieb Peter Fürstenau den Weg für eine Weiterentwicklung der Laboratoriumsarbeit hin zur OE. Fürstenau beschreibt sein Konzept einer »Institutionsberatung« so: »Man bezeichnet diese Aufgabe der Veränderung der Struktur und Organisationsweise von Betrieben und Einrichtungen auch als Innovationsproblem. Es beinhaltet im Wesentlichen eine Veränderung der Macht-, Einfluss- und Kompetenzverhältnisse im Sinne der Delegation von organisatorischer Entscheidungsbefugnis nach unten, der Beteiligung des Personals, das eine bestimmte Arbeit ausführt, an der Organisation dieser Arbeit.« (Fürstenau, 1970, S. 222).

Als Methode für diese Innovation einer Institution nennt Fürstenau das Lab-Training und die Supervision:

> »In vielen Fällen führt eine Institutionsberatung früher oder später zu der Einsicht der beratenen Einrichtung, dass ihr Personal nicht genügend vorgebildet seid, um den neuen Anforderungen einer verantwortungsvolleren und kooperativeren Arbeitsweise entsprechen zu können. Trainingsverfahren zur Änderung von Einstellungen und zur Entwicklung sozialer Fähigkeiten spielen daher in der Institutionsberatung eine große Rolle. Zwei Methoden sind in den letzten beiden Jahrzehnten besonders ausgebildet worden: das gruppendynamische Laboratorium und die »Supervision.« (Fürstenau, 1970, S. 228).

Fürstenaus Konzept der Institutionsberatung kann als die erste Form von OE in Deutschland bezeichnet werden. Während der 1970er Jahre wurde Gruppendynamik zu einer wahren Moderichtung der sozialpsychologischen Arbeit im deutschsprachigen Raum. Ob Lehrerfortbildung, Hochschuldidaktik, kirchliche Akademiearbeit oder Volkshochschule – kaum eine Bildungsinstitution, die nicht den Gruppendynamik-Boom durch eigene Veranstaltungen mitbeförderte.

Ab 1974 war dann ein deutlicher Rückgang der Verhaltenstrainings festzustellen. Demgegenüber stieg die Nachfrage nach Organisations-Trainings. Doppler und Vogt konstatieren ab Mitte der 1970er Jahre eine Trendwende weg von Selbsterfahrungstrainings und hin zu verhaltens- und anwendungsorientierten Trainings (Doppler/Voigt, 1977, S. 36 ff.). Damit änderte sich auch das Arbeitsfeld der Gruppendynamiktrainer: Weg von kirchlichen, sozialen und pädagogischen Einrichtungen und hin zu Seminaren in Industrie, Handel und Verwaltung.

1978 fand in Aachen das »1. Europäische Forum über Organisationsentwicklung« statt. Mitinitiator dieser Veranstaltung war Karsten Trebesch – der wie bereits oben erwähnt – einer der OE-Berater war, die im Juni 1980 die Gründung der Gesellschaft für Organisationsentwicklung e. V. (GOE) betrieben (Trebesch, 1980 a und 1980 b). Ziel dieser Gründung war die Betonung der Eigenständigkeit der OE als eigene Disziplin und nicht nur als eine Teildisziplin der Gruppendynamik. Die GOE versteht sich als Interessenverband von OE-Beratern mit unterschiedlichen sozialpsychologischen und organisationstheoretischen Hintergründen und hat sich zum Ziel gesetzt, die OE im deutschsprachigen Raum zu fördern. Neben der GOE haben sich inzwischen etliche weitere Institutionen konstituiert, die sich für die Förderung der OE, Erfahrungsaustausch und OE-Ausbildung einsetzen.

Ziele der Gesellschaft für Organisationsentwicklung e. V. (GOE)
• Zusammenführung der auf dem Gebiet der OE aktiven Kräfte (Vernetzung). • Verbreitung des theoretischen Gedankengutes und der praktischen Anwendung von OE (Diffusion). • Hebung des fachlichen Qualifikationsniveaus der OE in der Praxis (Professionalisierung)

Abb. 6: Ziele der Gesellschaft für Organisationsentwicklung e. V. (GOE, 1980)

2.8 OE als angewandte Sozialwissenschaft im Kontinuum von Gruppendynamik und Aktionsforschung

Wie bereits oben beschrieben, haben sich über die Arbeitsgemeinschaften für Gruppendynamik in Deutschland, Österreich und der Schweiz sowie über die GOE und die ÖGGO die der gruppendynamischen und aktionsforscherischen Tradition verpflichteten OE-Forscher/-Berater im deutschsprachigen Raum organisiert und vernetzt. Neben betriebswirtschaftlich oder technologisch orientierten Unternehmensberatern, neben Juristen und IT-Fachleute tummeln sich vor allem auch organisationspsychologisch orientierte Berater in diesem Feld, deren Arbeit durch verschiedenste Konzepte – häufig aus dem Kontext der Humanistischen Psychologie, wie z. B. themenzentrierte Interaktion (Ruth Cohn), gestalttherapeutische Ansätze (Fritz Perls), klientzentrierte Gesprächsmethodik (Carl Rogers) Transaktionsanalyse (Eric Berne) – sowie durch organisationspsychologische Ansätze – wie etwa dem Tavistock–Ansatz – geprägt ist). Dabei werden bei Arbeitsformaten, die auf Verhaltensmodifikationen zielen, auch sehr spezielle und nicht unumstrittene Verfahren angeboten, wie z. B. Outdoortrainings (Hochseilgärten, Kletterparcours etc.) oder auch Verhaltenstrainings im Zusammenwirken mit Tieren (z. B. Horse-Mirrors), um nur eine kleine Auswahl aus einem schillernden und unüberschaubaren und zudem in keiner Weise reglementierten Angebot zu benennen. Dieses Thema ist auch Teil einer Diskussion, die unter dem Titel »evidenzbasiertes Personalmanagement« (Weckmüller/Biemann, 2013) die berechtigte Frage nach den Belegen für die Wirksamkeit bestimmter Verfahren im Personalmanagement stellt. Aktuell gibt es dazu auch eine sehr kritische Debatte bezüglich der Wirksamkeit und Passung von psychotherapeutisch orientierten Arbeitsformaten im Rahmen von Managementtrainings und OE-Prozessen (Lau, 2013). Die Grenze zwischen angemessener und sinnvoller Arbeit am sozialen und kommunikativen Verhalten von Führungskräften und Mitarbeitern und einer therapeutisch geprägten Arbeitsform sind oft fließend und selbst für Profis oft schwer beherrschbar. Das gilt für die oben beschriebenen Methoden der humanistischen Psychologie genauso wie für gruppendynamische Settings und erst recht für Verfahren, die analoge Grenzerfahrungen bewusst und programmatisch integrieren. Deshalb ist es völlig berechtigt, die Arbeitsformate am persönlichen Verhalten daraufhin kritisch zu hinterfragen, wie »nahe« sie an die persönliche Identität eines Mitarbeiters gehen und ob dabei persönliche Grenzen durch therapeutische Verfahren in situations-inadäquater Form überschritten werden. Dabei ist nicht nur die Absicht des Beraters oder Trainers zu beachten, sondern auch die Wirkmächtigkeit des eingesetzten Instrumentariums. Deshalb muss sich die Personalmanagementzunft in Zukunft tatsächlich grundsätzliche Gedanken machen, wieweit die Methoden und Settings im Rahmen von Personalentwicklung, von Verhaltenstrainings, Teamentwicklung, Coaching oder auch Workshops im Zusammenhang mit Veränderungs- und Entwicklungsprozessen gehen dürfen und wo aus der Psychotherapie entlehnte Verfahren die Grenze einer betrieblichen Entwicklungsarbeit überschreiten. Neben einer ethischen ist dies vor allem auch eine methodische Frage. Die Diskussion zu diesem Thema hat gerade erst begonnen (Kanning, 2013; Lau, 2013) und es braucht vermutlich noch eine etwas differenziertere Auseinandersetzung, um sich dieser so sensiblen als auch wichtigen Frage zu nähern. Polemik und missionarischer Eifer, die teilweise die aktuelle Diskussion prägen, sind dabei nur begrenzt hilfreich.

Nachdem in diesem Kapitel die Wegbereiter und die wissenschaftlichen Quellen für die OE aufgezeigt wurden, werden im nächsten Kapitel zentrale Kern-Konzepte des organisationalen Wandels vorgestellt und detailliert beschrieben.

3 Kernkonzepte

Wo kämen wir hin, wenn alle sagten,
wo kämen wir hin, und niemand ginge,
um einmal zu schauen,
wohin man käme, wenn man ginge.

Kurt Marti

3.1 Ablauf von Veränderungsprozessen – Modelle des Veränderungsmanagements

In der einschlägigen Fachliteratur werden viele verschiedene Ablaufmodelle von Veränderungsprozessen beschrieben (Rennebach, 2010, S. 13). Diese unterschiedlichen Modelle sind allesamt keine Patentlösungen für den Erfolg eines Veränderungsprozesses, sondern Strukturmodelle, die eine Systematisierung und Plausibilität im Vorgehen bei Veränderungsprozessen aufzuzeigen versuchen. Basis dieser Modelle ist das dreistufige Standardmodell von Kurt Lewin (Lewin, 1963). Das Modell wird im Folgenden noch detailliert erläutert. Alle später entwickelten Modelle zur Gestaltung von Veränderungs- und Entwicklungsprozessen basieren letztlich in unterschiedlicher Weise auf dem Lewin'schen Modell. Es gibt fünf-stufige, acht-stufige und auch zehn-stufige Modelle. Letztlich geht es bei diesen Phasenmodellen jedoch immer um die Frage, wie ein geeigneter Ablauf einer geplanten Schrittfolge aussehen muss, um eine möglichst nützliche und zielorientierte Vorgehensweise in einem Veränderungsprozess zu ermöglichen. Als Überblick über die gängigsten OE-Phasenmodelle dient die nachfolgende Abbildung (► Abb. 7).

Autor	Lewin	Krüger	Kotter	Wimmer
Anzahl der Phasen	3 Phasen-Modell	5 Phasen des Wandels	8 Stufen-Modell	6 Stufen-Modell
Phasen	1. Unfreezing 2. Moving 3. Refreezing	1. Initialisierung 2. Konzeptionierung 3. Mobilisierung 4. Umsetzung 5. Verstetigung	1. Ein Gefühl für Dringlichkeit erzeugen 2. Eine Führungskoalition aufbauen 3. Vision und Strategie entwickeln 4. Die Vision des Wandels kommunizieren 5. Mitarbeiter auf breiter Basis befähigen 6. Erfolge konsolidieren und weitere Veränderungen einleiten 7. Neue Ansätze in der Kultur verankern	1. Prepare – Vorbereiten 2. Push – Diagnose, Dringlichkeit erzeugen 3. Pull – Vision, Ziele, Strateige entwickeln 4. Plan – Maßnahmen und Implementierungsschritte entwickeln 5. Play – Implementierung gestalten, Qualifizierung 6. Peg – Verankern, Reflexion, Erfolg feiern

Abb. 7: Phasenmodelle zur Gestaltung von Veränderungsprozessen

Der wichtigste Pionier auf dem Gebiet organisationaler Veränderung und Entwicklung war – wie bereits in Kapitel 2.3 dargestellt – Kurt Lewin mit seinen wegweisenden Forschungen in der Sozialpsychologie und deren Bedeutung für die OE. Im nächsten Abschnitt wird nun Lewins Phasenmodell der OE vorgestellt, das Ausgangspunkt vieler weiterführender wissenschaftlicher Arbeiten war, aus denen modifizierte Modelle entstanden sind, die sich bezüglich der Anzahl, Gestaltungsebenen und Gestaltungsschwerpunkte der einzelnen Veränderungsphasen unterscheiden. Als Basismodell für einen Veränderungsprozess sind Lewins drei Schritte der Veränderung jedoch heute beinahe so etwas wie ein Naturgesetz.

3.2 Drei-Phasen-Modell der OE (Lewin)

Nahezu alle einschlägigen Literaturquellen nennen Kurt Lewin als den eigentlichen Begründer der OE (French/Bell, 1990, S. 42 f.; Bennis/Benne/Chin, 1975, S. 14; Sievers, 1977b, S. 10 ff.; Comelli, 1985, S. 50 ff.; Fatzer, 1993, S. 13 f.; Glasl/Lievegoed, 2016, S. 14 f.; Ballreich et al., 2007; Glasl, 2014; Schiersmann/Thiel, 2014; Trebesch, 2000; Werther/Jacobs, 2014; Pühl, 2009). So schreibt der amerikanische Organisationspsychologe Edgar Schein: »Für mich liegt die Hauptwurzel der Organisationsentwicklung in dem grundlegenden Werk von Kurt Lewin. Es gelang ihm, auf eine sehr kreative Art und Weise die Methode des Experimentierens mit einer starken Theorie und – sehr wichtig – mit einem Interesse an der Aktion in Bezug auf wichtige soziale Themen zu verbinden. Aus dieser Sicht liegen unsere Wurzeln ganz klar in der Wissenschaft, und Kurt Lewin war ein hervorragender Wissenschaftler« (Schein, zitiert nach Trebesch, 2000, S. 20). Wie in Kapitel 2.3 bereits dargestellt, hat Lewin durch seine sozialpsychologische Forschungsarbeit zentrale Grundlagen für die Entwicklungs- und Forschungsgeschichte der OE gelegt. Wenn, wie French und Bell behaupten, das Laboratoriumstraining und die Survey-Feedback-Methode als die zwei wesentlichen Quellen der OE verstanden werden können, »dann ist sicherlich Kurt Lewin mit seiner Entwicklung der sozialpsychologischen Feldforschung der eigentliche Initiator« (French/Bell, 1990, S. 42).

Lewins Drei-Phasen-Modell

Kurt Lewin geht in seinem Ansatz davon aus, dass es in jeder Organisation Kräfte gibt, die den Wandel vorantreiben (»driving forces«) und solche, die den Wandel verhindern (»restraining forces«). Normalerweise sind diese Kräfte in einem Gleichgewicht. Um eine Veränderung herbeizuführen, muss man demnach die »driving forces« verstärken und die »restraining forces« reduzieren.

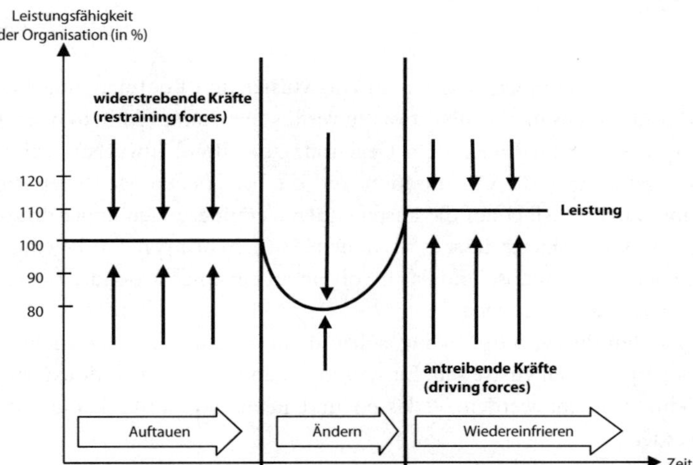

Abb. 8: Antreibende und widerstrebende Kräfte im Wandelprozess (Eigene Darstellung in Anlehnung an Lewin 2012)

Aus seinen Beobachtungen und praktischen Erfahrungen leitete Lewin das Drei-Phasen-Modell der Veränderung ab, das als »klassisches« OE-Veränderungsmodell bis heute die meisten OE-Ansätze prägt. Ein geplanter Veränderungsprozess sollte demnach in drei aufeinander folgenden Phasen ablaufen, die Lewin metaphorisch: Auftauen (Unfreezing) – Ändern (Moving) – Wiedereinfrieren (Refreezing) nennt (Lewin, 1947). Das Bild, das Lewin dabei benutzt, ist ausgesprochen plausibel: »Wer die Form eines gefrorenen Gutes verändern will, muss dieses dazu erst einmal auftauen, sonst bricht es entzwei. Sollen die neuen Formen Bestand haben, muss man sie in eine feste Form bringen« (Schreyögg, 2008, S. 412).[5]

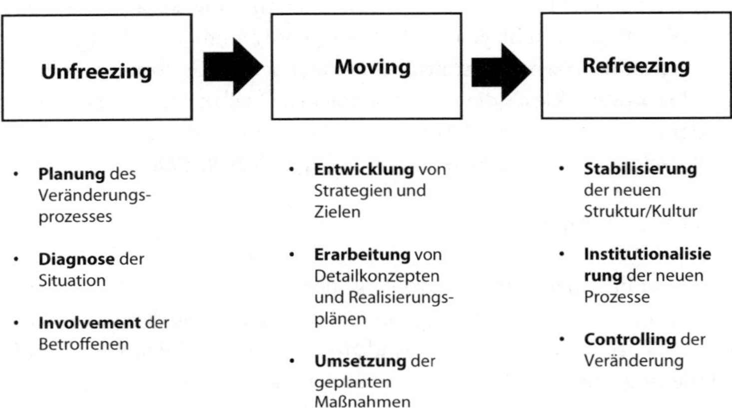

Abb. 9: Drei-Phasen-Modell von Lewin (Eigene Darstellung in Anlehnung an Lewin, 2010, S. 23 ff.)

In der ersten Veränderungsphase sollten alte Muster und Routinen aufgetaut werden. Das Bild des Auftauens meint auch etwas zu verflüssigen, um es dann in neue Abläufe zu bringen. In diesem Sinn sollen – im Gegensatz zur »Bombenwurfstrategie« oder der radikalen Zerstörung – die Organisation und die betroffenen Menschen konsequent, deutlich aber auch sensibel auf die anstehenden Veränderungen eingestimmt werden. Erst wenn etwas »flüssig« ist, lässt es ich in neue Formen bringen. Für Lewin ist in dieser Phase vor allem die Diagnose und das Involvement ein entscheidendes Instrument, um Wandelbereitschaft zu erzeugen.

In der zweiten Phase, dem Moving, sollen dann entlang von tatsächlichen Veränderungen bisherige Verhaltensweisen, Einstellungen und Kommunikationsformen, die als kontraproduktiv erlebt werden, verlassen und neue, alternative Handlungsoptionen erprobt werden.

Die dritte Phase bezeichnet Lewin als Refreezing. Diese Phase ist heute umstritten. Viele Forscher betonen heute die Notwendigkeit des nicht mehr endenden Wandels, für

---

5 Stephan Cummings hat 2015 zusammen mit zwei weiteren Kollegen einen vielbeachteten Artikel vorgelegt, in dem die Autoren den Versuch unternehmen, nachzuweisen, dass Lewin das heute vorliegende Drei-Stufen-Modell nicht selbst explizit entwickelt hat, sondern dass dieses erst nach dessen Tod als Quintessenz seiner Forschungsbeiträge maßgeblich von seinem Kollegen Dorwin Cartwright entwickelt wurde (Cummings et al., 2015, S. 34 ff.).

den es kein »Wiedereinfrieren« mehr geben könne. Das System müsse »flüssig« bleiben und sich permanent verändern (Krüger/Bach, 2014, S. 50). Lewin war der Meinung, dass es notwendig ist, von einer stabilen Ausgangssituation zu einer nächsten stabilen Situation zu gelangen. Für ihn war es wichtig, die neu erlernten Optionen zu stabilisieren und zu institutionalisieren, um sicherzustellen, dass die neuen Routinen auch alltagstauglich vom Organisationssystem und den betroffenen Mitarbeitern durch wiederholtes Anwenden verstetigt und verinnerlicht werden.

Lewin geht in seinem Modell von einer grundsätzlichen Gleichgewichtslogik aus, d. h. Organisationen streben grundsätzlich nach einem Zustand des stabilen Gleichgewichts nach einer langfristigen Phase der Stabilität. Veränderung wird als ein zeitlich begrenzter Ausnahmezustand verstanden, der den Übergang zwischen zwei Gleichgewichtszuständen darstellt. Wobei im Rahmen des hier zugrundeliegenden Wandelverständnisses davon ausgegangen wird, dass die Organisation nach einer Phase der Veränderung nicht immer wieder in denselben Zustand, sondern einen jeweils neuen stabilen Gleichgewichtszustand übergeht (Schreyögg, 2008, S. 411 ff.).

Die von Lewin skizzierten drei Phasen eines Veränderungsprozesses, die programmatische Triade »Unfreezing – Moving – Refreezing« wird auch heute noch als »Grundformel« für die Gestaltung von OE-Prozessen angesehen. Kurt Lewin gilt damit zu Recht als Begründer der OE. Die Originalität seiner Arbeiten sowie sein herausragender theoretischer und auch praktischer Einfluss auf die Entwicklung der OE ist unbestritten. Sowohl seine forschungsmethodischen Grundlagen als auch die frühen Ansätze der topologischen und Vektor-Geometrie, die Konstrukte der Gestalttheorie und schließlich die Aktionsforschung sind Eckpfeiler der OE. Es gibt Autoren, die OE und Aktionsforschung als nahezu identische Ansätze beschreiben (Sievers, 1977b, S. 25 f.; Schein, 2000, S. 20). Grundlegend für die Theorie und Praxis der OE sind schließlich insbesondere auch die sozialpsychologischen Analysen, Erkenntnisse und Ergebnisse der Gruppenforschung. Diese Synergie der Lewin'schen Forschungsarbeit – das fruchtbaren Zusammenwirken der Konstrukte der Gestalttheorie, der Feldtheorie, der Aktionsforschung und der Gruppendynamik – macht das Werk Lewins zu einer »ganzheitlichen« Theorie-Praxis-Forschung.

Dabei ist die Wirkung der Arbeit Lewins jedoch nicht in vorderster Linie durch die akademischen Ergebnisse seiner Forschungen angemessen dokumentiert, sondern durch ihre Bedeutung für die soziale Realität, für gesellschaftspolitische Erkenntnisse und Entwicklungen und nicht zuletzt für die Metatheorie, für Forschungsinstrumente und praktische Methodik angewandter Sozialwissenschaften. Vor allem von letzterem hat die Entwicklung der OE profitiert. Leon Festinger hat die spezifische Leistung der Arbeit Lewins treffend charakterisiert; er ist dabei vor allem von der Idee beeindruckt:

> »Dinge dadurch zu studieren, dass man sie verändert und den Effekt beobachtet. Dieses Motiv – dass man eine Veränderung hervorrufen müsse, um eine Einsicht in den Prozess gewinnen zu können, und dass man dessen variablen Effekte und die neue Dynamik beobachten müsse – zieht sich durch das ganze Werk Lewins. Für Lewin ist das Leben nicht statisch, sondern verändert sich, es ist dynamisch und

fließend. Lewins Veränderungsbegriff, der den Dreierschritt Auftauen, Stabilisieren, Einfrieren umfasst, ist heute noch sehr aktuell. Die Weise, wie er die Bedeutung der Veränderung erfasste, war Teil seines philosophischen Wissenschaftsverständnisses und ein grundlegender Bestandteil seiner ›Metatheorie‹. Insofern trug er wesentlich dazu bei, dass sich die Sozialpsychologie aus einer ›Kunst‹ zu einer Wissenschaft gewandelt hat« (Festinger, zitiert nach Marrow, 1977, S. 251 f.).

Die OE verdankt Lewin ganz konkret Einsichten in komplexe Gruppenprozesse, in Gesetzmäßigkeiten des sozialen Verhaltens und die Erkenntnis, dass Veränderung des Individuums immer auch eine Veränderung seiner sozialen Umgebung bedeutet. Lewin hat insbesondere auf die Bedeutung von informellen oder auch formellen Führern in Gruppenkonstellationen hingewiesen. Ihnen wies er eine ganz besondere Rolle bei der Veränderung von Gruppenkulturen zu. Die Art und Weise des »Führungsverhaltens« war für ihn ein Schlüssel zur Gestaltung und zur Veränderung solcher »Kulturen«. Seine Vorstellung von einer Gruppenkultur war die, dass dort ein offenes, vorurteilsfreies und demokratisches Verhalten herrschen müsse, das es dem Einzelnen erlaube, seine Interessen offen zu vertreten. Dass die Gruppenkultur (oder auch die Kultur eines Landes) von den Machtkonstellationen geprägt ist und eine Veränderung immer auch eine Veränderung der Machtkonstellation innerhalb der Gruppe bedeutet, war eine weitere Erkenntnis Lewins, die noch heute eine zentrale Bedeutung im Rahmen der OE hat.

Eine weitere herausragende Bedeutung für Praxis und Theorie der OE hat der methodische Ansatz des prozessorientierten Arbeitens, den Lewin vor allem in seiner MIT-Arbeit mit Trainingsgruppen und in Laboratorien entwickelte. Die Tatsache, dass soziale Prozesse nicht mit mechanistisch-curricularer Präzision geplant und gesteuert werden können, sondern dass die eigentliche Qualität sozialer Prozesse in eben dieser ihr eigenen offenen Dynamik liegt, ist ein zentrales Merkmal der methodischen Vorgehensweise im Rahmen von OE-Prozessen.

Lewin selbst hat zwar nicht von OE gesprochen, doch seine Schüler (vor allem die Mitarbeiter am MIT: Marian Radke, Leon Festinger, Ronald Lippitt, Douglas McGregor, John R. P. French jr., Dorwin Cartwright, Morton Deutsch, Rensis Likert und Floyd Mann), die nach seinem frühen Tod 1947 seine Forschungsideen besonders am MIT, aber auch an vielen anderen Hochschulen und Forschungseinrichtungen der USA weiterführten, gelten als die Entwickler und Vertreter der OE als angewandter Sozialwissenschaft (Bennis/Benne/Chin, 1975; French/Bell, 1990), die wichtigsten – auch heute noch hochaktuellen – theoretischen und methodischen Grundlagen dazu hat Kurt Lewin geschaffen.

Survey-Feedback-Methode/Aktionsforschung

Die Survey-Feedback-Methode ist eine spezielle Methode der Datenerhebung und Rückkoppelung an die Betroffenen im Kontext der Aktionsforschung. Sie basiert darauf, dass in einem ersten Schritt Daten erhoben werden (in der Regel durch eine Befragung: also ein Survey). Im zweiten Schritt werden diese Daten dann an die befragten Organisationsmitglieder zurückgegeben (Feedback). Die Survey-Feedback-Methode und die methodischen Instrumente der Aktionsforschung sind auch heute noch Kernmethoden der OE (Rosenstiel/Molt/Rüttinger, 2005, S. 382 f.): Ganz zentral ist hierbei die Beteiligung der Betroffenen, die aktiv in den Veränderungsprozess eingebunden werden sollen. Dabei geht es letztlich darum, die Betroffenen zu Beteiligten zu machen, um damit nicht nur die Akzeptanz der Veränderungen zu verbessern, sondern zudem auch Lernerfahrungen zu fördern, die sie als Personen weiterentwickeln, ihre Problemlösungsfähigkeiten steigern und letztlich so zu einer individuellen und organisationalen Veränderungskompetenz beitragen (Gairing, 2008, S. 199 ff.).

Argyris und Schön haben dieses prozessorientierte Lernen »Double-Loop-Lernen« genannt (Argyris/Schön, 1978), das sich dadurch auszeichnet, dass nicht innerhalb des gegebenen Systems von Annahmen, Prioritäten und Regeln angepasst und optimiert, sondern über das bestehende System reflektiert und dieses verändert wird. Diese Form des Double-Loop-Lernens ist heute eine zentrale methodische Prämisse in der OE-Arbeit. OE wird im Sinne von Lewin zudem auch als offener Problemlösungsprozess verstanden. Das heißt, »Lösungsmöglichkeiten bzw. Handlungsalternativen werden erst im ›rollenden‹ Prozess der Aktionsforschung – also im Verlauf eines sich wiederholenden Wechsels von Aktion/Handlung und Auswertung/Evaluation mit Datenfeedback an die Betroffenen – entwickelt« (Schiessler, 2013, S. 597)

Laboratoriumsmethode

Die Laboratoriumsmethode (oder auch T-Gruppen-Training) ist ein gruppendynamisches Arbeitsformat, das ebenfalls als ein wesentliches Grundelement der OE bezeichnet werden kann, weil es die Entwicklung von sozialen und kommunikativen Kompetenzen in einer Gruppe ermöglicht.(Gairing, 2008, S. 55 ff.). Das T-Gruppen-Training kann damit als methodischer Vorläufer für die heute sehr populären Teamentwicklungsworkshops angesehen werden. In einem T-Gruppen-Training finden sich mehrere Teilnehmer für einen begrenzten Zeitraum in einer nichtstrukturierten Kleingruppe zusammen, um durch wechselseitige Interaktionen, die entstehende Gruppendynamik und die Reflexion der konkret erlebten Situationen und dem spezifischen Verhalten in der Gruppe soziale Kompetenzen zu erwerben. Dabei geht es darum, »durch das eigene Erleben und Agieren in einer realen Gruppensituation, Gruppenprozesse besser zu verstehen und steuern zu lernen, das eigene Verhalten in der Gruppe zu reflektieren und sich die eigene Wirkung auf andere bewusst zu machen. Dabei spielt auch die Methode des Feedbacks eine wesentliche Rolle« (Schiessler, 2013, S. 596).

3.3 Acht Stufen der Veränderung (Kotter)

John Paul Kotter (geboren 1947 in San Diego) ist emeritierter Professor für Führungsmanagement an der Harvard Business School. Er studierte am Massachusetts Institute of Technology (MIT), wo er 1968 den Bachelor of Science in Elektrotechnik und Informatik erhielt. Im Jahr 1970 folgte der Master of Science, und im Jahr 1972 promovierte Kotter. 1980 wurde er – 33-jährig – Professor in Harvard.

1995 veröffentlichte Kotter den Artikel »Why transformation efforts fail« (Kotter, 1995), in dem er seinen Acht-Stufen-Ansatz des organisationalen Wandels vorstellte. Die Grundlage für sein Change-Modell – das er dann mit seinem erstmals 1996 erschienen Buch »Leading Change« einer breiten Öffentlichkeit vorstellte (Kotter, 1996) – waren seine langjährigen persönlichen Erfahrungen als Berater und Managementtrainer von mehr als 100 Unternehmen. All diese Unternehmen versuchten sich durch verschiedene Change-Programme zu reorganisieren. Dabei arbeiteten sie mit sehr unterschiedlichen Veränderungskonzepten: Total-Quality-Management, Reengineering, Restrukturierung, Kulturwandel oder Turnaround. Doch ihr gemeinsames Ziel war eine grundlegende organisationale Veränderung. Einige dieser Veränderungsprojekte waren erfolgreich, viele waren gescheitert und die meisten lagen im Ergebnis irgendwo dazwischen. Auf der Basis seiner Erfahrungen und der Analyse der gelungenen wie der gescheiterten Change-Projekte entwickelte Kotter seinen Acht-Stufen-Ansatz des Wandels. Seine wichtigste Erkenntnis: Ein Veränderungsprozess durchläuft stets eine Reihe von Phasen. Werden Phasen übersprungen, potenziert sich das Risiko des Scheiterns. Zudem wirken sich Fehler in jeder Phase verheerend für die nachfolgenden Phasen aus. Kotter weist deshalb eindringlich darauf hin, dass alle acht Stufen komplett und in der vorgegebenen Reihenfolge durchlaufen werden müssen (Kotter, 1995).

Kotters Modell hat im Grundsatz einen ähnlich zeitlichen Spannungsbogen wie Lewins Drei-Stufen-Modell, ist jedoch in der Nuancierung der Phasen differenzierter und in der Beschreibung konkreter. Das Acht-Stufen-Modell des Veränderungsmanagements ist ein Strukturmodell für die Umsetzung von tiefgreifenden Veränderungen. Die acht Schritte lassen sich in drei Kernphasen einteilen: Das Schaffen eines Klimas für Veränderungen (Schritte 1 bis 3), die Einbindung und das Empowerment der gesamten Organisation (Schritte 4 bis 6) und die nachhaltige Umsetzung des Wandels (Schritte 7 bis 8).

Schritt 1: Ein Gefühl der Dringlichkeit erzeugen

Eine zentrale Voraussetzung für den Erfolg von Veränderungsprozessen ist die Akzeptanz und Unterstützung der Veränderung durch die Mitarbeiter. Deshalb ist es – so Kotter – eine zentrale und erfolgskritische Aufgabe zu Beginn eines Veränderungsprozesses, Mitarbeiter und Führungskräfte von der Notwendigkeit und Dringlichkeit der Veränderung zu überzeugen. Diese Einsicht und Akzeptanz ist nicht selbstverständlich, da sehr oft Ängste und Widerstände – vor allem bei bislang erfolgreichen Unternehmen – zu erwarten sind. Hier geht es darum, bei den Beteiligten ein Bewusstsein (Commitment) herzustellen, dass der Entwicklungsprozess für den Erfolg und das Überleben des Unternehmens existenziell ist. Nur wenn dieses Commitment bei den Mitarbeitern vorhanden ist, kann davon ausgegangen werden, dass sie einerseits den Veränderungsprozess möglichst aktiv mitgestalten und andererseits die Veränderungen im Alltag auch leben. Die Methoden, Plattformen und Kommunikationsformate, die für diesen Schritt notwendig sind, entscheiden sehr häufig über Erfolg oder Misserfolg des Veränderungsvorhabens (Gestaltungsformen dafür werden im nächsten Kapitel beschrieben). Um den Mitarbeitern die Dringlichkeit der Veränderung deutlich zu machen, empfiehlt Kotter, sie in die Analyse der aktuellen Unternehmenssituation einzubinden und ihnen

1. **Ein Bewusstsein für die Dringlichkeit des Wandels schaffen**
   - Markt- und Wettbewerbsgegebenheiten untersuchen.
   - Aktuelle und potenzielle Krisenbereiche sowie bedeutende Chancen erkennen und diskutieren.
2. **Die richtungsweisenden Personen in einer Koalition vereinen**
   - Befürworter der Erneuerung zu einer Gruppe vereinen und mit genügend Macht ausstatten, die die Veränderungsbestrebungen vorantreiben.
   - Diese Gruppe ermutigen, eng als ein Team zusammenzuarbeiten.
3. **Eine Vision für das Unternehmen kreieren**
   - Diese Vision den Erneuerungsbemühungen als Richtungsweiser vorgeben.
   - Strategie entwickeln, um die Vision zu verwirklichen.
4. **Die gefundenen Visionen bekannt machen**
   - Jeden möglichen Weg nutzen, um die neu entworfene Vision und die ihr gemäßen neuen Strategien allen Betroffenen klar zu vermitteln.
   - Durch das Beispiel der richtungsweisenden Mitarbeiter neue Verhaltensweisen lehren.
5. **Andere ermächtigen, gemäß der Vision zu handeln**
   - Hindernisse gegenüber Veränderungen beseitigen.
   - Strukturen und Systeme ändern, die die Realisierung der Vision ernstlich gefährden können.
   - Dazu ermutigen, etwas zu wagen.
   - Unkonventionelle Ideen, Maßnahmen und Handlungsweisen fördern.
6. **Kurzfristige Erfolge planerisch vorbereiten und herbeiführen**
   - Sichtbare Leistungsverbesserungen planen.
   - Die Verbesserungspläne praktisch realisieren.
   - An den Verbesserungen beteiligte Mitarbeiter ausdrücklich benennen und belohnen.
7. **Erreichte Verbesserungen weiter ausbauen**
   - Gewachsene Glaubwürdigkeit nutzen, um Systeme, Strukturen und Verhaltensweisen zu verändern, die nicht zu der Vision passen.
   - Mitarbeiter einstellen, fördern und weiter ausbilden, die die Vision erfolgreich umsetzen können.
8. **Die neuen Lösungswege fest verankern**
   - Die Zusammenhänge zwischen den neuen Verhaltensweisen und dem Unternehmenserfolg klar und deutlich herausstellen.
   - Mittel und Wege finden, um die Entwicklung in der Führung und die Führungsnachfolge zu sichern.

Abb. 10: Acht-Phasen-Modell von Kotter (Eigene Darstellung in Anlehnung an Kotter 1995, S. 61)

die möglichen Perspektiven – sowohl Chancen als auch Risiken – aufzuzeigen. Bei der Beteiligung sollte unbedingt auch die emotionale Dimension der Kommunikation bedacht werden (Kotter 1995, S. 60).

Schritt 2: Eine Führungskoalition aufbauen

Der nächste wichtige Schritt für die erfolgreiche Implementierung von Change-Initiativen ist die Zusammenstellung einer starken Führungskoalition, die die gesamte Organisation repräsentiert. Um effektiv agieren zu können, sollte dieses Team über ausreichend Machtbefugnisse, Glaubwürdigkeit, Sachkenntnis und Führungsqualitäten verfügen und gemeinsame Ziele innerhalb des Veränderungsprozesses verfolgen. Gegenseitiges Vertrauen der Teammitglieder untereinander ist ebenfalls ein entscheidender Erfolgsfaktor. Dieses lässt sich beispielsweise durch regelmäßigegemeinsame Aktivitäten außerhalb des Betriebs und nach der Arbeitszeit stärken (Kotter 1995, S. 62 f.).

Schritt 3: Eine Vision des Wandels entwickeln

Aufgabe des Führungsteams ist es nun, eine Vision für die Zukunft zu entwickeln. Eine klar formulierte Vision erfüllt nach Kotter drei wichtige Funktionen:

- Sie dient als Entscheidungsgrundlage.
- Sie motiviert Menschen, in die richtige Richtung aktiv zu werden, selbst wenn die ersten Schritte dorthin beschwerlich sind.
- Sie hilft, die Handlungen der einzelnen Abteilungen und Mitarbeiter schnell und effizient zu koordinieren.

Die Vision wirkt sinnstiftend auf die Mitarbeiter und ist sozusagen der »Klebstoff, der alles zusammenhält«. Kotter macht sechs Schlüsselmerkmale effektiver Visionen aus (Kotter 1995, S. 63):

- Vorstellbar: Sie erzeugen ein klares Bild, wie die Zukunft aussehen wird.
- Erstrebenswert: Sie sprechen die langfristigen Interessen aller Beteiligten an.
- Machbar: Sie enthalten realistische und erreichbare Ziele.
- Fokussiert: Sie sind klar genug formuliert, um als Entscheidungshilfe zu dienen.
- Flexibel: Sie ermöglichen individuellen Einsatz und alternatives Handeln, wenn sich die Gegebenheiten verändern.
- Vermittelbar: Sie sind leicht zu kommunizieren und schnell zu erklären.

Schritt 4: Die Vision des Wandels kommunizieren

Als nächstes gilt es, die im vorangegangen Schritt entwickelte Vision in der gesamten Organisation zu verbreiten, mit dem Ziel, die Akzeptanz und die Begeisterung der Mitarbeiter zu gewinnen. Der Aufwand, der hierfür nötig ist, wird von den meisten Unternehmen jedoch unterschätzt. Kotter rät dazu, die Botschaft auf allen zur Verfügung stehenden Kommunikationskanälen kontinuierlich zu propagieren und bezüglich der Methodenauswahl eine gewisse Experimentierfreude an den Tag zu legen. Storytelling beispielsweise, ist eine exzellente Art, einer Vision Leben einzuhauchen und diese für jedermann begreiflich zu machen. Den Worten müssen allerdings auch Taten folgen. Die Führungskoalition sollte daher stets mit gutem Beispiel vorangehen und ihre Verhaltensweisen entsprechend der neuen Vision und Strategie anpassen. Dadurch wird mögliches Misstrauen abgebaut und die Motivation und Kooperationsbereitschaft der Mitarbeiter gefördert (Kotter 1995, S. 63).

Schritt 5: Hindernisse aus dem Weg räumen

Akzeptanz und Veränderungswille innerhalb der Belegschaft allein reichen jedoch nicht aus, um Wandel erfolgreich voranzutreiben. Es müssen auch die innerbetrieblichen Strukturen und Systeme an die Anforderungen der neuen Vision und Strategie angepasst werden, um die Mitarbeiter handlungsfähig zu machen. Dazu müssen auch die entsprechenden Rahmenbedingungen bereitgestellt und – falls notwendig - Hindernisse aus dem Weg geräumt werden. Neben den unterstützenden Personalsystemen spielen hierbei insbesondere die Informationssysteme eine wichtige Rolle, die die strategischen Ziele unterstützen müssen und nicht bremsen dürfen. Der Zugriff zu aktuellen Wettbewerbs- und Marktinformationen und der reibungslose abteilungsübergreifende Informationsaustausch sind Voraussetzung dafür, dass die Mitarbeiter ihre Arbeit so effizient wie möglich erledigen können (Kotter 1995, S. 64 f.).

Schritt 6: Kurzfristige Ziele festsetzen

Große, langfristig angelegte Veränderungsprojekte verlieren häufig schon im Anfangsstadium an Fahrt. Um die Motivation und das Bewusstsein für die Dringlichkeit bei allen Beteiligten aufrecht zu halten, sollten daher kurzfristige Ziele geplant und bei Erreichen entsprechend gewürdigt werden. Schnelle Erfolge haben zudem den positiven Effekt, dass sie Kritikern und Zynikern den Wind aus den Segeln nehmen. Studien zeigen, dass Unternehmen, die signifikante kurzfristige Erfolge einfahren, mit deutlich höherer Wahrscheinlichkeit den Transformationsprozess erfolgreich zum Abschluss bringen (Kotter 1995, S. 65).

Schritt 7: Erfolge konsolidieren und weitere Veränderungen ableiten

Kurzfristige Erfolge sollten jedoch in keinem Fall dazu verleiten, sich auf den gewonnenen Lorbeeren auszuruhen oder gar frühzeitig das gesamte Vorhaben als Erfolg zu verbuchen. Es gilt vielmehr, die durch die kurzfristigen Erfolge geschaffene Glaubwürdigkeit nun gezielt zu nutzen, um weitere und größere Veränderungsprojekte in Angriff zu nehmen. Zu diesem Zweck sollten weitere Personengruppen in den Veränderungsprozess involviert werden. Gleichzeitig sollte die Führungskoalition dafür Sorge tragen, die Dringlichkeit, Transparenz und den Fokus aufrechtzuhalten (Kotter 1995, S. 66 f.).

Schritt 8: Veränderungen in der Unternehmenskultur verankern

Zu guter Letzt müssen die neuen Verhaltensnormen und gemeinsame Werte tief in die Unternehmenskultur verankert werden. Anderenfalls besteht die Gefahr, dass sie wieder verloren gehen, sobald der Änderungsdruck abnimmt. Um Nachhaltigkeit zu bewirken, empfiehlt Kotter, regelmäßig zu kommunizieren, wie die neuen Ansätze, Verhaltensweisen und Einstellungen die Gesamtperformance des Unternehmens beeinflusst haben. Darüber hinaus sollte sichergestellt werden, dass neue Mitarbeiter und aufstrebende

Führungskräfte an die neue Ausrichtung glauben und diese nach außen hin verkörpern (Kotter 1995, S. 67).

Seine aktuelle Position zu radikalen Wandelprozessen beschreibt Kotter in seinem Buch »Accelerate« (Kotter, 2014). Er sieht die Notwendigkeit auf die Herausforderungen in einer deutlich beschleunigten globalen Welt mit agilem Veränderungsmanagement zu reagieren: »in den letzten Jahren hat die Zahl strategischer Projekte allerdings drastisch zugenommen. Change ist ein Dauerzustand. Da trägt der [alte Change-] Ansatz nicht mehr […] Zum einen genügt es nicht, die einschlägigen Instrumente alle zwei Jahre aus dem Werkzeugkasten zu holen und nach Abschluss des Projekts wieder zurückzulegen. Zum anderen stehen unsere Organisationsstrukturen dem Wandel entgegen. Die sind nicht dafür gemacht, schnelles und agiles Handeln zu ermöglichen. Change ist wirklich ein völlig neues Spiel geworden« (Kotter, 2016).

Heutige Unternehmen müssen ständig nach möglichen Wettbewerbsvorteilen suchen, ohne dabei ihren täglichen Betrieb zu beeinträchtigen. Mit dieser Position kritisiert auch Kotter die Lewin'sche Idee, dass ein Veränderungsprozess mit einer Phase des »Wiedereinfrierens« oder Stabilisierens auf einer neuen Gleichgewichtssituation beendet werden müsse. Kotter hat seinen Wandelansatz entsprechend weiterentwickelt. Er spricht heute von einem »dualen Betriebssystem« (Kotter, 2016), Dabei sollten Unternehmen in ihrer Organisation neben der hierarchischen Struktur (das erste Betriebssystem), auch eine netzwerkartige Struktur (das zweite Betriebssystem) etablieren. In dieser Netzwerksstruktur sollten sich Mitarbeiter aus verschiedenen Hierarchieebenen freiwillig engagieren und gemeinsam nach neuen Lösungen suchen. Die Idee geht davon aus, dass es zum einen in jeder Organisation viele neugierige und innovative Menschen gibt und dass deren Innovationskraft aber in den etablierten hierarchischen Strukturen nicht ausreichend zum Tragen kommt (Kotter, 2014, S. 67 ff.). Immer mehr Komplexität und schneller Wandel bringen strategische Herausforderungen mit sich, mit denen selbst eine bestens aufgebaute Hierarchie nicht mehr zurechtkommen kann. Dieses zweite Betriebssystem entscheidet über neue Strategien und Leitbilder und existiert parallel zur klassischen Hierarchie.

Dabei sind für Kotter 5 zentrale Prinzipien als Veränderungsbeschleuniger wichtig:[6]

1. Viele Change Agents

Um schneller und weiter voranzukommen, müssen mehr Menschen am strategischen Wandel beteiligt werden. Dazu braucht es mindestens 10 Prozent der Mitarbeiter aus Mitarbeiterschaft und Management.

---

6 Die problematischen Dimensionen eines funktionalistisch-technokratischen Beschleunigungsdiktats hat der Jenaer Soziologe Hartmut Rosa (Rosa, 2016) weise dekuvriert und auch der Klagenfurter Philosoph und Gruppendynamiker Peter Heintel kritisiert zu Recht, dass Beschleunigung per se keine sinnvolle Strategie sein kann. Im Gegenteil: Schnelligkeit, Aktionismus und Hektik zum falschen Zeitpunkt führen zu großen Risiken und Gefährdungen (Heintel, 1995a, S. 7; Heintel, 2012).

2. Eine »Ich will«- statt einer »Ich muss«-Geisteshaltung

Nur wenn die in den Netzwerken Beteiligten selbst Energie für und Interesse an einer Veränderung haben und mit anderen gemeinsam an diesem Ziel arbeiten, werden ausreichend Dynamik und Engagement mobilisiert, um eine echte Transformation anzustoßen.

3. Kopf und Herz statt nur Kopf

Nur Zahlen, Daten und Fakten überzeugen nicht. Die Beteiligten müssen vor allem emotional angesprochen werden. Das Gefühl, gemeinsam zum Wandel beizutragen und damit das Unternehmen erfolgreich zu machen, gibt den Mitarbeitern Sinn und Bedeutung bei ihrer Arbeit.

4. Mehr Leadership statt mehr Management

Im Gegensatz zur erfolgreichen Hierarchie, dessen Kern ein kompetentes Management bildet, benötigt das Strategienetzwerk vor allem »Leadership«. Mittelpunkt dieser Führungsarbeit ist es, die Mitarbeiter zu begeistern und zu motivieren. Eine wichtige Rolle spielen dabei neben attraktiven Visionen und einer klaren Strategie auch ein agiles, glaubwürdiges und inspirierendes Handeln der Führungskräfte.

5. Zwei Betriebssysteme, eine Organisation

Das (Innovations-)Netzwerk und die Hierarchie müssen eng miteinander verbunden sein, sodass ein ständiger Austausch von Informationen und Aktivitäten gewährleistet ist und die Ideen des Netzwerkes durch die hierarchischen Verantwortlichen gewertschätzt und vor allem auch umgesetzt werden können (Kotter, 2014, S. 75 ff.).

Kotter hat mit diesem neuen Ansatz die großen Herausforderungen der digitalen Transformation und der Bewältigung von komplexen und dynamischen Szenarien durchaus angemessen beschrieben. Seine aktuellen Positionen wirken jedoch trotzdem eher wie eine plausible, aber nicht gerade revolutionäre Weiterentwicklung seiner klassischen Thesen zum Veränderungsmanagement. Einzig die Idee der zwei Betriebssysteme ist eine wichtige Neuerung, jedoch scheint mir sein Ansatz zur Umsetzung doch etwas zu bieder. Und lediglich als zusätzlichen Dynamisierungseffekt »Beschleunigung« einzuführen, scheint mir ebenfalls zu kurz gegriffen. Im Kapitel 5 werde ich noch einmal auf die großen aktuellen Herausforderungen eingehen und dabei Konzepte und Ideen für einen radikalen Wandel angesichts disruptiver und weitreichender Entwicklungen beschreiben.

Insgesamt ist Kotters Modell eine solide, sachkundige und differenzierte Beschreibung der notwendigen Phasen eines Veränderungsprozesses. Kotter hat mit seinem Acht-Phasen-Modell damit eines der führenden Konzepte für Veränderung und Entwicklung vorgelegt. Seine aktuellen Erweiterungen mögen nicht im selben Maße überzeugen, sie dienen augenscheinlich eher einer nachhaltigen Vermarktungsstrategie.

3.4 Das Modell der Lernenden Organisation (Senge)

Peter Senge, geboren 1947 in Stanford/USA, ist Senior Lecturer of Behavioral and Policy Sciences am MIT in Cambridge/Massachusetts. Er war Direktor des 1991 gegründeten Center for Organizational Learning an der MIT Sloan School of Management und ist Vorsitzender der 1997 gegründeten Society for Organizational Learning (SoL).

1995 hat er in seinem Buch »Die fünfte Disziplin« (aktuelle deutsche Auflage: Senge, 2011) die Idee von der Notwendigkeit einer lernfähigen und lernenden Organisation entwickelt. Sein Credo ist, dass Organisationen nur lernen, »wenn die einzelnen Menschen etwas lernen. Das individuelle Lernen ist keine Garantie dafür, dass die Organisation ohne etwas lernt, aber ohne individuelles Lernen gibt es keine lernende Organisation« (Senge/Klostermann, 2011, S. 171).

Seine Mission lautet demgemäß: »Wenn etwas nötig ist, dann ist es heute wichtiger denn je, zu verstehen, wie Organisationen lernen, und dieses Lernen zu beschleunigen. Die alten Zeiten sind vorbei, da ein Henry Ford, Alfred Sloan oder ein Tom Watson für die Organisation lernte. In einer zunehmend dynamischen, voneinander abhängigen Welt und nicht vorhersehbaren Welt ist es schlichtweg niemandem mehr möglich, ›alles an der Spitze zu durchdenken‹. Das alte Modell ›die Spitze denkt, und der vor Ort handelt‹ hat jetzt integrierendem Denken und Handeln auf allen Ebenen zu weichen« (Senge/Klostermann, 2011, S. 146).

Die fünf Disziplinen der lernenden Organisation
• Personal Mastery • Mental Models • Shared Vision • Team Learning • Systems Thinking

Abb. 11: Die fünf Disziplinen der lernenden Organisation (Senge, 2011, S. 139 ff.)

Die ersten vier genannten Disziplinen sind in modernen, sich partizipativ gebenden Organisationskulturen – zumindest begrifflich – nicht gänzlich neu: Persönliche Kompetenz, angemessene mentale Denkmodelle, gemeinsame Visionen und Team-Lernen (► Abb. 11). Neben den ersten vier Disziplinen, die Senge als Basisvoraussetzungen für gutes Management nennt, ist für Senge die fünfte Disziplin – entsprechend dem Titel seines Buches – entscheidend. Er nennt sie »systems thinking«. Systemisches Denken als Disziplin zu begreifen, ermöglicht es, Zusammenhänge holistisch zu verstehen. Diese fünfte Disziplin »stellt unerbittlich die Frage nach den ganzheitlichen Zusammenhängen, welche die Situation etwa für ein Unternehmen in seiner spezifischen Umwelt, seiner spezifischen Zeitdynamik, seiner spezifischen Vernetzung und Interdependenz definieren […]. Zu der Eigenlogik komplexer Systeme gehören, wie Senge hervorhebt […] vor allem eine zirkuläre Verknüpfung von Ursachen und Wirkungen, Verzögerungs- und Beschleunigungsmomente in den Rückkopplungsschleifen des Systems […]

oder versteckte und progressiv wachsende Widerstände im System gegen externe Beeinflussungen« (Willke, 1994, S. 180 f.). Senge selbst beschreibt die Disziplin des Systemdenkens folgendermaßen:

»Diese Disziplin schafft die Voraussetzungen, damit wir Wechselbeziehungen statt unbeweglicher Dinge wahrnehmen und Veränderungsmuster statt statischer Schnappschüsse. Das Systemdenken ist eine Sammlung von allgemeinen Prinzipien, die im Laufe des 20. Jahrhunderts entwickelt wurden die so unterschiedliche Gebiete wie die Natur-und Sozialwissenschaften, die Ingenieurwissenschaften des Managements umfassen. [...] Heute ist ein systemisches Denken wichtiger geworden als je zuvor, weil eine wachsende Komplexität uns zu überwältigen droht« (Senge, 2011/ Klostermann, S. 88 f.).

Damit knüpft Senge an eine Denktradition an, die mit Talcott Parsons und Niklas Luhmann eine der bedeutendsten soziologischen Schulen des zwanzigsten Jahrhunderts, die »Systemtheorie«, begründete. Später werde ich auch noch detailliert auf die aktuellen systemischen Konzepte der OE eingehen, die im deutschsprachigen Raum theoretisch stark von den Bielefelder Soziologen Niklas Luhmann und Helmut Willke geprägt sind. Senge liefert einige ebenso kluge wie frech-süffisante Interventionsregeln, die er Gesetzmäßigkeiten der fünften Disziplin nennt (► Abb. 12), die beinahe den Eindruck trivialer Kalendersprüche machen. Wenn man diese etwas kryptischen Metaphern jedoch hinsichtlich der Dynamiken von Organisationen, Führung, Strategie und Veränderung »übersetzt«, zeigt sich, dass sie als systemische Managementmaximen wirkliche »Sprengkraft« haben.

Gesetzmäßigkeiten der fünften Disziplin

- Die Probleme heute beruhen auf den Lösungen von gestern.
- Je stärker du drückst, desto stärker schlägt das System zurück.
- Das Systemverhalten wird besser bevor es schlechter wird.
- Der leichte Ausweg führt gewöhnlich zurück ins Problem.
- Die Therapie kann schlimmer sein als die Krankheit
- Langsamer ist schneller.
- Ursache und Wirkung sind raumzeitlich nicht eng verknüpft.
- Kleine Änderungen können große Wirkung erzielen – aber die sensibelsten Druckpunkte des Systems sind am schwersten zu erkennen.
- Man kann den Kuchen haben und ihn essen – nur nicht gleichzeitig.
- Wer einen Elefanten in zwei Hälften teilt, bekommt nicht zwei kleine Elefanten.
- Schuldzuweisungen bringen nichts.

Abb. 12: Gesetzmäßigkeiten der fünften Disziplin (Senge/Klostermann, 2011, S. 57 ff.)

Das Verdienst von Peter Senge ist es, dem systemischen Denken im Rahmen von Managementhandeln und Transformationsprozessen einen prominenten Platz zugewiesen zu haben. Heute ist systemische Denkhaltung zwar weit verbreitet,[7] doch es ist Senge gelungen, die Bedeutung der Interdependenz von Management, Lernen und Veränderung in einer besonders eindrücklichen Weise darzustellen. Dabei ist insbesondere die Dimension des organisationalen Lernens eine wichtige Erkenntnis. Zum einen ist das Lernen einer Organisation viel mehr als individuelles oder auch Teamlernen. Die Veränderung der organisationalen Verhaltensmuster und der Unternehmenskultur braucht andere Interventionsformate als personen- oder gruppenbezogene Lernplattformen. Zum anderen macht Senge aber auch deutlich, dass sich Organisationen in der schnelllebigen Zeit des permanenten Wandels eine Veränderungskompetenz aneignen müssen, um zu überleben. Und diese setzt voraus, dass Reflexion und Lernen essentielle Elemente der Organisation werden.

3.5 Fünf Phasen des Wandelprozesses (Krüger)

Wilfried Krüger – Jahrgang 1942 – studierte Betriebswirtschaftslehre in München und Berlin. 1971 promovierte er zum Thema »Grundlagen, Probleme und Instrumente der Konflikthandhabung in der Unternehmung«. 1975 folgte die Habilitation über »Macht in der Unternehmung – Elemente und Strukturen«. Nach Lehrstuhlvertretungen in Freiburg und Dortmund folgte er 1978 einem Ruf an die Universität Dortmund. Seit 1985 ist er Inhaber des Lehrstuhls Organisation, Unternehmungsführung und Personalwirtschaft an der Justus-Liebig-Universität Gießen. Dort wurde er 2009 emeritiert.

In einer kritischen Auseinandersetzung mit den Schwächen von Kotters Modell und aufbauend auf eigenen Praxiserfahrungen (Krüger/Bach, 2014) entwickelt Wilfried Krüger in seinem Modell eines Wandlungsprozesses fünf Phasen der Veränderung (▸ Abb. 13).

Das Modell beschreibt den Prozess eines weitreichenden Wandels anhand von fünf Phasen: Initialisierung, Konzipierung, Mobilisierung, Umsetzung und Verstetigung. Die Nähe sowohl zu Lewin als auch zu Kotter ist bei diesen Phasen unverkennbar, jedoch versucht Krüger eine noch klarere und konkretere Beschreibung der notwendigen Aufgaben im Veränderungsprozess. Diese Klarheit und Gegenstandsnähe ist eine verdienstvolle Qualität dieses Konzepts. Die fünf Phasen bilden den chronologischen und strukturellen Rahmen für die Gestaltung des Veränderungsprozesses (Krüger/Bach, 2014). Unterhalb der fünf Phasen definiert Krüger zehn Aufgaben, die für das Management des Wandels notwendig sind. Dabei berücksichtigen die Aufgaben »nicht nur die rationale Dimension des Geschehens, sondern an verschiedenen Stellen auch die politische und die emotionale Seite. Auf die Weise sollen integrierte Problemlösungen erreicht werden« (Krüger/Bach, 2014).

---

7 Zur Akzeptanz und Bekanntheit systemsicherer Management- und Veränderungskonzepte haben insbesondere die Forschungen und Publikationen der Management-Professoren der Hochschule St. Gallen und das von ihnen entwickelte St. Galler Management-Modell (Rüegg-Stürm, 2003) wie auch die Konzepte und vielfältige Praxis der systemischen Organisationsberatung (Krizanits, 2009) beigetragen. Beide Ansätze werden in diesem Buch detailliert beschrieben.

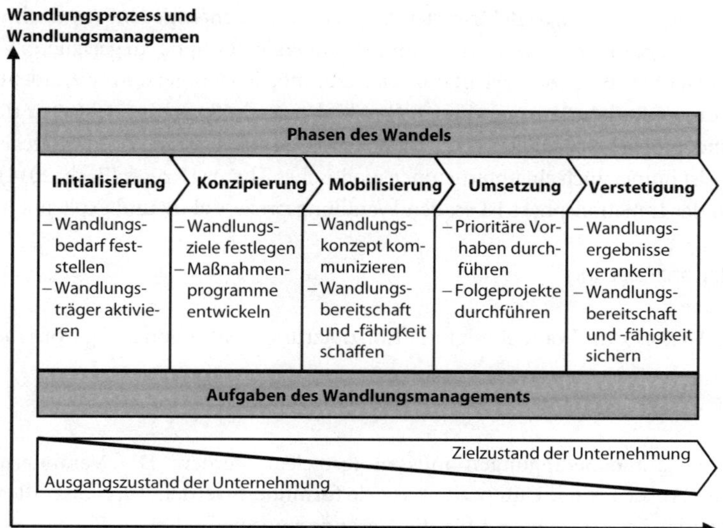

Abb. 13: Wandlungsprozess und Wandlungsmanagement (Krüger/Bach, 2014)

Eine ganz entscheidende und in der Unternehmenspraxis hoch bedeutsame Rahmenbedingung eines Veränderungsprozesses nennt Krüger »Beidhändigkeit«. Das bedeutet, dass Veränderungsprozesse immer in einem »spannungsgeladenen Gegensatz stehen: »Das Tagesgeschäft ist im Wettbewerb zu behaupten und effizient zu gestalten, gleichzeitig aber in Frage zu stellen und zu verändern oder sogar zu ersetzen« (Krüger/Bach, 2014).

Vor dem Hintergrund dieser doppelten Herausforderungen ist es umso wichtiger, dass der Veränderungsprozess einer klaren und systematischen Struktur folgt, die im Folgenden vorgestellt werden soll.

Phase 1: Initialisierung

Hierbei geht es um die Identifikation und verbindliche Feststellung eines sachlich notwendigen Wandels. Deshalb lauten die Inhalte von Krügers erster Aufgabenstellung auch:

Aufgabe 1: Wandlungsbedarf feststellen und Problembewusstsein erzeugen

Die Analyse der internen wie externen Situation lässt einen Handlungsdruck und -bedarf erkennen. Deshalb muss vor allem im Kreis der Führungskräfte ein Bewusstsein für die Notwendigkeit und Dringlichkeit der Veränderung erzeugt werden. Dazu gehört auch, dass eine Vision entwickelt werden muss, die die Richtung des Wandels bestimmt.

Aufgabe 2: Wandlungsträger aktivieren und Wandlungskoalition formen

Diese Aufgabe berücksichtigt die machtpolitischen Gegebenheiten im Unternehmen. Veränderungsprojekte können als dynamische Prozesse in einem Kraftfeld verstanden werden. Es gibt laut Krüger Befürworter, Gegner, und Unentschiedene (und ich vermute, sogar noch einige mehr). Deshalb muss für jede »Energie«-Gruppe ein geeignetes Vorgehen gefunden werden. Besonders wichtig ist es dazu, mögliche Unterstützer zu identifizieren und für die Veränderung zu gewinnen. Es gilt aber auch, Spannungsfelder zu diagnostizieren und mögliche Konflikte und Widerstände zu lokalisieren, denn strategische Erneuerung ist immer auch ein unternehmenspolitisches Thema (Krüger/Bach, 2014). Letzter Schritt in der Initiationsphase ist es, den Wandlungsprozess aktiv und explizit auszulösen.

Phase 2: Konzipierung

Auf den Anstoß zum Wandel folgt die Konzipierung des Veränderungsvorhabens.

Aufgabe 3 lautet demnach: Wandlungsziele festlegen

Ziele und Rahmenbedingungen müssen festgelegt werden. Die Veränderungsziele müssen als Ausdruck der Unternehmensziele formuliert werden. Je präziser dies gelingt, desto genauer ist die Richtung für die Veränderungsmaßnahmen. Ebenso müssen in dieser Phase die Rahmenbedingungen für die Durchführung des Veränderungsprojektes festgelegt werden.

Aufgabe 4 heißt: Maßnahmenprogramme entwickeln

Projektverantwortung und Aufgabenverteilung müssen geregelt sein. Ein Veränderungsprojekt ist ein komplexes Vorhaben und muss deshalb arbeitsteilig und koordiniert durchgeführt werden. Dazu müssen auch Lenkungsausschüsse und Projektleiter bestimmt werden. (► Kap. 4 dieses Buches beschreibt das Thema Projektmanagement im Rahmen von Veränderungsprozessen noch detailliert.)

Weiterhin muss das Veränderungskonzept mit einem umfassenden Maßnahmenprogramm ausgewählt werden. Sowohl beim Konzept als auch bei den Maßnahmen sind dabei sowohl die Sachebene als auch die Akzeptanzebene zu berücksichtigen. Die Konzepterarbeitung soll in Projektteams geschehen und Krüger empfiehlt, in dieser Phase auch die Mitbestimmungsgremien zu berücksichtigen.

Phase 3: Mobilisierung

Es ist unschwer erkennbar, dass sich diese Phase inhaltlich eng an die Lewin'sche Moving-Phase anlehnt. Krüger beschreibt die Kernthematik dieser Phase folgendermaßen: »Das Wandlungsmanagement muss im Anschluss an die Konzipierung den Kreis der Beteiligten und Betroffenen auf die beabsichtigten Änderungen einstellen bzw. sie mit der Änderung konfrontieren. Wie dies geschieht, ist wiederum eine Frage der Wandlungssituation und der Kräftekonstellation. Die Skala reicht vom ›Schaffen vollendeter Tatsachen‹ bis zu einer weitreichenden Partizipation und Delegation. Dies ist ein Aufgabenkomplex, der mit dem Begriff ›Mobilisierung‹ angemessen charakterisiert erscheint« (Krüger/Bach 2014).

Aufgabe 5: Wandlungskonzept kommunizieren

Wichtig in dieser Phase ist es, Überzeugungsarbeit zu leisten. Dazu sollen die verschiedenen Kanäle und Plattformen der Kommunikation mit den Mitarbeitern genutzt werden und das Topmanagement soll sichtbar und aktiv an der Mobilisierung mitwirken. Führungskräfte sollten in dieser Phase durch symbolisches Management den Sinn des Wandlungsprogramms und auch die Ernsthaftigkeit des Veränderungswillens verdeutlichen. Zudem sollten in dieser Phase auch Anreize zur Veränderung geschaffen werden, um möglichst viele Betroffene zum aktiven Mitmachen zu bewegen.

Aufgabe 6: Wandlungsbedingungen schaffen

Eine besondere Verantwortung für das Management besteht in dieser Phase auch darin, die Voraussetzungen für die Durchführung der die Veränderung flankierenden Projekte zu schaffen. Dazu sind Managemententscheidungen erforderlich, die die Klärung von Zuständigkeiten und Kompetenzen sowie die Zuweisung von finanziellen, personellen und sachlichen Mitteln sicherstellen.

Phase 4: Umsetzung

Die Durchführung von prioritären Vorhaben sowie anschließenden Folgeprojekten stehen bei dieser Phase im Mittelpunkt.

Aufgabe 7: Prioritäre Aufgaben durchführen

In dieser Phase muss festgelegt werden, welche Projekte und Vorhaben prioritär durchgeführt werden sollen. Kriterien dafür sind nach Krüger die Dringlichkeit, die Projektablauflogik, das Einführungsrisiko, der Know-how-Transfer, die Ressourcenverfügbarkeit und insbesondere auch die Chance auf kurzfristige Erfolge (»Quick wins«). Bei der Durchführung ist zudem auf ein permanentes Projektcontrolling zu achten.

Aufgabe 8: Folgeprojekte durchführen

Auch die Folgeprojekte müssen organisiert, gesteuert und kontrolliert werden. Bisherige Pilotprojekte müssen in Alltagsformate umgesetzt und im Tagesgeschäft verstetigt werden. Nur in Ausnahmenfällen soll das Management bei der Umsetzung korrigierend eingreifen.

Phase 5: Verstetigung

Am Ende der Umsetzungsphase steht das Ausklingen des Veränderungsprojektes. Im Unterscheid zu Lewins »Refreezing-Phase« sieht Krüger hier jedoch »keinesfalls das Ende der Unternehmensentwicklung. Der erreichte Zielzustand ist kein ›Endzustand‹. Wandel muss zu einem Dauerthema gemacht werden« (Krüger/Bach, 2014).[8]

Der Abschluss eines Veränderungsprozesses ist für Krüger also nicht das Ende, sondern die Verstetigung im Sinne einer kontinuierlichen Weiterentwicklung. Eine erste Voraussetzung dafür ist, dass die die erreichten Ergebnisse verankert werden und kein Rückfall in alte Zustände geschieht. Die zweite Voraussetzung liegt darin, die erworbene Wandlungsfähigkeit nicht erlahmen zu lassen.

Aufgabe 9: Wandlungsergebnisse verankern

Mit der Umsetzung der Ergebnisse muss auch die Verantwortung für die neuen Prozesse und Strukturen vom Veränderungsprojekt auf das Linienmanagement übertragen werden, das nun verantwortlich dafür ist, dass die neuen Prozesse beibehalten werden. Das ist vor allem auch eine Frage der konsequenten Führungsarbeit. Und auch erst mit der Kontrolle der Zielerreichung, der Auswertung der Ergebnisse und der Honorierung der Erfolge – alles Führungsaufgaben – wird der Führungsregelkreis geschlossen (Krüger/Bach, 2014).

Aufgabe 10: Wandlungsbereitschaft und -fähigkeit sichern

Die Fähigkeit der Organisation, einen Veränderungsprozess zu gestalten, muss weiterhin erhalten bleiben und ist mit Abschluss des aktuellen Veränderungsprozesses nicht beendet. Im Idealfall gelangt man so zu Organisationen, die sich im Sinne einer Selbstentwicklung verhalten und nach dem großen Umbruch des gesamten Unternehmens aktiv einen permanenten Wandel vollziehen können. Diese Fähigkeit wird heute mit dem Begriff der »Lernenden Organisation« beschrieben (Senge/Klostermann, 2011).

Wilfried Krüger hat mit seinem Konzept zur Gestaltung eines Veränderungsprozesses ein plausibles, durchdachtes und praxisnahes Modell vorgelegt. Es bietet sowohl in der chronologischen und organisatorischen Gesamtgestaltung als auch in der konkreten praktischen Umsetzung viele Hinweise, wie eine professionelle und systematische Gestaltung eines tiefgreifenden Wandelprozesses aussehen sollte. Etwas kurz kommt bei Krügers Modell jedoch die methodische Gestaltung der Arbeitsplattformen (Workshops, Teamentwicklung etc.), der Interventionsstrategien und der grundsätzlichen Beratungshaltung und -methodik der begleitenden Organisationsberater. Als Grund-

---

8 Wenn man sich Lewins These von einer Refreezing-Phase genau anschaut, ist jedoch kein wirklich echter Unterschied zu Krügers These (die heute ja weit verbreitet ist) erkennbar. In seinem berühmten Artikel »Frontiers in Group Dynamics. Concept, Method and Reality in Social Science; Social Equilibria and Social Change« schreibt er gar von einem »permanent change« (Lewin, 1947, S. 32) und ist sich offensichtlich durchaus der Tatsache bewusst, dass sich ein neuer stabiler Zustand der Organisation genauso wie auch die Situation vor dem Wandel in einem ständigen Ausbalancierungsprozess und in einem dynamischen Kräftefeld befindet und sich deshalb angesichts dieser heterogenen Kräfte nur schwer eine »Permanenz« herstellen lässt, die sicher gegen weitere Veränderung ist (Lewin, 1947, S. 35).

konzept mit einer sachdienlichen Beschreibung aller wesentlichen Arbeitsschritte ist dieses Konzept jedoch ausgesprochen ausgereift und praxistauglich.

3.6 Change Management (Doppler/Lauterburg)

Von Klaus Doppler und Christoph Lauterburg stammt das bekannteste und meistverkaufte Buch zum Thema Change Management, das im deutschsprachigen Raum heute als Standardwerk zum Thema gilt[9] (Doppler/Lauterburg, Change Management, 2014, inzwischen in der 14. Auflage erschienen). Doppler und Lauterburg sind seit bald 40 Jahren als selbständige Organisationsberater und seit über 30 Jahren in der OE-Arbeit und auch als OE-Forscher, Theorieentwickler und Autoren tätig (Doppler/Voigt, 1977; Doppler et al., 1982; Doppler, 1985; 1986; Lauterburg, 1980a; 1980b). Doppler und Lauterburg haben sich auf die Begleitung von Entwicklungs- und Veränderungsprozessen spezialisiert und beraten angesehene sowie staatliche Institutionen und Verwaltungen beim strukturellen und kulturellen Umbau. Sie sind führende Köpfe im Feld der OE und Mitbegründer der GOE (Doppler/Lauterburg, 2014, S. 2).

In ihrem Buch beschreiben die beiden Autoren die Ursachen, die Notwendigkeit, den Kontext, den methodischen Weg und die Ziele eines Organisationsveränderungsprozesses. Das Buch ist verständlich, praxisrelevant konkret und darüber hinaus – aus der Reflexion einer langjährigen Beraterpraxis entwickelt – aufgebaut auf einer soliden theoretischen Argumentation. Die in den praktischen Entwürfen[10] implizierten Theorieansätze machen die konzeptionellen Grundlagen dieser beiden, aus der gruppendynamischen Tradition kommenden Berater deutlich. In der gleich am Anfang des Buches versuchten »Anatomie der Wirtschaftskrise« kommen Doppler/Lauterburg (2014, S. 17) zu dem Schluss:

> »die Welt hat sich radikal verändert. Unternehmerisches Wirtschaften und betriebliches Management vollziehen sich heute unter ganz anderen Voraussetzungen als noch vor wenigen Jahren. Es gibt drei neue Rahmenbedingungen, und diese entscheiden weitgehend über Erfolg und Misserfolg: Verknappung der Ressource Zeit, Verknappung der Ressource Geld, dramatische Steigerung der Komplexität«.

---

9 Nicht zufällig werden das Buch und die beiden Autoren bei der Aufsatzsammlung Change Management (2003) vorgestellt, das den Anspruch hat, die Beiträge der wichtigsten Management-Vordenker zusammenzufassen. Diese Ehre wird in dem von US-amerikanischen Management-Gurus dominierten Band nur wenigen deutschsprachigen Autoren zuteil.

10 Die Autoren beschreiben ihre Idee und ihre Motivation für das Schreiben dieses Buches folgendermaßen: »Wir wollten aus der Praxis für die Praxis schreiben. Konkret. Zum Anfassen und Umsetzen« (Doppler/Lauterburg, 1994, S. 13).

Diese drei Diagnosethemen sind für Doppler und Lauterburg die zentralen Rahmenbedingungen und gleichzeitig Ursachen für die Veränderung von Unternehmen (► Abb. 14) – dass sich zudem parallel auch ein Veränderungsdruck für Verwaltungen und Non-Profit-Organisationen (Schule, Kirchen, Krankenhäuser etc.) ergeben hat, war abzusehen.

Rahmenbedingungen und Ursachen für Veränderungen von Unternehmen
• Verknappung der Ressource Zeit Ein Unternehmen, das in einem hochgradig instabilen Umfeld überleben will, muss rasch reagieren und sich kurzfristig den ändernden Bedingungen anpassen. Dies bedeutet rasche Produktinnovation, immer kürzer werdende Produktlebenszyklen. Qualität ist heute noch immer genauso wichtig wie früher – aber sie genügt nicht mehr. Nur wer gleichzeitig auch noch schnell ist, hat im Markt die Nase vorn. • Verknappung der Ressource Geld Unternehmen und Bürger werden für gleiche Leistungen immer weniger Geld erhalten – und gleichzeitig immer mehr Steuern bezahlen müssen. Geld wird deshalb knapp bleiben und noch knapper werden. Die tiefgreifenden Verschiebungen im Gefüge der Weltwirtschaft werden nur durch ein markantes Absinken unseres Lebensstandards aufgefangen werden können. Leistungs- und Kostenoptimierung sind zu bestimmenden Faktoren unternehmerischen Denkens und Handelns geworden. • Dramatische Steigerung der Komplexität Alles ist zunehmend mit allem vernetzt. Technische, ökonomische, politische und gesellschaftliche Prozesse beeinflussen sich gegenseitig und entwickeln ihre Eigendynamik. Was man an einem Ort tut, kann an einem anderen unvorhergesehene Konsequenzen haben. Es kommt zu »Kipp-Effekten« – und von heute auf morgen hat sich ein bisher realistisches Szenario in sein Gegenteil verwandelt. Diese Steigerung der Komplexität gilt insbesondere auch für Unternehmensprozesse und hat weitreichende Folgen für die Führungskräfte.

Abb. 14: Rahmenbedingungen und Ursachen für Veränderungen in Unternehmen (Doppler/Lauterburg, 2014, S. 18 ff.)

Aufgrund ihrer Skizzierung der genannten Rahmenbedingungen und Ursachen für den Veränderungsprozess gelangen Doppler und Lauterburg zu folgenden Empfehlungen: »Wenn Zeit und Geld knapp werden und gleichzeitig die Komplexität zunimmt, kann man nicht mehr so weiter wirtschaften wie in der Vergangenheit. Die Herausforderung für das einzelne Unternehmen lautet: Schnellere und wirtschaftliche Bewältigung einer zunehmenden Vielfalt sich rasch ändernder Aufgaben. Dies hat Konsequenzen für die Organisation. [...] Insgesamt: Reengineering der Geschäftsprozesse« (Doppler/Lauterburg, 2014, S. 41).

Der Veränderungsprozess, der dieses Reenigeneering[11] erbringen soll, und dessen »architektonische« und methodische Gestaltung ist das eigentliche Kernstück des Change-Konzeptes von Doppler und Lauterburg. Aus ihrer Sicht ist für eine professionelle Planung und Steuerung eines Change-Prozesses ein aufwendiges »Change-Design« vonnöten (► Abb. 15).

Abb. 15: Schritte im Veränderungsprozess und ihre Tücken (Eigene Darstellung in Anlehnung an Doppler/Lauterburg, 2014, S. 96)

Zur Frage der Umsetzung des Veränderungsprozesses haben Doppler und Lauterburg eine klare Position: »Wenn Veränderungen in Organisationen anstehen, glauben viele kluge Leute – oberste Entscheidungsträger und qualifizierte Spezialisten genauso wie teuer bezahlte Berater –, ihr Job sei getan, wenn sie dafür gesorgt hätten, dass entsprechende Konzepte auf dem Tisch liegen. Auf die Analyse und die Konzeptentwicklung wird die größte Sorgfalt und in der Regel auch die meiste Zeit verwendet [...]. In der Tat ist es gar nicht so furchtbar schwierig, ein gutes Konzept zu entwickeln [...] Wirklich schwierig ist nur eines: die Realisierung. Die Kunst der Fuge besteht nicht darin, Konzeptvorlagen zu entwerfen und zu verabschieden, sondern darin, diese in die Praxis umzusetzen« (Doppler/Lauterburg, 2014, S. 129). Aus dieser Betonung der Transferorientierung folgern die beiden Autoren sieben Grundsätze des Vorgehens bei Veränderungsprozessen, die sicherstellen sollen, dass optimale Voraussetzungen für eine praktische Umsetzung der Veränderung geschaffen werden (► Abb. 16).

---

11 1993 veröffentlichten Michael Hammer und James Champy ihr Buch »Reengineering the Corporation«, das zum Standardwerk wurde. Darin bezeichnen sie Business Reengineering »als fundamentales Überdenken und radikales Redesign von Unternehmen oder wesentlichen Unternehmensprozessen. Das Resultat sind Verbesserungen in entscheidenden Unternehmens-Dimensionen Kosten, Qualität, Service und Zeit« (Hammer/Champy 2003).

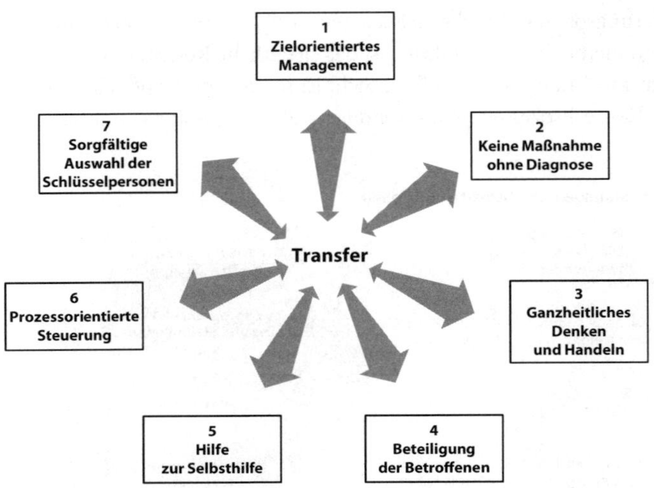

Abb. 16: Grundsätze des Vorgehens bei Veränderungsprozessen (In Anlehnung an Doppler/Lauterburg 2014, S. 130)

Diese Grundsätze sind für Doppler und Lauterburg jedoch nicht einfach mögliche Handlungsoptionen, sondern sie »ergänzen sich gegenseitig und müssen alle gleichzeitig beachtet werden, wenn der Erfolg nicht in Frage gestellt werden soll« (Doppler/Lauterburg, 2014, S. 131). Als relevante Parameter für das OE-Konzept von Doppler und Lauterburg will ich diese Grundsätze noch einmal kurz skizzieren:

1. Grundsatz: Zielorientiertes Management

Beim Thema Führung und Management ist es für beide Autoren entscheidend, dass ein »Projekt, das brauchbare Ergebnisse zeitigen soll, […] zielorientiert geführt werden« muss (Doppler/Lauterburg, 2014, S. 131). Doppler und Lauterburg betonen deutlich die Notwendigkeit einer zielgerichteten Führung, die Partizipation erst möglich mache.

2. Grundsatz: Keine Maßnahme ohne Diagnose

Hier steht die Notwendigkeit einer sorgfältigen Lagebeurteilung am Anfang jeder Veränderung im Vordergrund entsprechend der Formel »Eine gute Analyse ist der halbe Projekterfolg« (Doppler/Lauterburg, 2014 S. 131 f.). Bei der Diagnose orientieren sich Doppler/Lauterburg an der klassischen Technik des Survey-Feedback. Sie empfehlen vier Schritte:

- Datenerhebung – Befragung.
- Datenverdichtung – Reduktion der Datenflut auf das Wesentliche.
- Datenfeedback – Information aller Beteiligten über die Ergebnisse.

- Datenanalyse – Analyse der Zusammenhänge, Definition der Schwachstellen, Aufzeigen von Lösungsansätzen.

3. Grundsatz: Ganzheitliches Denken und Handeln

Unter ganzheitlichem Denken in Organisationen verstehen die beiden Autoren nicht nur der »Hardware« (technische, ökonomische und strukturelle Aspekte) Beachtung zu schenken, sondern auch die »Software« (menschliche und zwischenmenschliche Aspekte) als wesentliche Determinanten der Veränderung zu beachten (Doppler/Lauterburg 2014, S. 133). Aus ihrer Sicht gibt es drei relevante Gesichtspunkte der Betrachtung einer Organisation (Doppler/Lauterburg, 2014, S. 133 ff.):

- Strukturen: Aufbau- und Ablauforganisation sowie Führungssysteme.
- Verhalten: Motivation und Identifikation, Kommunikation und Kooperation.
- Normen: Geschriebene und ungeschriebene Spielregeln, Belohnungs- und Sanktionsprinzipien (Unternehmenskultur).

Weiter ist unter ganzheitlichem Denken und Handeln die Beachtung von wichtigen Vernetzungen zu verstehen. Im Wirkungsgefüge einer komplexen Organisation kommt es nicht nur auf die Struktur und die innere Verfassung der einzelnen Organisationseinheiten an. Zwischen menschlichen Individuen, Gruppen und Organisationseinheiten kommt es in der Praxis zu dynamischen Wechselwirkungen. So können Probleme entstehen, die einzig in der Dysfunktionalität des Zusammenspiels einzelner Bereiche begründet sind und nicht »Schuld« eines bestimmten Bereichs sind.

4. Grundsatz: Beteiligung der Betroffenen

Es gibt drei Gründe für die Beteiligung der betroffenen Organisationsmitglieder:

- *Bessere Entscheidungen – praxisgerechtere Lösungen*
  Die direkt Betroffenen kennen die Details und wissen, wie eine praxisgerechte Lösung aussehen muss.
- *Erzeugen von Motivation*
  Wer an der Erarbeitung von Lösungen direkt beteiligt ist, engagiert sich persönlich für die Umsetzung.
- *Identifikation mit dem Unternehmen*
  Wer aktiv in Entscheidungen und Projekte miteinbezogen ist fühlt sich ernstgenommen und identifiziert sich mit seiner Organisation.

5. Grundsatz: Hilfe zur Selbsthilfe

Es gibt in jedem Veränderungsprozess immer wieder Situationen, in denen die Arbeit eines Bereiches oder eines Teams blockiert wird, und die Mitglieder aus eigener Kraft und mit eigener Kompetenz nicht mehr in der Lage sind, das Problem zu lösen. Hier muss vom Management situativ angemessene Unterstützung (durch Moderation, Qualifizierung, Coaching etc.) bereitgestellt werden. Dabei muss oberstes Ziel sein, die Mitarbeiter bzw. den Bereich oder das Team so schnell wie möglich wieder selbständig handlungsfähig zu machen.

6. Grundsatz: Prozessorientierte Steuerung

Wenn, wie in einem Veränderungsprozess, viele Menschen in wechselnden Gruppen zusammenwirken, ist es nicht möglich alle Entwicklungen vorauszusehen. Deshalb ist es notwendig – so Doppler/Lauterburg – die Hand am Puls des Geschehens zu halten und je nach Situation steuernd einzugreifen, wenn dies erforderlich ist. Dabei ist besondere Achtsamkeit auf die emotionalen Aspekte der Organisationsmitglieder zu legen. »Wer […] mit Menschen arbeitet und sie für gemeinsame Ziele gewinnen will, muss auf ihre innere Verfassung, ihre Gefühle und ihre Stimmungslage Rücksicht nehmen« (Doppler/Lauterburg, 2014, S. 140 f.). Dazu sind drei Steuerungsinstrumente notwendig:

- *Regelmäßige Prozessanalyse*
  Mit den Leuten vor Ort reden. Regelmäßige Zwischenbilanz und »Manöverkritik«.
- *Bearbeitung von Widerständen und Konflikten*
  Widerstände thematisieren. Akzeptable Vorgehensweisen festlegen. Konflikte offenlegen und bearbeiten.
- *Rollende Planung*
  Flexibilität in der operativen Feinplanung. Steuerung unter Berücksichtigung situativer Gegebenheiten.

7. Grundsatz: Sorgfältige Auswahl der Schlüsselpersonen

Die Grundthese lautet: Prozesse, und insbesondere Veränderungsprozesse, laufen über Personen. Deshalb sind im Vorfeld eines Veränderungsprozesses drei Fragen zu beantworten:

- Wo sind potentielle Verbündete?
- Wo sind die »opinion leaders«, die für die Sache gewonnen werden müssen?
- Wer hat die Fähigkeit, den Veränderungsprozess zu leiten?

Vor allem die Klärung der letzten Frage wird allzu selten gestellt, geschweige denn beantwortet. Für Personen, die die Steuerung oder das Management eines Veränderungsprozesses koordinieren sollen, geben sie folgende Kriterien an:

- Offene, ehrliche Art des Umgangs mit Menschen.
- Praxisbewährte Fähigkeit, mit anderen im Team zu arbeiten.
- Fähigkeit, zuzuhören und sich in die emotionale Lage anderer Menschen hineinversetzen zu können.

- Mut zu Entscheidungen – Entschlossenheit.
- Hohe Akzeptanz bei Mitarbeitern und Führungskräften.

Insgesamt ist das OE-Konzept, das Doppler/Lauterburg in ihrem Standardwerk »Change Management« als reflektierten Extrakt ihrer eigenen OE-Beraterarbeit vorstellen, sehr klar und deutlich auf die klassischen Wurzeln der Gruppendynamik und der gruppendynamisch geprägten OE zurückzuführen. Ob die Betonung der »menschlichen und zwischenmenschlichen Aspekte« (»soft facts«) oder die Formel von der »Beteiligung der Betroffenen«, ob Prozessteuerung oder Auswahl von »Schlüsselpersonen« (»change agents«) – die konzeptionellen Grundlagen der »klassischen« OE sind unverkennbar. Eine Prägung des Konzepts durch systemische Ansätze wird durch die Forderung nach »ganzheitlichem Denken und Handeln« erkennbar.[12]

Damit nehmen die beiden Autoren ihren eigenen Anspruch, ganzheitlich zu denken und zu handeln, ernst und betrachten OE als einen vieldimensionalen Veränderungsprozess, dessen methodische Gestaltung und Steuerung die Interdependenz und Vernetzung der unterschiedlichen Organisationsdimensionen sehr sorgfältig und adäquat berücksichtigen muss.

Diese Form einer ganzheitlichen und integrierten Herangehensweise bei der Planung und Gestaltung eines Veränderungsprozesses ist plausibel, insbesondere die Feststellung, Veränderungsprozesse müssten technische, ökonomische, strukturelle und psychosoziale Dimensionen berücksichtigen. Doppler und Lauterburg haben mit ihrem Change-Management-Konzept den Versuch unternommen, eine Vorgehensweise für Veränderungsprozesse zu konstruieren, die eine funktionale und zielgerichtete Balance zwischen »soft facts« und »hard facts« darstellt. Sie haben damit eine aus einer langjährigen praktischen Beratererfahrung fundierte Zusammenfassung der »Architektur« (damit ist der organisatorische Ablaufplan und das Projektmanagement des Changeprozesses gemeint) sowie der handwerklich-methodischen Designelemente (Interventionsbausteine) der OE geliefert. Doppler und Lauterburg haben die theoretischen und praktischen Erkenntnisse der gruppendynamisch orientierten OE der letzten Jahrzehnte in einem ausgesprochen systematischen Konzept praxisorientiert sowie theoretisch reflektiert zusammengefasst.

---

12 Das bereits erwähnte St. Galler Management-Modell (Malik, Ulrich, Probst, Gomez, Rüegg-Sturm, u. a.) grenzte sich mit seinen systemtheoretischen Grundlagen explizit von der früheren betriebswirtschaftlichen Lehre des rein wirtschaftlichen zweckgerichteten Handelns ab. Durch eine holistische Betrachtung der Organisation und einem vieldimensionalen Blick auf die Unternehmensprozesse sowie die Fokussierung von Selbststeuerung und Rückmeldung hat das Modell als »systemisches Unternehmens- und Managementmodell« die systemischen Konzepte von OE und -beratung massiv mitgeprägt. Es begreift das Zusammenspiel von Umwelt, Organisation und Management als Kommunikationsprozess. Die Umwelt bildet einen Raum von Möglichkeiten und Erwartungen, den eine Organisation immer wieder neu auf unternehmerische Weise erschließen muss. Vgl. dazu auch Rüegg-Stürm (2014) sowie Gomez/Zimmermann (1993); Bleicher (1991); Wunderer/Kuhn (1993); Malik (1993).

3.7 Systemische OE (Simon, Wimmer)

In den vorhergehenden Abschnitten ist bereits mehrfach die Bedeutung der Systemtheorie insgesamt und der Konzepte der systemischen Beratung (als Überbegriff für systemische Therapie und systemische Organisationsberatung!) für die aktuellen Ansätze der OE angeklungen. Systeme sind nach Guntern (Guntern/Capra, 1987) »zum Beispiel Organismus, Paare, Familien, Gemeinde, Staat, aber auch Mitarbeiter, Teams und Unternehmen. Zur Systemumwelt zählen die physikalische und die biosoziale Umwelt«.

Zum Verständnis der systemischen Organisationsberatung ist es aus meiner Sicht wichtig, die Theoriehintergründe und die Entwicklungsgeschichte intensiv zu betrachten, weil nur so die ungewöhnliche und besondere Form des Beratungskonzepts verständlich wird. Auch die praktisch-methodischen Ableitungen für Beratung und Begleitung von Veränderungs- und Entwicklungsprozessen sind nur aus der forschungsgeschichtlichen Entwicklung dieser hochaktuellen Theorie, die sich selber als Metatheorie versteht (Bateson, 1981; Schmidt, 1994,; Krizanits, 2009, 2013) angemessen nachzuvollziehen.

Helm Stierlin, einer der wichtigsten Vertreter der »Systemischen Familientherapie« nennt im Vorwort zu Fritz Simons Standardwerk »Unterschiede, die Unterschiede machen – Klinische Epistemologie: Grundlage einer systemischen Psychiatrie und Psychosomatik« (Simon, 1993) die folgenden Quellen für seine Arbeit: »Diese Sicht ist Ausdruck und Folge der konsequenten Anwendung von Erkenntnissen der modernen Systemwissenschaften, insbesondere der Kybernetik, nicht nur auf biologische, sondern auf psychosoziale Phänomene, wofür vor allem Gregory Bateson wichtige Weichen stellte. Sie ergibt sich aus den Einsichten von Forschern und Denkern, die heute als hervorragende Vertreter des Konstruktivismus gelten, so vor allem Heinz von Foerster und Humberto Maturana. Diese Sicht verdankt aber auch viel den grundlegenden Einsichten des genialen englischen Logikers George Spencer Brown« (Stierlin, zitiert nach Simon, 1993, S. 11).

Fritz Simon, einer der wichtigsten Vertreter der systemischen Therapie, skizziert die grundlegende Bedeutung der Systemtheorie folgendermaßen: »Es gibt kaum andere Ideen, die in den letzten Jahrzehnten mit vergleichbarer Faszination in den unterschiedlichsten Wissenschaftsbereichen von der Biologie bis zur Soziologie, von der Literaturwissenschaft bis zur Physik aufgenommen und entwickelt worden sind wie die der Systemtheorie« (Simon, 1988, S. 1).

Entstanden ist die Systemtheorie Ende der 1940er Jahre in den Naturwissenschaften – vor allem der Biologe Ludwig von Bertalanffy (1932; 1968) gilt als einer der Begründer der Systemtheorie. Im Rahmen der Kybernetik – ebenfalls Ende der 1940er Jahre von Norbert Wiener begründet – hat sich vor allem Heinz von Foerster als einer der Begründer einer kybernetischen Systemtheorie hervorgetan (v. Foerster, 1970; 1988). Sein Konzept soll in diesem Kapitel als eine der Quellen der systemischen Beratung vorgestellt werden.

Als geistiger Vater der Systemtheorie gilt jedoch unumstritten der englische Anthropologe Gregory Bateson, der durch seine Arbeiten die wissenschaftstheoretischen Grundlagen und Metatheorien für die Systemtheorie lieferte. Auch dessen Kernkonzepte werden unten vorgestellt. Weitere wichtige Impulsgeber für die Systemtheorie sind der Bielefelder Soziologe Niklas Luhmann, die beiden chilenischen Neurobiologen Humberto Maturana und Francesco Varela sowie der austro-amerikanische Kommunikationspsychologe Paul Watzlawick, deren Beiträge für die systemische Beratung – in gebotener Kürze – ebenfalls im Folgenden skizziert werden. Weiterhin wird auch das Modell der systemischen Familientherapie als zentrale und prägende theoretische und methodische Einflussgröße für die systemische Beratung bzw. systemische OE vorgestellt. Abschließend wird der Entwurf eines systemischen OE-Konzepts beschrieben, das auf Basis der theoretischen Konstrukte und praktisch-methodischen Beschreibungen von Fritz Simon und Rudi Wimmer, beide inzwischen emeritierte Professoren der Universität Witten-Herdecke und profunde Vertreter eines systemischen OE-Ansatzes, dargestellt wird.

Quellen und Vordenker

Die Systemtheorie und die systemische Beratung haben sich aus ganz verschiedenen Ansätzen entwickelt, die wiederum aus sehr unterschiedlichen Disziplinen wie der Anthropologie, Kybernetik, Mathematik, Biologie und Soziologie stammen. Die wichtigsten Quellen und ihre Vertreter werden im Folgenden kurz vorgestellt.

Helm Stierlin, Begründer der Heidelberger Gruppe für systemische Familientherapie hält »Gregory Bateson für einen der wichtigsten Denker unseres Jahrhunderts« (Bateson, 1988). Das Zitat verdeutlicht die Bedeutung von Batesons Werk als zentraler Grundlage für die systemische Therapie und Beratung. Dabei ist Batesons Werk ungewöhnlich schillernd und über die üblichen Grenzen wissenschaftlicher Diskurse hinweg interdisziplinär. Diese Anmerkung ist insofern notwendig, weil erst das Verständnis für diese unkonventionelle Art der Forschung und des Niederlegens der Forschungsergebnisse den Zugang zu Batesons Werk erschließt. Stierlin beschreibt dies so:

> »Schon seine frühen Arbeiten weisen ihn als einen sorgfältig beobachtenden Feldforscher aus, der seine Daten häufig unter einem ungewohnten Blickwinkel aus verschiedensten Wissens- und Erfahrungsbereichen wie Biologie, Soziologie, Kybernetik, Linguistik, Geschichte, Psychologie und Kunst vergleicht. Ich kann mir keinen Autor vorstellen, der wie er in der Form eines Baumblattes, dem Körper eines Krebses und der Grammatik unserer Sprache vergleichbare Organisationsprinzipien hätte entdecken können. Dass ihm das so überzeugend gelingt, hat meines Erachtens viel mit der Befolgung einer Maxime zu tun, die er […] vertritt: Man müsse als wissenschaftlicher Forscher stets sowohl ein strenges wie ein lockeres Denken […] zum Zuge bringen können. Eine Mischung (oder, wenn man will: Dialektik) von lockerem und strengem Denken kennzeichnet, so scheint mir, alle seine Arbeiten. Dabei scheinen sich neue Einsichten, provokative Aussagen ständig gleichsam wie auf leisen Sohlen einzuschleichen« (Stierlin, zitiert nach Bateson, 1988, S. 8).

Gregory Bateson wurde am 9. Mai 1904 als dritter Sohn des britischen Zoologieprofessors William Bateson geboren. Er betrieb nach seinem Studium der Anthropologie in den 1940/50er Jahren und zum Teil zusammen mit seiner langjährigen Lebens- und Forschungspartnerin Margaret Mead ethnologische Feldforschung im Südpazifik. Anschließend konzentrierte er sich auf Fragen der Evolutionstheorie und arbeitete als Ethnologe in den USA. Ab 1942 war er zusammen mit Norbert Wiener an den ersten Entwicklungen der Kybernetik und der Informationstheorie beteiligt. 1947 wurde er Visiting Professor für Anthropologie an der Harvard University, danach arbeitete er am Langley Porter Neuropsychiatric Institute in San Francisco sowie am Palo Alto Veterans Administration Hospital. 1972 wurde Bateson Mitglied der University of California in Santa Cruz. Gregory Bateson starb am 7. August 1980 im Zen-Zentrum von San Francisco.

Hans-Günter Holl, der deutsche Übersetzer von Batesons Werk[13] hat die Art und Weise, wie dieser sich in Aufsätzen, Büchern oder Vorträgen äußerte, so charakterisiert: »Bateson liebte Geschichten mehr als trockene Erklärungen. Ja, er war davon überzeugt, dass Erklärungen nur dann etwas erklären, wenn sie in eine größere Geschichte eingebunden sind. So hat er der wissenschaftlichen Welt ein Vermächtnis hinterlassen, das dieser trivial erscheinen könnte, würde es nicht so häufig missachtet: die hinter ihrer Selbstverständlichkeit verborgene Einsicht nämlich, dass jede Erkenntnis und jede auch noch so umfassende Erklärung in einen größeren Kontext eingebettet sind, der das verbindende Muster einer Geschichte aufweist« (Holl, 1990a, S. 97 f.).

Einer der zentralen Begriffe in Batesons Werk ist der Begriff »Kontext«. Unter Kontext versteht Bateson einen Rahmen, an dem wir uns orientieren – wie etwa Nomadenvölker, die an jedem Ort, wo sie ankommen einen Pfahl in die Erde rammen und diesen »Axis Mundi« – Achse der Welt – nennen. Der Begriff Kontext beschreibt allerdings keinen materiellen, sondern einen geistigen Rahmen. Über die Begriffe »Rahmen« und »Kontext« schreibt Bateson:

»Um diese Begriffe aufzuklären, ist zunächst hervorzuheben, dass es sich dabei um psychologische Begriffe handelt. Wir verwenden zwei Arten von Analogie, um diese Begriffe zu diskutieren: Die physische Analogie des Bilderrahmens und die abstraktere, aber doch noch nicht psychologische Analogie der mathematischen Menge. In der Mengenlehre haben die Mathematiker Axiome und Theoreme entwickelt, um die logischen Implikationen des Enthaltenseins in sich überlappender Kategorien oder ›Mengen‹ exakt zu diskutieren. Die Beziehungen zwischen Mengen werde gewöhnlich durch Diagramme veranschaulicht [...]. Bei der Definition eines psychologischen Rahmens könnte der erste Schritt in der Behauptung bestehen, dass er eine Klasse oder Menge von Mitteilungen (oder sinnvollen Handlungen) ist (oder abgrenzt). Das Spiel zweier Individuen bei einem bestimmten Anlass würde dann als die Menge aller Mitteilungen definiert, die sie innerhalb eines begrenzten Zeitraums [...] austauschen. In einem mengentheoretischen Diagramm könnten diese Mitteilungen durch Punkte dargestellt werden, und die durch eine Linie eingeschlossene Menge würde diese von anderen absondern, die Nichtspiel-Mitteilungen darstellen. Die mathematische Analogie bricht jedoch zusammen, weil der psychologische Rahmen

13 Insgesamt liegen von Bateson zwei ins Deutsche übersetzte Aufsatzsammlungen vor: »Geist und Natur« (Bateson, 1987) sowie »Ökologie des Geistes« (Bateson, 1988).

durch eine imaginäre Linie nicht befriedigend dargestellt ist. Wir nehmen an, dass der psychologische Rahmen in gewissem Grad real existiert. In vielen Fällen wird der Rahmen bewusst erkannt und sogar im Vokabular dargestellt (›Spiel‹, ›Film‹, ›Interview‹, ›Beruf‹, ›Sprache‹ usw.). In anderen Fällen kann es sein, dass kein ausdrücklicher sprachlicher Bezug zu dem Rahmen besteht und dass das Subjekt kein Bewusstsein davon hat« (Bateson, 1954, S. 252 f.).

Zur Frage, wie Kontexte entstehen, sah Bateson zwei Möglichkeiten: »Der eine, eher übliche, heißt Macht. Dabei geht es darum, Begriffe zu besetzen, das heißt, Kontexte zu markieren. Zum Beispiel den Begriff ›Wissenschaftlichkeit‹. Wer einen Begriff mit Wissenschaftlichkeit besetzt, der besetzt ihn mit Macht und was der Orientierungspunkt ist und definiert damit, was der geistige Rahmen ist, an dem andere sich auch orientieren müssen« (Holl 1990b, S. 116). Das bedeutet, dass der Begriff des Kontextes eng mit dem Begriff der Freiheit verbunden ist, weil Freiheit auch die Möglichkeit beinhaltet, einen vorgegebenen Kontext zu durchbrechen. Geistige Freiheit ist sogar eine unbedingte Voraussetzung, zu erkennen, was Kontext meint und darüber hinaus eröffnet sie die Möglichkeit, Kontext überschreiten zu können. Batesons Überzeugung basiert auf der Annahme, dass jede Erfahrung und jede Erklärung, jede Erkenntnis mit einem ihr zugrundeliegenden größeren »Rahmen« verbunden ist. Sie lebt von der Überzeugung, »dass jeder Grund auf einen tieferen Grund, jeder Ursprung auf älteres, jeder Kontext auf einen weiteren Kontext, jede Erkenntnis auf einen größeren Zusammenhang und jede Geschichte auf eine umfassendere Geschichte verweist: ein Muster, das verbindet, aber nicht Teil der Verbindung ist« (Holl, 1990a, S. 100). Nun ist der Begriff Kontext für Bateson auch wichtig im Zusammenhang mit psychologischer Pathologie. In einem Beispiel erzählt Bateson (1988, S. 262) von einem Patienten einer psychiatrischen Klinik, der in die Kantine kommt und von einer Servicekraft gefragt wird: »Was kann ich für Sie tun?«; darauf wird er rot und rennt weg. Das heißt, er hatte keine Möglichkeit, die Mitteilung richtig einzuordnen. »Er ist unfähig, die abstrakteren Etikettierungen zu erfassen, die die meisten von uns tagtäglich benutzen, ohne sie jedoch in dem Sinn identifizieren zu können, dass wir wüssten, woher wir die Information haben, um welche Art von Mitteilung es sich handelte.« Eine Botschaft verstehen, bedeutet also immer – so Bateson – zuerst einmal den Kontext zu verstehen, um die Abstufungen, Differenzierungen und Nuancen in der Botschaft, die immer auf den Kontext verweisen, angemessen interpretieren zu können.

Theorie der logischen Typen

Bei dieser Theorie der logischen Typen bezieht sich Bateson auf Bertrand Russell, der im Zusammenhang mit seiner Mengenlehre die These entwickelt, dass die Struktur des geistigen Lebens hierarchisch aufgebaut ist. Grundlage dieser Theorie ist ein Paradigmenwechsel in der Mathematik, bei dem der Zahlbegriff durch den Begriff der Menge erweitert wurde.

Russell entwickelte seine Typenlehre zusammen mit seinem Lehrer A. N. Whitehead (1910–1913). Sie gingen davon aus, dass in der formalen Logik oder im mathematischen Diskurs keine Menge Element ihrer selbst sein kann, so dass die Anwendung des Mengenbegriffs auf sich selbst zu einer höheren Abstraktionsebene führt. Entsprechend liegen einzelne Mengen von Elementen auf einer niedrigeren Abstraktionsstufe als die Menge dieser Mengen. Diese Abstraktionshierarchie ließe sich fortsetzen bis man zum logisch problematischen Begriff der Menge aller Mengen kommt. An dieser Stelle wäre dann zu unterscheiden, ob sich die Mengen selbst als Elemente verhalten, wie etwa die Menge der Begriffe, die selbst ein Begriff ist, oder nicht, wie die Menge aller Stühle, die selbst kein Stuhl ist. Mathematisch ist diese Frage nicht mehr zu entscheiden, wie Goderl mit seinem Beweis der formalen Unentscheidbarkeit bestimmter inhaltlich wahrer Sätze deutlich machte (Holl, 1990, S. 101; Bateson, 1954, S. 252). Bateson legte großen Wert auf diese Typenlehre, weil sie aus seiner Sicht eine neue Sichtweise zum Verständnis menschlichen Verhaltens bot und vor allem auch scheinbar dysfunktionales, verrücktes oder schizophrenes Verhalten zu erklären in der Lage war (Bateson, 1954, S. 252 ff.; ders., 1964, S. 362 ff.).

Den hierarchischen Aufbau der Struktur des geistigen Lebens könnte man so beschreiben: »An der untersten Stelle sind die sogenannten Dinge und Fakten, d. h., wir behaupten es gäbe z. B. einen Tisch, der nicht mit dem Begriff Tisch identisch sein soll, sondern etwas sein soll, was den Tisch bezeichnet. Von dieser Basis aus, also von der Basis einer unterstellten Außenwelt von Dingen, bilden wir Begriffe, die hierarchisch aufeinander aufbauen« (Holl, 1990b, S. 119). Diese hierarchische Struktur in unserer Begriffsbildung kann nun durchaus zu problematischen Konstellationen führen. Ein Beispiel dafür ist ein Bild von René Magritte, das eine Pfeife zeigt und daneben den Satz »Ceci n'est pas une pipe« (▶ Abb. 17). Gilt nun die Darstellung, die ja auch bereits eine Abstraktion – eben eine grafische – ist oder gilt die Beschreibung, die einen noch höheren Abstraktionscharakter in Form des Textes hat. Oder stimmt die Beschreibung, weil es sich ja tatsächlich um keine Pfeife handelt, sondern nur um das Bild einer Pfeife. Dann bleibt die Frage, weshalb musste Magritte das überhaupt hinschreiben. Was war seine Botschaft?

Dieses Phänomen von sich gleichzeitig widersprechenden – oder zumindest verwirrenden – Botschaften auf unterschiedlichen Begriffsebenen und Informationskanälen hat Bateson später zu seiner berühmten Double-Bind-Hypothese geführt, die im Weiteren noch erörtert wird.

Als Konsequenz der Theorie der logischen Typen ist für Bateson ein weiteres Faktum von Bedeutung: Die Unterscheidung zwischen »Karte« und »Territorium«. Bateson sieht die Beziehung zwischen Begriffen und Dingen wie das Verhältnis zwischen Landkarten und Territorium. Dabei ist es für Bateson äußerst wichtig, präzise zwischen dem konkreten Phänomen und dessen begrifflichen Abstraktion zu unterscheiden. Er ist der Meinung, dass wir zu häufig die Begriffe mit den »Dingen selbst« verwechseln: »Diese Behauptungen mögen trivial und sogar offenkundig erscheinen, wir werden aber später sehen, dass es unter den Theoretikern der Verhaltenswissenschaft ganz und gar nicht unüblich ist, Irrtümer zu begehen, die haargenau dem Irrtum entsprechen, den Namen mit der benannten Sache gleichzusetzen – oder die Speisekarte anstelle der Mahlzeit zu essen, ein Irrtum der logischen Typisierung« (Bateson, 1964, S. 363).

Abb. 17: René Magritte, »Ceci n' est pas une pipe«(1928) (County Museum Los Angeles)

Lernen

In Entsprechung zur logischen Typenlehre unterscheidet Bateson unterschiedliche Formen des Lernens, die er in einem hierarchischen Modell von Lernformen beschreibt. Das »Lernen null«, als unterste Stufe, des Lernens bezeichnet Bateson als »Sonderfall der Reaktion […] bei dem ein Einzelwesen minimale Veränderung in seiner Reaktion auf eine wiederholte Einheit der sensorischen Eingabe zeigt« (Bateson, 1964, S. 367). Man lernt etwa die Wiederkehr einer Geste oder eines Klangs, man lernt, »dass die einfache Informationsaufnahme mit einem äußeren Ereignis korreliert, kurz, man lernt auf der Ebene der Identifizierung oder der Tautologie. Diese Ebene des ›Lernens null‹ ist aber deshalb schwierig zu beschreiben, weil sie weit unterhalb der Sprachfähigkeit beginnt« (Holl, 1990a, S. 102). Bateson geht davon aus, dass jedes Lernen – mit Ausnahme des »Lernens null« in »gewissem Maße stochastisch ist«, d. h. Komponenten von Versuch und Irrtum enthält, deshalb folgert er, dass »eine Ordnung der Lerntypen auf eine hierarchische Klassifizierung der Irrtumstypen gestützt werden kann, die in den vielfältigen Lernprozessen korrigiert werden soll.« Daraus folgert er: »›Lernen null‹ wird dann zur Bezeichnung für die unmittelbare Grundlage all jener ›einfachen und komplexen‹ Akte, die nicht der Berichtigung durch Versuch und Irrtum unterworfen sind« (Bateson, 1964, S. 371).

»Lernen eins« muss aufgrund der Annahme, dass Lernen Veränderung bedeutet, Veränderung im »Lernen null« bedeuten. Entscheidend für »Lernen eins« ist der Übergang von der einen zu der anderen Ebene. Dies ist zum Beispiel in dem bekannten Experiment von Pawlows Hund der Fall, wenn der Hund lernt, auf ein mit Fleisch assoziiertes Signal Speichel abzusondern, ohne dass er Fleisch vor sich hat. Er interpretierte das Signal als Symbol (Bateson, 1988, S. 373). Wird nun das Resultat, also die Assoziation von Symbol und Signal häufig wiederholt, dann ergeben sich drei neue Lernmöglichkeiten in Bezug auf den Irrtum:

- Die symbolische Interpretation wird als Irrtum durchschaut. Beim Beispiel von Pawlows Hund hieße das, der Hund hörte auf, Speichel abzusondern.
- Das Symbol wird dem Signal fest zugeordnet. Das hieße, der Hund sondert immer Speichel ab, wenn das Signal einsetzt, auch wenn der ursprüngliche Kontext dafür überhaupt nicht mehr gegeben ist.[14]
- Signal und Kontext werden differenziert und auch auf den jeweiligen Kontext bezogen. Lernen hieße hier: Die Berücksichtigung des Kontextes für die Reaktion auf ein Signal.

Die dritte Möglichkeit auf den Irrtum in »Lernen eins« zu reagieren, ist ein Beispiel für »Lernen zwei«. Dieses »Lernen zwei« nennt Bateson auch Deutero-Lernen (Bateson, 1945, S. 229) oder »Lernen lernen« (Bateson, 1945, S. 228 und ders., 1956, S. 273). Auf dieser Stufe bleibt es nicht beim Lösen einfacher Probleme einer bestimmten Gruppe, sondern »die Struktur der Problemlösung geht mit in die Bestimmung des Kontextes ein. Damit öffnet sich der Kontext zum Metakontext hin. So lernt man beim Vokabelpauken nicht nur Vokabeln, sondern auch, wie man am besten Vokabeln auswendig lernt. Oder der Patient in der Analyse lernt nicht nur, sich an Träume zu erinnern und sie plastisch darzustellen, sondern er lernt mit der Zeit auch, welche Art der Träume der Analytiker am liebsten hört. Dabei handelt es sich um eine Übertragung oder einen Lerntransfer« (Holl, 190a, S. 103).

Bateson ist der Meinung, dass das »Lernen zwei«, das aus seiner Sicht die Ausprägung grundlegender menschlicher Verhaltenskategorien prägt, wie »freier Wille, Prädestination, Verantwortlichkeit, Konstruktivität, Passivität, Herrschaft usw.« (Bateson, 1945, S. 226) als Nebenprodukt der Lernprozesse des »Lernens eins« und weitgehend unbewusst geschieht.[15]

»Lernen zwei bezeichnet also die Stufe des Lernens, auf der ein Individuum die Art und Weise seines Lernverhaltens und seines Umgangs mit Problemen reflektiert. Und daraus entstehen letztlich Verhaltensmuster, die man – so Bateson – mit Adjektiven ausdrückt, die den ›Charakter‹ eines Menschen beschreiben, wie »abhängig, feindlich, weltfremd, affektiert, ängstlich, exhibitionistisch, narzisstisch, passiv, konkurrenzorientiert, energisch, kühn, feige, fatalistisch, humorvoll, spielerisch, schlau, optimistisch, perfektionistisch, sorglos, sorgfältig, unberechenbar usw. [...] Sie alle beschreiben (mögliche) Ergebnisse des Lernens II« (Bateson, 1964, S. 385).

---

14 Diese »Lernform« ist eine häufig zu beobachtende »Statik« von Verhaltensmustern von Menschen, die einmal als sinnvoll erlerntes Verhalten (z. B. in der Kindheit) beibehalten, auch wenn es in der aktuellen Situation völlig dysfunktional oder gar (selbst-)zerstörerisch ist.

15 In diesem Zusammenhang bezieht sich Bateson auch ausdrücklich auf Kurt Lewins topologische Analyse der Kontexte von Belohnung und Bestrafung in Lewins Buch »A Dynamic Theory of Personality«, New York 1935 (Bateson, 1988, S. 234).

Dies bedeutet, dass »Lernen zwei«, mit der Möglichkeit, das eigene Verhalten lernfähig zu reflektieren, eine Lerndimension erfasst, die in aktueller Terminologie heute oft mit »sozialem oder personalem Lernen« oder mit »Schlüsselqualifikationen« bezeichnet wird. Dieser Zusammenhang wird im nächsten Kapitel noch eingehend zu beleuchten sein.

Wenn »Lernen zwei« die Ebene beschreibt, auf der Lern- und Problemverhalten verändert werden, dann ist »Lernen drei« die Stufe, auf der das Muster dieser Veränderungsprozesse reflektiert und verändert werden kann. Bateson meint, dass diese Lernform bei Menschen äußerst selten vorkomme, da die Lernergebnisse des »Lernens zwei« einen selbstbestätigenden Charakter haben, der dazu führt, dass dieses Lernen fast unauslöschlich ist. Als Beispiele für die Stufe vier des Lernens nennt Bateson Phänomene, wie religiöse Bekehrung oder andere Erlebnisse, in denen eine tiefgreifende Umstrukturierung des Charakters stattfindet (Bateson, 1964, S. 390).

Double-Bind-Hypothese

Batesons Double-Bind-Hypothese hängt eng mit dessen Lerntheorie zusammen. Sie basiert auf dem Gedanken, dass menschliche Kommunikation sowohl logisch als auch semantisch auf verschiedenen Ebenen abläuft.

Die Double-Bind-Forschung, die Bateson zusammen mit Mitarbeitern Mitte der 1950er Jahre durchführte[16] brachte die Erkenntnis, dass die Eigentümlichkeiten der schizophrenen Kommunikation, aber auch von vergleichbaren Formen, wie Spiel, Humor, Witz, Ironie, Traum, Kunst oder Magie, auf der logischen oder formalen Ebene liegen müssen. Aus den Erkenntnissen dieser Forschungen im Bereich der Schizophrenie leiteten Bateson und seine Mitarbeiter die Hypothese ab, dass immer dann, wenn eine Double-Bind-Situation auftritt, die Fähigkeit jedes Individuums, zwischen zwei logischen Typen zu unterscheiden, zusammenbricht. Dabei kann man sich die Double-Bind-Situation als eine Art ausweglose Situation vorstellen, in der das Opfer, gleichgültig was es tut, immer ins Unrecht gesetzt wird. Aus diesem Grund hat Helm Stierlin »double-bind« später mit »Beziehungsfalle« übersetzt. Er beschreibt das Double-Bind-Phänomen so: »Ein ›double-bind‹ ist Folge und Ausdruck einer zwischenmenschlichen Verstrickung, die durch eine widersprüchliche – aber in ihrer Widersprüchlichkeit schwer durchschaubare – Kommunikation ermöglicht wird« (Stierlin, zitiert nach Bateson, 1988, S. 7). Im Alltag und in Situationen in der Familie ist der Ablauf des Double-Bind-Phänomens nicht so deutlich und offensichtlich. Meistens merkt die Person, die einen Double-Bind verhängt, gar nicht, dass sie damit für den anderen eine praktische Paradoxie aufbaut, die dem anderen keinen Ausweg lässt. Bateson nennt drei Charakteristika, die kennzeichnend und konstituierend für eine Double-Bind-Situation sind (► Abb. 18).

Die Gemeinsamkeit dieser Beispiele für Double-Binds liegt in der Tatsache, dass Erwartungen an sich selbst oder an andere als Forderung formuliert werden und damit

---

16 Die Double-Bind-Hypothese wurde in ihrer ursprünglichen Fassung 1956 von Gregory Bateson zusammen mit seinen Mitarbeitern Don D. Jackson, Jay Haley und John H. Weakland entwickelt und zum ersten Mal in der Zeitschrift »Behavioural Science«. Der deutsche Titel dieses Aufsatzes lautet »Vorstudien zu einer Theorie der Schizophrenie« (Bateson et al., 1956).

die freie Stellungnahme blockiert wird. Das heißt, egal »auf welcher kontextuellen Ebene man auch darauf reagiert, man wird immer ins Unrecht gesetzt und kann sich der Falle nur dann entziehen, wenn man die Möglichkeit hat, den Kontext zu verlassen oder aber im Rahmen der Metakommunikation strukturell zu thematisieren« (Holl, 1990a, S. 108).

Charakteristika für eine Double-Bind-Situation
• Das Individuum steckt in einer intensiven Beziehung, in einer emotionalen Abhängigkeit zu demjenigen, der die »Beziehungsfalle« stellt. • Das Individuum ist in einer Situation gefangen, in der sein Gegenüber zwei Arten von Mitteilungen ausdrückt und eine davon die andere leugnet. • Das Individuum ist unfähig sich mit den geäußerten Mitteilungen auseinanderzusetzen, um zu unterscheiden, auf welche Art der Kommunikation es reagieren soll.

Abb. 18: Charakteristika der Double-Bind-Situation (Bateson et al., 1956, S. 278 f.)

Dieser Überblick über das Werk Gregory Batesons soll verdeutlichen, welchen grundlegenden Einfluss seine Arbeit auf die Systemtheorie, die systemische Therapie und damit mittelbar auch auf die systemische OE und -beratung hat; einen Einfluss, von dem Helm Stierlin sagt, dass: »die familien-therapeutische Arbeit unseres Heidelberger Teams wie die vieler anderer Kollegen im Inland und westlichen Ausland [...] undenkbar [wäre] ohne die Ideen und Anstöße, die Gregory Bateson seit etwa 40 Jahren gegeben hat« (Stierlin, zitiert nach Bateson, 1988, S. 7).

Kybernetik, Systemtheorie und Autopoiesis

Kybernetik und Systemtheorie bieten die Grundlage zum Verständnis komplexer Systeme. Autopoiesis – oder Selbstorganisation – ist ein Phänomen, das aus der Kybernetik und der Systemtheorie zum ersten Mal erfasst werden konnte und nun als eigenes Konstrukt zunehmend die Theorieentwicklung prägt. Alle drei »Konzepte« sind grundlegend für systemische Therapie und systemische Organisationsberatung. Systemisches oder vernetztes Denken und Handeln – und eben auch systemische Beratung – sind logische Konsequenzen der genannten Theorieentwürfe. Die folgenden Abschnitte sollen deshalb einen kurzen Abriss dieser Konzepte liefern. Gilbert Probst nennt diese Konzepte »die Grundlagen von Systemtheorie und Kybernetik, wie sie Norbert Wiener und dessen Kollegen von der Macy-Foundation in den 1940er Jahren vertreten haben (Warren McGulloch, Arthur Rosenblüeth, John von Neumann, Paul Lazarsfeld, Margaret Mead, Joel de Rosnay u. a.). Sie erkannten, dass die für sie relevanten Probleme immer durch Interdependenzen vieler Faktoren, durch komplizierte Wirkungszusammenhänge, gekennzeichnet sind, die zu zirkulären Systemen mit Rückkopplungseffekten führen. Sie erkannten auch, dass die sie interessierenden Systeme wie Organismen selbständig Ziele anstreben können, unabhängig der Störungen, die auf dem Weg zu diesen Zielen auf das System einwirken« (Probst, 1987, S. 33).

Kybernetik

Ende der 1940er Jahre konstituierte sich aus den Arbeiten des Mathematikers Norbert Wiener, der die Steuerung vernetzter Abläufe mit Hilfe von Informationen erforschte, eine neue Wissenschaft: die Kybernetik. De Rosnay (1979, S. 76 ff.) berichtet über die Entstehungsgeschichte der Kybernetik, dass Wiener zusammen mit dem Ingenieur Julian H. Bigelow an der Entwicklung automatischer Zielverfolgungsgeräte für Flugabwehrgeschütze arbeitete. Dabei erkannten sie, dass »zur Ausführung einer zielgerichteten, kontrollierten Aktion der erforderliche Informationsablauf dadurch kontrolliert werden muss, dass ein geschlossener Kreislauf entsteht, der es ermöglicht, die Auswirkungen der ablaufenden Vorgänge auszuwerten und die jeweiligen Folgebewegungen – entsprechend den bereits erfolgten Bewegungen – zu regulieren« (De Rosnay, 1979, S. 76).

Wiener und Bigelow entdeckten einen Informationskreislauf, der für die Funktion aller Zielautomatiken erforderlich ist, den Kreislauf mit negativer Rückkopplung. Negativ deshalb, weil Abweichungen vom Ziel ausgelöscht, korrigiert oder negiert werden. Dabei bemerkten Wiener und Bigelow, dass diese negative Rückmeldung bei Maschinen wie bei Organismen gleichartig wirkt: So steuert das zentrale Nervensystem (ZNS) die Muskelbewegungen entsprechend den Wirkungen, die sinnlich widerum an dieses zurückgemeldet werden. Diese spezielle Organisationsform gibt lebenden Systemen die Möglichkeit, seine Abläufe so zu generieren, dass sie sich automatisch selbst in Gang halten und steuern.

Frederic Vester kennzeichnet einen Regelkreis – in kybernetischer Terminologie – folgendermaßen:

> »Jeder ›Regelkreis‹ ist also zunächst einmal ein in sich geschlossener ständiger Kreislauf von Informationen. Er besteht in engerem Sinne nur aus zwei Dingen, zum einen der zu regelnden Größe (z. B. dem Wasserstand in einem Kanalsystem, dem Benzinstand im Vergaser, der Konzentration eines Hormons im Blut, der Körpertemperatur eines Lebewesens oder dem Gleichlauf der Turbinen) – man nennt sie ›Regelgröße‹ –, zum anderen dem ›Regler‹, der sie verändern kann. Dieser Regler misst über einen ›Messfühler‹ den Zustand der Regelgröße, ist dieser Zustand durch einen Störfaktor, die »›Störgröße‹ verändert, dann gibt der Regler eine entsprechende Anweisung (den ›Stellwert‹) an ein ›Stellglied‹ weiter, welches dann die Störung über eine angemessene ›Stellgröße‹ unter Zufuhr oder Abfuhr einer entsprechenden ›Austauschgröße‹ (auch ›Stauglied‹ genannt) behebt. Auf diese Weise ist das zu regelnde System mit sich selbst rückgekoppelt. Über die Störgröße und die Austauschgröße steht es allerdings mit der Außenwelt in Verbindung. Stellt der Messfühler einen zu hohen Wert fest, so wird dieser über das Stellglied verringert. Ist der Wert zu niedrig, so wird er erhöht. Deshalb spricht man bei einer solchen Selbstregulation von ›negativer Rückmeldung‹ (hier ist also ›negativ‹ mal etwas Gutes). Liefe die Rückkopplung in der ›gleichen‹ Richtung, würde also ein nach oben veränderter Wert noch weiter erhöht werden, dann hätten wir ›positive Rückkopplung‹ – und damit nicht mehr lange einen Regelkreis. Das System würde sich in der begonnenen Richtung aufschaukeln, d. h. entweder explodieren oder völlig zufrieren« (Vester, 1984, S. 59 ff.).

Systemtheorie

1954 gründete der Biologe Ludwig von Bertalanffy die Gesellschaft für allgemeine Systemforschung. Ziel dieser Gesellschaft war es, die Kybernetik auf alle Systeme – gleichgültig ob elektrische, mechanische, künstliche oder auch natürliche – anzuwenden. Bereits in den 1930er Jahren hatte Bertalanffy mit der Arbeit an der Idee einer allgemeinen Systemtheorie begonnen, die er später in seiner »General systems theory« (Bertalanffy, 1968) niederlegte. Bertalanffy forcierte die Entwicklung einer einheitlichen Terminologie und Methodologie für das interdisziplinär beobachtbare Phänomen der Fähigkeit zur Selbstregulierung offener Systeme. Als offenes System bezeichnen Kybernetik und Systemtheorie die Fähigkeit des Systems, in Interaktion mit der Umwelt zu stehen und in Reaktion auf äußere oder innere Veränderungen interne Prozesse zu veranlassen. Ich will dies am Beispiel des Fließgleichgewichts verdeutlichen. Beim Fließgleichgewicht existiert zu jedem Prozess, der zu einer Veränderung im System führt, auch ein inverser Prozess, der zu einer Veränderung in genau umgekehrter Richtung beiträgt. De Rosnay verdeutlicht das Fließgleichgewicht am Beispiel eines Bankkontos. Wenn die auf ein Konto eingezahlten Geldsummen gleich groß sind wie die Abhebungen, dann befindet sich am Jahresende gleichviel Geld auf dem Konto, obwohl ständig Geld zufließt und abfließt (De Rosnay, 1979, S. 102). Ein offenes System ist damit in der Lage, laufend freie Energie, Materie oder Information aus der Umgebung zu importieren und genutzte Energie zu exportieren – und organisiert sich damit selbst. Das Ziel eines Systems besteht demnach in der Aufrechterhaltung oder der Wiederherstellung seines Fließgleichgewichtes.

Diese Tendenz zur Stabilität wird mit dem Begriff der Homöostase bezeichnet. Die homöostatische Abweichungskorrekturfähigkeit zeigt sich zum Beispiel beim menschlichen Organismus durch die konstante Körpertemperatur trotz wechselnder äußerer und innerer Bedingungen. Eine solche Systemfähigkeit kann allerdings nur aufrechterhalten werden, wenn sehr viele und vielfältige Regulierungsmöglichkeiten vorhanden sind. Und je komplexer ein System ist, desto umfangreicher müssen die Regulierungsfähigkeiten sein. »Es muss als Ausdruck seiner Komplexität auf vielfältige Störungsmöglichkeiten aus der Umwelt die passenden ›Antworten‹ parat halten« (De Rosnay, 1979, S. 104).

Kritiker polemisieren denn auch gegen einen »inflationären wissenschaftlichen Modetrend«, verweisen – nicht ganz zu Unrecht – auf klassische Ansätze und sprechen von »altem Wein in neuen Schläuchen« (Portele, 1984; Sandner 1982; Lau, 2013).

Fredmund Malik, bis 2004 Professor für Unternehmensführung an der Universität St. Gallen und einer der Protagonisten einer systemischen Managementtheorie führt in einer Replik auf den Vorwurf, die Systemtheorie sei zum einen längst bekannt und zum anderen bloßes Alltagsverständnis und trivial, folgende Argumente ins Feld:

> »Zum Neuigkeitsgrad der evolutionären Auffassung und zu deren Bedeutung für Management ist zu sagen, dass etwas uralt sein kann – und dennoch entscheidende Bedeutung haben kann – möglicherweise, weil man gewissen uralten Einsichten und Erkenntnissen eben bisher keine oder zu wenig Bedeutung geschenkt hat oder viel-

fach auch deshalb, weil bis weit in die [19]70er Jahre hinein diese Einsichten aufgrund der relativ ausgeprägten Stabilität und damit Planbarkeit der Wirtschaft tatsächlich nicht so wichtig waren. Die Situation hat sich aber in den vergangenen Jahren radikal verändert [...] die zusammengeschrumpften Marktpositionen von Unternehmungen und ganzen Branchen, die faktische Unlenkbarkeit vieler Großunternehmen und anderer sozialer Institutionen, die verzweifelten Versuche von Führungskräften, ihre Unternehmungen wieder unter Kontrolle zu bringen, die ungelösten gesellschaftlichen und wirtschaftlichen Probleme, angesichts welcher alle bekannten Rezepte versagen zu scheinen und die Tatsache, dass wir hilflos vor einer Situation stehen, die wir, wie uns zu dämmern beginnt, aufgrund falscher Theorien über soziale Systeme selbst geschaffen haben. Was soll angesichts dieser Situation der Vorwurf der Trivialität – und derjenige, dass ohnehin schon alles bekannt gewesen sei? Trivial? – meinetwegen; aber deshalb noch lange nicht irrelevant. Bekannt? Wem und in welcher Form? Und warum wurde dann nicht anders gehandelt?« (Malik, 1982; Malik/Sandner, 1982, S. 103).

Vertreter systemtheoretischer Konzepte		
Disziplin	**Vertreter**	**Konzept**
Biologie	Heinz von Foerster Humberto Maturana Francisco Varela	Theorie autopoietischer Systeme
Physik/ Chemie	Ilya Prigogine Manfred Eigen Hermann Haken	dissipative Strukturen molekulare Evolution Lasertheorie
Mathematik	Benoit Mandelbrot Michel Feigenbaum	Theorie fraktaler Strukturen
Soziologie	Niklas Luhmann Helmut Willke	Theorie selbstreferentieller Systeme
Ökonomie/ Management	Gilbert Probst Hans Ulrich Knut Bleicher Peter Gomez	Systemische Management- und Organisationstheorien
Psychiatrie/ Psychotherapie	Helm Stierlin Fritz Simon Mara Selvini-Palazzoli Paul Watzlawick	Theorie der systemischen Familientherapie
Literaturwissenschaft	Siegfried Schmidt Reinhard Zobel	empirische Kognitionstheorie

Abb. 19: Vertreter systemischer Konzepte

Damit wird deutlich, dass die Systemtheorie sich nicht nur aus ihrer Theorieentwicklung heraus legitimiert und argumentiert, sondern, dass Vertreter einer angewandten Systemtheorie, zum Beispiel Malik, systemische Konzepte als angemessene Form der Reaktion auf die komplexen Herausforderungen in Wirtschaft, Gesellschaft und Wissenschaft begreifen und damit sehr deutlich die Praxisrelevanz der Systemtheorie postulieren.

Autopoiesis

Die Grundidee der Theorie autopoietischer Systeme lässt sich so zusammenfassen: Lebende Systeme sind selbsterzeugende, selbstorganisierende, selbstreferentielle und selbsterhaltende Systeme – kurz: autopoietische Systeme. Die kritische Variable ihrer autopoietischen Homöostase ist die Organisation des Systems selbst (Schmidt, 1994, S. 22). Der Begriff Auto-Poiesie verweist also auf die Selbst-Erschaffung des Systems. Als autopoietisch wird ein System bezeichnet, das sich selbst erzeugt, indem es sich ausschließlich auf eigene Operationen bezieht. Diese Operation produziert das System selbst. Das Abkoppeln von der Umwelt wird dabei als ein rekursiver Prozess betrachtet. Die systemeigenen Operationsstrukturen bilden demnach auch die Grenzen des Systems zur Umwelt. Diese Grenzen sind allerdings nicht statisch, sondern werden operativ erzeugt und sind damit als variabel zu betrachten. In empirischen Untersuchungen zur Farbwahrnehmung und zur Größenkonstanz hatten J. Y. Lettvin, H. R. Maturana, W. S. McGulloch und W. H. Pitts Ende der 1950er Jahre festgestellt, dass zwischen Außenweltereignissen und neuronalen Zuständen keine stabile Korrelation hergestellt werden kann, andererseits gab es aber solche Korrelationen innerhalb der Nervensysteme. Offenbar funktioniert das Nervensystem als funktional geschlossenes System. Autopoietische Systeme erzeugen also durch ihr Operieren permanent ihre eigene zirkuläre Organisation, die als grundlegende Größe konstant gehalten wird. Aufgrund dieser zirkulären Organisation sind lebende Symptome selbstreferentielle und bezüglich ihrer Organisation homöostatische Systeme, die gegenüber ihrer Umwelt autonom sind (Schmidt, 1994, S. 22). Maturana beschreibt dieses Phänomen so:

> »Ein lebendes System ist aufgrund seiner zirkulären Organisation ein induktives System und funktioniert in prognostizierender Weise; was einmal geschehen ist, ereignet sich immer wieder. Seine Organisation (die genetische und die sonstige) ist konservativ und wiederholt nur das, was funktioniert. Aus diesem gleichen Grunde sind lebende Systeme historische Systeme. Die Relevanz eines bestimmten Verhaltens wird immer in der Vergangenheit determiniert« (Maturana, 1982, S. 52).

Maturanas wesentliche Bestimmungen eines autopoietischen Systems fasst Siegfried Schmidt in sieben Punkten zusammen (► Abb. 20). Ein besonderes Kriterium autopoietischer Systeme ist ihre »operationelle Geschlossenheit«. Dies bedeutet für Maturana, dass lebende Systeme als selbstreferentielle geschlossene Systeme informationsdicht und strukturdeterminiert sind. Sie haben keinen informationellen Input und Output. Das heißt, sie sind energetisch offen, aber informationell geschlossen. Das System erzeugt also selbst die Informationen, die es verarbeitet im Prozess der eigenen Kognition (Schmidt, 1994, S. 24). Es gibt dabei die Möglichkeit der strukturellen Koppelung, das heißt: »Zwei plastische Systeme werden aufgrund ihrer sequentiellen Interaktionen dann strukturell gekoppelt, wenn ihre jeweiligen Strukturen sequentielle Veränderungen erfahren, ohne dass die Identität des Systems zerstört wird« (Maturana, 1982, S. 150 f.). Aus dieser Koppelung ergibt sich ein konsensueller Bereich, in den strukturell bestimmten Zustandsveränderungen der gekoppelten Organismen sequentiell aufeinander abgestimmt sind (Maturana, 1982, S. 151).

Bedeutsam für autopoietische Systeme ist weiterhin die Tatsache, dass sie nichtreaktiv sind, das bedeutet, die Umwelt oder das Medium, in dem sich das autopoietische System bewegt, kann die Zustandsveränderungen in der Struktur des Systems nicht steuern, sondern nur anregen.[17] Das heißt, das System bezieht nichts Vorgefertigtes aus der Umwelt, sondern es schafft sich durch systeminterne Unterscheidungen eine spezifische Umweltsensibilität. Reagiert ein System empfindsam auf »Störungen« der Umwelt, können diese Veränderungen eine »Störung« im System selbst bewirken. Maturana und Varela haben für solche System-Umwelt-Interaktionen den Begriff der Perturbation (ein Umweltinput auf das System, der unspezifisch ist und gewissermaßen ein neutrales Zufallsrauschen (»noise«) darstellt) geprägt. Die Erhaltung der Autopoiesie ist eine notwendige Bedingung für die Existenz des Lebewesens. Deshalb wird »die ontogenetische Strukturveränderung eines Lebewesens in seinem Milieu [...] immer ein Driften sein, das mit dem Driften des Milieus in Übereinstimmung ist« (Maturana/Varela, 1987, S. 113).

Beobachter, Unterschiede und die Kybernetik zweiter Ordnung

Eine besondere Brisanz bekommt das autopoietische Theorem von operativ geschlossenen und zirkulären Systemen, wenn man die Frage nach dem Beobachter solcher Systeme – zum Beispiel einem Forscher – stellt. Denn der Beobachter ist ja ebenfalls ein operativ geschlossenes System, der nun seinerseits ein in sich geschlossenes System beobachtet. Maturana beschreibt dies so: »Der Beobachter ist ein lebendes System, und jede Erklärung der Kognition als eines biologischen Phänomens muss eine Erklärung des Beobachters und seiner dabei gespielten Rolle beinhalten« (Maturana, 1982, S. 35). Mit diesem Phänomen der Beobachtung von »Beobachter plus untersuchtes System« kommen wir zu den

17 Dieser Tatbestand hat für das systemische Organisationsverständnis und für die methodische Gestaltung von Veränderungsprozessen im Sinne einer systemischen OE sehr weitreichende Konsequenzen. Denn es bedeutet, dass eine Organisation als »operativ geschlossenes System« nicht von außen – durch einen OE-Berater – zur Veränderung gesteuert werden kann, sondern, dass der Berater nur Impulse geben kann, die das System aufnimmt – oder auch nicht. Letztlich entscheidend für Veränderung ist immer die Tatsache, wie sich das System – seiner Eigenlogik folgend – organisieren wird.

Merkmale autopoietischer Systeme

- Autopoiesis bezeichnet die Art der Organisation materialer und prozessualer Komponenten, die in lebenden Organismen angetroffen werden. Das hervorstechende Merkmal der Verknüpfung dieser Komponenten ist hier Zirkularität.
- Autopoietische Systeme sind organisational geschlossen und in dieser Hinsicht autonom. Alle Informationen, die das System für die Aufrechterhaltung seiner zirkulären Organisation braucht, liegen in dieser Organisation selbst. Das System ist operational geschlossen.
- Autopoietische Systeme sind selbstreferentiell, d. h. sie beziehen sich im Prozess der Aufrechterhaltung ihrer Organisation ausschließlich auf sich selbst. Die funktionale Organisation selbstherstellender Systeme wird erklärt als zyklische, selbstreferentielle Verknüpfung selbstorganisationaler Prozesse
- Autopoietische Systeme sind mit dem Medium, in dem sie existieren, sowie mit anderen Organismen strukturell gekoppelt.
- Autopoietische Systeme operieren induktiv und konservativ.
- Nervensysteme, die sich im Verlauf der Evolution autopoietischer Systeme entwickelt haben, sind funktional geschlossen. Daraus folgt, dass ein Organismus seine Welt aufgrund seiner physiologischen und funktionalen Beschaffenheit erzeugt. Die ihm zugängliche Welt ist also seine kognitive Welt und nicht die Welt wie sie ist. »Wir erzeugen also buchstäblich die Welt in der wir leben, indem wir sie leben« (Maturana, 1982, S. 269).

Abb. 20: Wesensmerkmale autopoietischer Systeme nach Maturana (Schmidt, 1994, S. 25 f.; Maturana, 1982)

Grundlagen der »Kybernetik zweiter Ordnung«. Während die »Kybernetik erster Ordnung« als die »Kybernetik der beobachteten Systeme« bezeichnet werden kann, lässt sich die »Kybernetik zweiter Ordnung« als »Kybernetik beobachtender Systeme« charakterisieren (v. Foerster, 1985).

Niklas Luhmann

Der Soziologe Niklas Luhmann (1927–1998) war der führende systemtheoretische Forscher im deutschsprachigen Raum. Er beschäftigte sich über Jahrzehnte mit der theoretischen Erfassung selbstreferentieller Systeme – naturgemäß vor allem sozialer Systeme (Luhmann, 1984; 1990; 1992). In der Systemtheorie stehen – so Luhmann – »Selbstreferenzkonzepte im Vordergrund innovativer Theorieentwicklung. Man sieht das an Konzepten wie Selbstorganisation, Autonomie, Autopoiesis, operative Schließung, Strukturdetermination, Beobachtung zweiter Ordnung (Beobachtung von Beobachtern) und an konstruktivistischen Tendenzen der Epistemologie, die eine Geschlossenheit des Netzwerks der Systemoperationen auch und gerade in kognitiver Hinsicht voraussetzen« (Luhmann, 1992, S. 118).

In seiner Erörterung von Selbstreferenzialität geht Luhmann von der operativen Logik George Spencer Browns (Spencer Brown, 1979) aus. Der englische Logiker, Philosoph und Computerfachmann George Spencer Brown ist in Deutschland außer von Niklas Luhmann (1990) und Fritz Simon (1993) kaum rezipiert worden. 1967 legte Spencer Brown Bertrand

Russell einen logischen Kalkül vor, der das Prinzip von Russells und Whiteheads logischer Typenlehre aus deren Principa Mathematica für unnötig erklärte (Russell/Whitehead, 1910–1913), dass rückbezügliche Sätze nicht erlaubt seien, dass sich Selbst-Enthalten einer Menge unzulässig sei. Russell war beeindruckt von Spencer Browns Ansatz. Sein »Kalkül« ist allerdings nicht Gemeingut geworden. Erst Heinz von Foerster hat schließlich Spencer Brown für die Erkenntnistheorie entdeckt, die im »Biological Computer Laboratory« der University of Illinois in Urbana entwickelt wurde (Reese-Schäfer, 1992, S. 79). Auf diese erkenntnistheoretischen Untersuchungen bezieht sich Luhmann. Spencer Browns Konzept der Differenztheorie[18] basiert auf der fundamentalen Weisung »Draw a distinction« (Mach eine Unterscheidung). Diese Fähigkeit, eine Unterscheidung zu machen, ist nach Spencer Brown die Grundlegung für jegliche »Form«, die erst dann als solche erkannt und benannt werden kann. Gregory Bateson hat dies mit seiner, inzwischen schon legendären Formel ausgedrückt: »Information ist jeder Unterschied, der einen Unterschied macht« (Bateson, 1988, S. 579 ff.). Um überhaupt etwas unterscheiden zu können, braucht das System eine Grenze, über die hinweg es beobachten kann. Deshalb muss man eine Grenzlinie ziehen. Und deshalb setzt auch jede Selbstbeobachtung »die Einrichtung entsprechender interner Differenzen« (Luhmann, 1990, S. 70) voraus. Dabei gehört zur Unterscheidung, dass man nicht gleichzeitig auf beiden Seiten sein kann. Es ist durchaus möglich, die Perspektive zu wechseln und von der anderen Seite her zu beobachten, aber das geht erst hinterher. Spencer Brown nennt das »crossing« – die Grenze überschreiten – und das braucht Zeit. Und dieser Zeitunterschied ist notwendig, weil er zur Entparadoxierung dient, zur Vermeidung der Paradoxie, dass der Beobachter gleichzeitig innen und außen ist.

Der Beobachter kann, während er anderes beobachtet, nicht seine eigene Differenz beobachten. Hier ist sein blinder Fleck (Reese-Schäfer, 1992, S. 75). Oder wie Luhmann schreibt, das Individuum »kann nur sehen, was es mit dieser Unterscheidung sehen kann. Es kann nicht sehen, was es nicht sehen kann« (Luhmann, 1990, S. 85). Zudem erlklärt er:

> »Eine Unterscheidung markiert einen Bereich und wird in den durch sie unterschiedenen wiedereingeführt. Sie kommt dann doppelt vor: als Ausgangsunterscheidung und als Unterscheidung in dem durch sie Unterschiedenen. Sie ist dieselbe und nicht dieselbe. Sie ist dieselbe, weil der Witz des re-entry gerade darin besteht, dieselbe Unterscheidung rekursiv auf sich selbst anzuwenden, sie ist eine andere, weil sie in einen anderen, in einen bereits unterschiedenen Raum eingesetzt wird« (Luhmann, 1990, S. 379 f.).

18 Bei der Differenztheorie Spencer Browns (Spencer Brown, 1979) handelt es sich um ein Kalkül der Logik, mit dem Brown grundlegende Aussagen zu Aussagesystemen (der Algebra, der Arithmetik, der Logik) aufstellt. Seine Weisung »draw a distinction« nennt er das »Bezeichnen« eines Unterschiedes. Und mit dieser Bezeichnung eines Unterschiedes wird ein Innen (z. B. das System) und ein Außen (z. B. die Umwelt) geschaffen. Diese Theorie geht von dem Paradox aus, dass alles Erkennen in Form des bezeichneten Raums mit einem Verdunkeln des abgeschiedenen Raums verbunden ist.

Dabei ist es wichtig, eine Grundaussage der Systemtheorie zu beachten, nämlich, dass die Reflexion der Beobachtung des Beobachters, die ja hier beschrieben wird, kein hierarchisch höherstehender Prozess ist. Im Fall der Beobachtung werden Dinge, Begriffe oder Symbole beobachtet, im anderen Fall werden Beobachter beobachtet, die ihrerseits mit ihrem blinden Fleck das beobachten, was für sie Umwelt ist. Auch das Beobachten des Beobachters (oder auch »Beobachten zweiter Ordnung«) hat einen blinden Fleck, und kann nun auch wiederum beobachtet werden. Und dieses Beobachten ist eine tatsächlich stattfindende Operation. Luhmann benutzt dabei den Begriff der Operationen, den er in dieser Funktion von Heinz von Foerster (1985) übernommen hat. Zudem unterscheidet Luhmann drei Arten von autopoietischen Systemen:

> »Leben, Bewusstsein und soziale Kommunikation [...]. Dass das eine das andere voraussetzt und dass kausale Interdependenzen bestehen, bedarf kaum der Erwähnung. Das versteht sich von selbst – so wie sich für jedes autopoietische System von selbst versteht, dass es nicht allein auf der Welt existiert und nur mit Hilfe von Unterscheidung von System und Umwelt beobachtet werden kann. Das Problem liegt in den neuartigen Einsichten über selbstreferentielle Geschlossenheit als Basis für ein Umweltverständnis. Nimmt man dafür drei verschiedene Grundoperationen an, nämlich Leben, Bewusstsein und Kommunikation, muss man von ganz verschiedenartigen sich selbst reproduzierenden Systemen ausgehen, die füreinander Umwelt sind und füreinander jeweils nur Rauschen erzeugen [...]. Kommunikationen lassen sich nur durch Kommunikationen reproduzieren; bewusste Gedanken nur durch bewusste Gedanken; und das Leben lebt sein Leben, ohne dass ihm Bewusstsein oder Kommunikation hinzugefügt werden könnte. Die im geschlossenen Netzwerk reproduzierten Elementareinheiten sind anschlussfähig nur an Elementareinheiten des gleichen Netzwerks. Kein Lebensvorgang ist jemals Bewusstseinsakt oder Kommunikation; aber auch keine Kommunikation ist jemals ein Akt von Bewusstsein, geschweige denn ein Moment der Autopoiesis des Lebens« (Luhmann. 1988b, S. 41).

Für Luhmann ist der Unterschied also zwischen lebenden, psychischen und kommunikativen Systemen der, dass lebende – biologische Systeme – ausschließlich Materie und Energie verarbeiten und auf diese Weise »Leben« produzieren. Im Unterschied dazu sind die anderen beiden Arten »sinnverarbeitende« Systeme, die sich wiederum durch ihre »Bestandteile« unterscheiden: Während psychische Systeme ausschließlich aus Bewusstseinsereignissen bestehen, sind Elemente sozialer Systeme stets und ausschließlich Kommunikation. Für die Kommunikation ergeben sich aus dem Theorem der operationellen Geschlossenheit autopoietischer Systeme umfangreiche Konsequenzen:

> »Die erste und wichtigste Konsequenz lautet: Zwischen Individuum und sozialem System gibt es keine Kommunikation. Kein Mensch kann mit der Gesellschaft kommunizieren. Alle Kommunikation ist ein Vorgang in der Gesellschaft. Das gilt auch für

Interaktionen unter Anwesenden. Was immer als Kommunikation läuft, dient der Autopoiesis dieses Interaktionssystems, ist Vollzug der sozialen Reproduktion, muss an vorherige Kommunikation anschließen und weitere Kommunikation offenhalten. In der Mitwirkung an solcher Kommunikation konstituieren Menschen sich als Personen, das heißt als Adressen für weitere Kommunikation.« (Luhmann. 1988b, S. 42)

Widersprüche, die durch Kommunikation zwangsläufig entstehen, sind für Luhmann durchaus plausibel:

»Kommunikation bringt Einheit (und damit auch möglichen Widerspruch) dadurch zustande, dass sie eine dreifache Selektion integriert. Information, Mitteilung und verstehen (mit oder ohne Akzeptanz) werden als Einheit praktiziert [...]. Erst die Einheitszumutung der Kommunikation konstituiert durch die Auswahl dessen, was sie zusammenzieht, den Widerspruch. Der Widerspruch entsteht dadurch, dass er kommuniziert wird« (Luhmann, 1985, S. 498).

Diese Widersprüche befördern den Prozess der Autopoiesis, denn das System benötigt zu seiner Reproduktion instabile Elemente. Dabei hat der Widerspruch eine Art warnende Funktion:

»Er zerstört für einen Augenblick die Gesamtpräsentation des Systems: geordnete, reduzierte Komplexität zu sein. Für einen Augenblick ist dann unbestimmte Komplexität wiederhergestellt, ist alles möglich. Aber zugleich hat der Widerspruch genug Form, um die Anschlussfähigkeit des kommunikativen Prozessierens von Sinn doch noch zu garantieren« (Luhmann, 1985, S. 508).

Somit kann sich die Autopoiesis fortsetzen. Die offensichtliche Parallele zur Hegelschen Dialektik dementiert Luhmann nicht, weist jedoch auf den grundlegenden Unterschied hin – konsequent dem Differenzierungsprinzip Spencer Browns folgend, dass er die Differenz von Identität und Differenz betont, wohingegen Hegels Dialektik deren Einheit betont (Luhmann, 1984, S. 26). Luhmanns Impulse für die Ansätze von systemischer Therapie und Beratung sind vielfältig und geschehen in einer teilweise synchronen Wechselwirkung. Deshalb wollte dieser Exkurs nur einen kleinen Einblick in Luhmanns aktuelle Arbeit bezüglich der Theorie selbstreferentieller Systeme geben. Dabei war es mir wichtig, Luhmanns Konstrukte als Rezeption und Weiterentwicklung der Erkenntnisse und vor dem Hintergrund des Argumentationskontextes von Gregory Bateson, George Spencer Brown sowie der kybernetischen und systemtheoretischen Theorieentwicklung (von Foerster, Maturana, Varela) mit diesen fragmentarischen Ausschnitten zumindest anhand einiger pointierter Aussagen zu belegen.

Radikaler Konstruktivismus

Ich habe die Konsequenzen der Entwicklungen in Systemtheorie, Kybernetik und Autopoiese für die Erkenntnistheorie des »radikalen Konstruktivismus«[19] weiter oben bereits erwähnt. Dieser epistemologische Ansatz ist von grundlegender Bedeutung für die systemische Therapie und Beratung und hat – wie bereits angedeutet – eine wesentliche und radikale Konsequenz für den wissenschaftstheoretischen Diskurs und insbesondere natürlich für die weitere Theorieentwicklung der Systemtheorie (Schmidt, 1994, S. 75 f.).

Heinz von Foerster, Mitbegründer der Kybernetik und Herausgeber der Berichte über die legendären Tagungen der Macy Foundation[20] verdeutlicht dies so: »Objectivity is a subject's delusion that observing can be done without him. Invoking objectivity is abrogating responsibility, hence its popularity« (von Foerster, zitiert nach Declaration, 1983).

Der radikale Konstruktivismus bezieht sich dezidiert auf die Theorie der Autopoiesis lebender Systeme, die, wie oben bereits dargelegt, davon ausgeht, dass aus der Umwelt kein externer Anpassungsdruck auf das System erfolgt. Das System entscheidet autonom nach seinen eigenen strukturellen Möglichkeiten, welche Form des Verhaltens zur Fortführung der Autopoiesis nützlich erscheint. Wenn man dieser Vorstellung folgt, dann ist Kognition nichts anderes als »effektives« Verhalten eines Systems in seiner Umwelt. »Jede interne Verrechnung von ›Umweltreizen‹ und weiterer neuronaler Erregungszustände ›misst‹ sich formal nur an der Möglichkeit, die eigene Autopoiesis fortzusetzen. Kognition ist damit die Aufrechterhaltung der Autopoiesis unter gleichzeitiger Fortsetzung der Anpassung« (Woltmann-Zingsheim, 1994, S. 76). Betrachtet man den Menschen im Sinne Maturanas als ein lebendes System, dann ist auch unsere Wahrnehmung, unser Denken, unser Erkennen an unsere Autopoiesis gebunden. Daraus ergibt sich die Konsequenz, das Autopoiesis und Kognition auf der Ebene der internen Dynamik lebender Systeme nicht zu unterscheiden sind.

Vom klassischen Solipsismus[21] kann sich diese Erkenntnistheorie nur schwer absetzen. Sie versucht dies auch gar nicht, vielmehr lässt sie den »Beobachter« entscheiden, ob er sich gegen oder für diese Sicht der Dinge entscheidet. Dazu Heinz von Foerster:

---

19 In der Literatur finden sich die Begriffe »Konstruktivismus« und »radikaler Konstruktivismus« oft nebeneinander. Der letztere Begriff geht vor allem auf Ernst von Glasersfeld zurück (Glasersfeld, 1985).

20 Wo von Foerster mit Norbert Wiener zusammenarbeitete und die als Geburtsstätte der Kybernetik gelten. Foerster erinnert sich an diese Zeit so: »Ich hatte das große Glück, an den Konferenzen über zirkuläre Kausalität, die später unter dem Titel »Cybernetics« publiziert wurden, teilzunehmen. Hier traf ich Margaret Mead, Gregory Bateson, John von Neumann und natürlich Norbert Wiener und Warren MCGulloch« (v. Foerster, 1992, S. 138).

21 Als Solipsismus (lat. solus: »allein« und ipse: »selbst«) wird in der Philosophie die These bezeichnet, dass nur das eigene Ich existiert.

»Ich schlage jetzt vor, das Prinzip auf den Herrn mit der Melone anzuwenden, der von sich denkt, er sei die einzige Realität, während alles übrige, die Bäume, die Sterne, Menschen, Naturwissenschaftler und andere erfolgreiche Geschäftsleute usw. lediglich Ausgeburten sind, unserer Phantasie und Vorstellung entsprungen. Er wird aber nicht leugnen können, dass manche dieser Erscheinungen ihm sehr ähnlich sind und er ihnen daher gemäß dem Relativitätsprinzip das Privileg zuerkennen muss, dass sie darauf bestehen könnten sie selbst sei die einzige Realität und alle anderen ihre Phantasien und Vorstellungen. Aber dann läuft er in einen Widerspruch, denn eine seiner Phantasiefiguren hat ihn selbst, den Herrn mit Melone und Aktentasche, die einzige Realität als Phantasiefigur in seinem Weltbild. Man beachte jedoch, dass das Relativitätsprinzip keine logische Notwendigkeit ist. Es liegt an uns, es anzuwenden oder zu ignorieren« (v. Foerster, 1988b, S. 122).

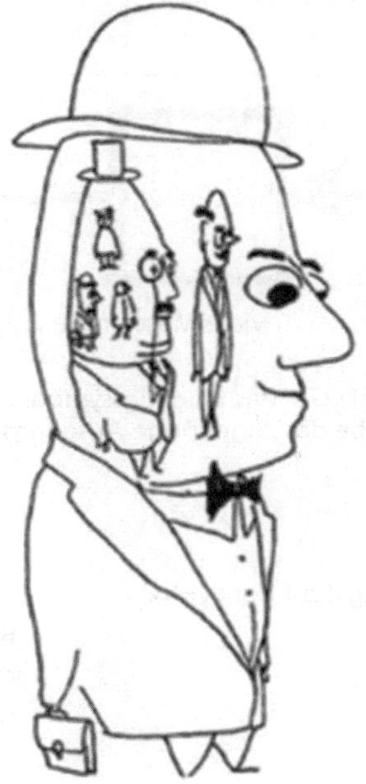

Abb. 21: Der Herr mit der Melone (Gordon Park) (v. Foerster, 1988b, S. 121 ff.)

Heinz von Foerster

Als Mitbegründer der Kybernetik und Leiter des Biological Computer Laboratory an der University of Illinois in Urbana ist der geborene Österreicher Heinz von Foerster (1911–2002) einer der bedeutendsten Vertreter der neueren Systemtheorie und der Erkenntnistheorie des radikalen Konstruktivismus. Neben vielen anderen Theorieansätzen, die von ihm entwickelt wurden[22] ist seine Beschreibung des Unterschieds zwischen einer trivialen und einer nicht-trivialen Maschine ein anschauliches Beispiel seiner Argumentation bezüglich der Notwendigkeit einer angemessenen Erkenntnistheorie für die Humanwissenschaften.

Zunächst geht von Foerster von einer trivialen Maschine aus. Dabei »soll ›Maschine‹ nicht als eine Summe von ineinandergreifenden Teile verstanden werden, sondern als begriffliche Struktur, die genau beschrieben und synthetisch definiert werden kann. Eine Maschine ist etwas, was ich oder wir im Zusammenspiel aufbauen können, weil wir die innere Struktur und den Plan dieser Maschine bestimmen können« (v. Foerster, 1988a, S. 20 f.).

Das Quadrat soll die Maschine darstellen. Die Funktion (f) dieser Maschine soll sein, eine Ursache (causa) (x) mit einer bestimmten Wirkung (effectus) (y) zu verknüpfen. Damit kann (f) als Wirkungsfunktion bezeichnet werden und so heißt die mathematische Formel: $y = f(x)$.
Die Trivialität dieser Maschine liegt darin, dass auf eine definierte Ursache immer die gleiche Wirkung produziert wird (► Abb. 22).

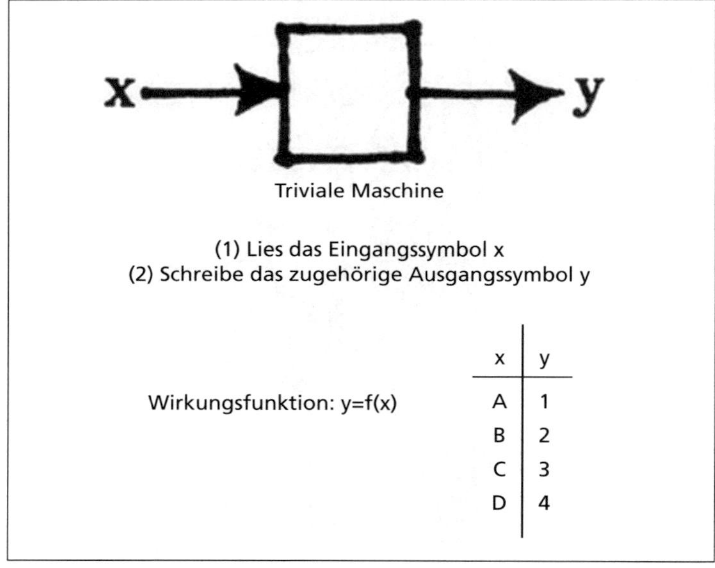

Abb. 22: Triviale Maschine (v. Foerster, 1988a, S. 21)

22 Von 1957 bis 1976 wurden in dem von H. von Foerster begründeten und von ihm geleiteten Biological Computer Laboratory an der University of Illinois (Urbana) bahnbrechende Arbeiten auf den verschiedensten Gebieten geleistet. Dazu zählten folgende Gebiete: Kybernetik, Kognition, Wahrnehmung, Lernen, Gedächtnis, Allgemeine Systemtheorie, Regelungstheorie und -technik, Theorie biologischer und sozialer Systeme, transklassische mehrwertige Logik, Computerwissenschaft, semantische Netzwerke, relationale Datenstrukturen, Automatentheorie, Kybernetik 2. Ordnung (v. Foerster, 1985).

»›Spürt‹ diese Maschine die Ursache ›A‹ oder ›sieht‹ sie das Eingangssymbol ›A‹ oder fühlt sie den Reiz ›A‹ etc., dann produziert sie die Wirkung, das Ausgangssymbol, die Reaktion ›1‹ etc. etc. Ebenso, geben wir ›B‹ ein, so gibt sie uns ›2‹ und so weiter und so fort« (v. Foerster, 1988a, S. 22).

Das Schema dieser Maschine ist das der Kausalität: Eine Ursache (x) hat gemäß eines (Natur-)Gesetzes (f) eine bestimmte Wirkung (y) zur Folge. Dieses Schema ermöglicht es, dass bestimmte Wirkungen von bestimmten Ursachen vorausgesagt werden können. »Wenn man eine Maschine nur lange genug beobachtet und gut genug kennt, kann man folgern oder vorhersagen, dass auf die Eingabe A immer eine 1 ausgegeben wird. Statt Eingabe- und Ausgabewert kann auch ›Verhalten‹ gesagt werden« (Simon, 1993, S. 45).

Von Foerster sieht nun in seinem Modell der trivialen Maschine das »fundamentale Denkschema unserer westlichen Kultur« (v. Foerster, 1988a, S. 22). »Heimlich dürfte dies wohl auch heute noch bei vielen Wissenschaftlern mehr oder weniger bewusst die simplifizierende Vorstellung vom Funktionieren der Welt sein« (Simon, 1993, S. 45).

Diesem klassischen Modell der Aussagenlogik und der Kausalität setzt von Foerster nun sein Modell einer nicht-trivialen Maschine gegenüber (► Abb. 23).

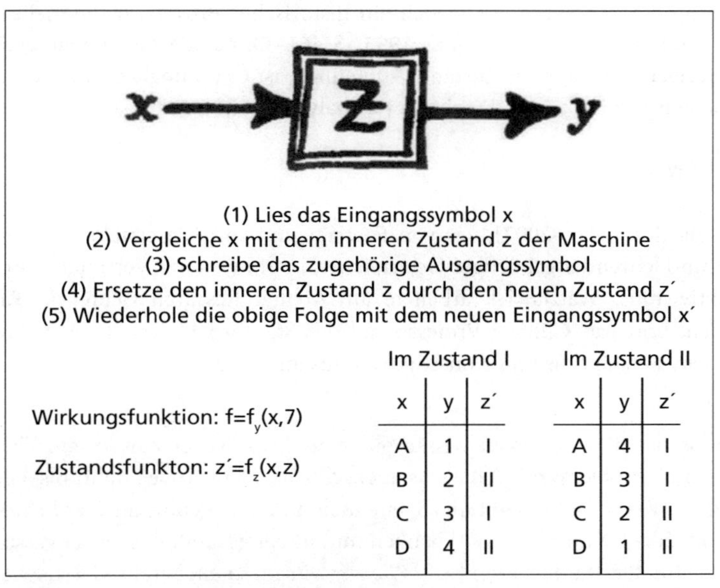

Im Zustand I			Im Zustand II		
x	y	z´	x	y	z´
A	1	I	A	4	I
B	2	II	B	3	I
C	3	I	C	2	II
D	4	II	D	1	II

Abb. 23: Nicht-triviale Maschine (v. Foerster, 1988a, S. 23)

In dem Quadrat, das jetzt eine nicht-triviale Maschine darstellt, steht ein zweites Quadrat mit dem Buchstaben »z«. Das soll bedeuten, dass diese Maschine innerer Zustände »z« fähig ist. Man könnte es so sehen, dass diese Maschine verschiedene Maschinen verkörpert, sozusagen eine Maschine in der Maschine ist. Wird ein Eingangssymbol (x) eingegeben, so errechnet sie ein Ausgangssysmbol (y) gemäß einer Wirkungsfunktion (f), die auch vom inneren Zustand (z) der Maschine abhängig ist. Dies ergibt folgende Formel:

$y = fy(x,z)$

Am Ende dieser Operation errechnet die Maschine nun den nächsten internen Zustand (z') gemäß der Zustandsfunktion:

$z' = fz(x,y)$

Das heißt, ein einmal eingegebenes Eingangssymbol kann später nicht mehr dasselbe Ausgangssymbol hervorrufen: Die Operationen der Maschine sind von den Operationen ihrer Vergangenheit abhä . In den beiden Tabellen (► Abb.) ist zu sehen, wie sich eine solche nicht-triviale Maschine verhält. Wenn die Maschine im Zustand I ist, dann reagiert sie genauso wie die triviale Maschine: A Π1; B Π2; C Π3 und D Π4. Im Zustand II aber läuft sie entgegen diesem Programm, A Π4; B Π3 und so weiter. Es kann also weder die Ausgabe 1 noch die Ausgabe 4 eindeutig der Eingabe A zugeordnet werden, weil beide Ausgabewerte auch von der Eingabe D produziert werden können. Entscheidend ist in diesem Fall der – von außen nicht zu beobachtende – innere Zustand (z) und die Regel seiner Veränderung.

Während triviale Maschinen geschichtsunabhängig sind und immer nach der gleichen Regel funktionieren, verhalten sich nicht-triviale Maschinen geschichtsabhängig, d. h. sie sind durch frühere interne Zustände determiniert. »Die Maschine verhält sich zwar ihrer aktuellen Struktur entsprechend (sie ist strukturdeterminiert), die Entwicklung dieser Struktur ist jedoch ein historischer Prozess, die aktuelle Struktur folgt früheren Strukturen« (Simon, 1993, S. 46). Ohne die Gesetzmäßigkeiten der Veränderungen des internen Zustands zu kennen, ist es unmöglich, das Verhalten der Maschine kausal zu erklären. Damit ist sie analytisch unbestimmbar.

Paul Watzlawick

Paul Watzlawick (1921–2007), wie von Foerster und von Glasersfeld ein in den USA lebender und lehrender gebürtiger Österreicher, ist ein weiterer Vertreter des radikalen Konstruktivismus. Watzlawick arbeitete am Mental Research Center in Palo Alto, Kalifornien, und war Clinical Professor an der Stanford University. Watzlawick beschreibt sein Verständnis von Konstruktivismus an Hand einer Frage:

> »Wie wissen wir, was wir zu wissen glauben? Diese scheinbar so einfache Frage berührt drei Problemkreise, die das menschliche Denken seit Jahrtausenden beschäftigen: *Was* wir wissen gilt im allgemeinen für das Ergebnis unserer Erforschung der Wirklichkeit. Von dieser Wirklichkeit nimmt der gesunde Menschenverstand an, dass sie gefunden werden kann [...]. *Wie* wir wissen, ist ein bereits viel schwierigeres Problem. Um es zu erforschen, muss der Verstand aus sich heraustreten und sich selbst sozusagen bei der Arbeit beobachten. Hier haben wir es also nicht mehr mit scheinbaren Tatsachen zu tun, die unabhängig von uns in der Außenwelt bestehen, sondern mit geistigen Prozessen, von denen es nicht mehr scheinbar so fraglos feststeht, wie sie verlaufen [...]. (Wenn nun also:) das *Was* des Wissens vom betreffenden Erkenntnisvorgang, dem *Wie*, bestimmt wird, dann hängt unser Bild der Wirklichkeit nicht mehr nur davon ab, *was* außerhalb von uns der Fall ist, sondern unvermeidlich auch davon, *wie* wir dieses Wissen erfassen« (Watzlawick, 1985, S. 9).

Und diese Erkenntnis führt Watzlawick zu der Einsicht, »dass jede Wirklichkeit im unmittelbarsten Sinne die Konstruktion derer ist, die diese Wirklichkeit zu entdecken und erforschen glaubten. Anders ausgedrückt: Das vermeintlich Gefundene ist ein Erfundenes, dessen Erfinder sich des Aktes der Erfindung nicht bewusst ist, sondern sie als etwas von ihm Unabhängiges zu entdecken vermeint und zur Grundlage seines ›Wissens‹ und seines Handelns macht« (Watzlawick, 1985, S. 9 f.). Neben der Mit- und Weiterentwicklung des Konstruktivismus hat Watzlawick vor allem durch die von ihm und seinen Mitarbeitern[23] (Watzlawick et al., 1969) entwickelte Kommunikationstheorie einen großen Einfluss auf die systemische Therapie ausgeübt. Dabei gehen Watzlawick und seine Kollegen von fünf »pragmatischen Axiomen« (► Abb. 24) aus, die ihrer Meinung nach die Grundzüge jeder funktionierenden zwischenmenschlichen Kommunikation verdeutlichen.

Dieser Abschnitt sollte einen kurzen Überblick über die Entwicklung und die Kernaussagen der Erkenntnistheorie des radikalen Konstruktivismus – als logische Konsequenz und Weiterentwicklung von Systemtheorie und Autopoiesis geben. Dies war mir wichtig, weil der folgende Abschnitt über das Konzept der systemischen Familientherapie nur vor dem Hintergrund dieses epistemologischen Konzeptes zu verstehen ist.

Fünf Axiome der Kommunikation

- *Das erste Axiom besagt:* In einem zwischenmenschlichen Kontext kann man nicht nicht kommunizieren. Jedes Verhalten hat einen Mitteilungscharakter. Somit ergibt sich das Paradoxon, dass auch ein Individuum, das versucht keine Mitteilung zu machen, damit etwas mitteilt. Auch im vermeintlichen Nicht-Kommunizieren wird kommuniziert.
- *Das zweite Axiom lautet:* Jede Kommunikation hat einen Inhalts- und Beziehungsaspekt. Der letztere bestimmt den ersteren und stellt daher eine Metakommunikation her.
- *Das dritte Axiom* bezieht sich auf das Phänomen der Interpunktion. Es besagt: Die Natur einer Beziehung zwischen zwei Partnern bestimmt sich durch die Art und Weise, wie beide die sich zwischen ihnen abspielenden Kommunikationsabläufe interpunktieren.
- *Das vierte Axiom lautet:* Menschliche Kommunikation bedient sich digitaler und analoger Modalitäten. Digitale Kommunikationen haben eine komplexe und vielseitige logische Syntax, aber eine auf dem Gebiet der Beziehungen unzulängliche Semantik, analoge Kommunikation besitzen dagegen dieses semantische Potential, ermangeln aber einer für eindeutige Kommunikation erforderlichen logischen Syntax.
- *Das fünfte Axiom besagt:* Zwischenmenschliche Kommunikationsabläufe sind entweder symmetrisch oder komplementär, je nachdem, ob die Beziehung zwischen den Partnern auf Gleichheit oder Unterschiedlichkeit beruht.

Abb. 24: Fünf Kommunikationsaxiome nach Watzlawick, Beaver und Jackson (Watzlawick et al., 1969; Stierlin/Simon, 1992, S. 190)

23 Zusammen mit Paul Watzlawick waren dies Janet H. Beavin und Don D. Jackson. Die Ergebnisse ihrer klinischen Forschungen wurden 1967 in Deutschland veröffentlicht unter dem Titel: »Menschliche Kommunikation. Formen, Störungen, Paradoxien« (Watzlawick et al., 1969).

Systemische Familientherapie

Die systemische Therapie wurde von der italienischen Psychoanalytikerin Mara Selvini Palazzoli und ihren Mitarbeitern[24] Ende der 1960er Jahre entwickelt. 1968 organisierte sich das Institut für Familienstudien in Mailand. Die unter dem Begriff »Mailänder Modell« bekannte Arbeit der Selvini-Gruppe – oder auch Mailänder Gruppe – arbeitete etwa zehn Jahre lang zusammen und entwickelte dabei eine Familien-System-Methode, die sich aufbauend auf den Arbeiten von Gregory Bateson, Paul Watzlawick und der Familientherapeutin Virginia Satyr – auch Palo-Alto-Gruppe[25] genannt – vor allem die Therapie von schwer emotional gestörten Kindern und deren Familien zum Ziel gesetzt hatte.

In Anlehnung an die Double-Bind-Hypothese von Bateson entwickelte Selvini mit ihren Kollegen eine therapeutische Interventionsform für die Familientherapie, die sie als »Gegenparadoxie« bezeichnet. Handlungsleitend bei der Entwicklung dieser Intervention war die Frage, wie die Paradoxien, die in einer Familie durch Double-Bind-Kommunikation entstanden sind, angemessen angesprochen werden können. Die Mailänder Gruppe benutzte die therapeutische Doppelbindung als »Eckstein für eine verwickelte, elegante und logische Methodologie der Veränderung« (Hoffmann, 1982, S. 290). Selvini und ihre Kollegen geht es im Kern in ihrem therapeutischen Ansatz darum:

> »die Gültigkeit einer Hypothese zu erforschen: Einer Hypothese, die sich von den Modellen herleitet, die uns von der Kybernetik und der Kommunikationstheorie angeboten werden. Diesen Modellen zufolge ist die Familie ein sich selbst regulierendes System, das von eigenen Gesetzen regiert wird, die es sich im Laufe der Zeit durch Versuch und Irrtum erarbeitet hat. Der zentrale Gedanke dieser Hypothese ist, dass jede natürliche Gruppe mit einer Geschichte – und das ist die Familie im Grunde ja (wie etwa auch ein Arbeitsteam, eine spontan gebildete Gemeinschaft oder eine Gruppe von Geschäftsleuten) – sich während eines bestimmten Zeitraums konstituiert. Im Laufe einer Reihe von Transaktionen und korrigierenden Gegenaktionen wird experimentell erprobt, was in der Beziehung erlaubt ist, bis die Gruppe schließlich zu einem eigenen System findet, das von speziellen, nur für dieses System geltenden Regeln gesteuert wird. Diese Regeln betreffen die sich in der geschichtlich gewordenen Gruppe abspielenden Transaktionen, die den Charakter von verbaler und nonverbaler Kommunikation haben […]. Diese erste Hypothese führt zu einer zweiten Hypothese: Familien, die einen oder mehrere Angehörige mit einem

24 Dies waren Gianfranco Cecchin, Luigi Boscolo und Giuliana Prata.

25 Benannt nach ihrem Arbeitsplatz, dem Mental Research Institute in Palo Alto. Gregory Bateson hat zwar nicht direkt dort, sondern am Palo Alto Veterans Administration Hospital gearbeitet, hat aber die Arbeit des kybernetisch orientierten Instituts wesentlich beeinflusst und war der dortigen Arbeit eng verbunden.

Verhalten aufweisen, das man traditionellerweise als ›pathologisch‹ diagnostiziert, regulieren sich durch Transaktionen (Beziehungsmuster), die genau auf die Art dieser Pathologie zugeschnitten sind. Des Weiteren zielen ihre Kommunikationsweise und ihr Antwortverhalten darauf ab, diese Regeln und damit die pathologischen Transaktionen beizubehalten. Hat man erkannt, dass die Symptome ein Teil der diesem System eigentümlichen Transaktionen sind, so bleibt, wenn man die Symptome verändern will, nur der Versuch übrig, die Regeln auszuwechseln [...]. Die Erfahrung hat uns auch gezeigt, welche Macht die Systeme entwickeln bei dem Bemühen, jene Regeln zu verfechten und aufrechtzuerhalten, die sie sich durch Versuch und Irrtum geschaffen haben. Diese Macht zeigt sich umso stärker, je pathologischer das System ist« (Selvini Palazzoli et al., 1988, S. 18 f.).

Um mit solchen Familiensystemen angemessen zu arbeiten, ist es notwendig, von klassischen individualpsychologischen Arbeitsformen abzurücken und sich mit dem Gesamtsystem der Familie auseinanderzusetzen. Diese Veränderung des therapeutischen Ansatzes begründen Selvini und ihre Kollegen folgendermaßen:

»Die oben dargelegten Hypothesen bringen für den Therapeuten eine epistemologische Veränderung im ursprünglichen Sinne des griechischen Wortes *epistamei* mit sich (dieses Wort bedeutet: sich in eine vorteilhafte Position bringen, um etwas besser beobachten zu können): Die mechanistisch-kausale Sicht der Phänomene, die die Wissenschaft bis in die jüngste Zeit beherrscht hat, wird aufgegeben und durch eine systemgerechte Betrachtungsweise ersetzt. Das bedeutet, dass die Familienmitglieder als Elemente eines Interaktionskreises betrachtet werden. Die Glieder dieses Kreises haben keinerlei Möglichkeit, nur in einer einzigen Richtung auf das Ganze zu wirken. Mit anderen Worten: Das Verhalten eines Familienmitgliedes beeinflusst unabdingbar das Verhalten des anderen. Es ist daher epistemologisch völlig irrig, das Verhalten dieses Familienmitgliedes als die Ursache des Verhaltens der anderen anzusehen, denn jedes Familienmitglied beeinflusst die anderen und wird zugleich von den anderen beeinflusst. Jedes Mitglied wirkt auf das System ein, ist jedoch gleichzeitig durch die vom System ausgehenden Kommunikationen beeinflusst« (Selvini Palazzoli et al., 1988, S. 15).

Die Selvini-Gruppe hält dementsprechend kausale Erklärungen für soziale Interaktionen für falsch. Dies gilt auch und besonders für simplifizierte Täter-Opfer-Diagnosen. Die Autoren begründen dies so:

»Es ist daher ein epistemologischer Irrtum, zu sagen, das Verhalten eines Individuums sei die Ursache des Verhaltens eines anderen Individuums. Dieser Irrtum erwächst aus einer willkürlichen Interpunktion: Das Verhalten wird aus dem Zusammenhang der wechselseitigen Interaktionen isoliert. Aber auch ein Verhalten, das denjenigen, der als Opfer erscheint, auf alle mögliche Weise zur Ohnmacht verurteilt, ist kein Machtverhalten, sondern ein Antwortverhalten. Trotzdem glaubt der Überlegene, er allein halte die Macht in Händen, genauso wie der Unterlegene davon überzeugt ist, er sei derjenige, der keinerlei Macht besitze. Wir wissen aber, dass diese Überzeugungen falsch sind, denn die Macht liegt weder beim einen noch beim andern. Die Macht liegt in den Spielregeln, die sich in dem pragmatischen Zusammenspiel aller Beteiligten herausgebildet haben« (Selvini Palazzoli, 1988, S. 15).

Es gehört also zur systemischen Beratungsmethode, nicht einen Schuldigen oder einen Verursacher des »pathologischen« Symptoms in einem Sozialsystem ausfindig zu machen, sondern die »Spielregeln« oder ungeschriebenen Gesetze des »Familienspiels« zu erkennen und daran zu arbeiten. Ohne eine gelungene und wirksame Intervention sind diese Spiele – im Sinne der Autopoiesis lebender Systeme – ohne Ende. Die Kunst des Beraters oder Therapeuten besteht nun darin, diese Spiele zu unterbrechen. Dabei wird der Therapeut natürlich in seiner Arbeit sofort in das Familienspiel miteinbezogen. »Das Spiel sieht meist so aus: Hier ist unsere lästige, kranke oder schlechte Person. Bieg sie wieder zurecht und erlöse uns, aber versuche nicht, uns zu verändern« (Hoffmann, 1982, S. 291). Ginge der Therapeut in diese Falle, hätte seine Arbeit fortan kaum mehr fruchtbare Interventionsmöglichkeiten. Das dem Berater angebotene »Spiel« – meist unausgesprochene Lösungsideen für das bestehende Problem – ist Teil der Systemproblematik und deshalb ein zentrales Grundelement der »krankmachenden« Familien- oder Systemdynamik. Dieses Phänomen der individuellen Schuldzuschreibung habe ich in der Praxis in unzähligen Team-, Strategie- und OE-Workshops dutzendfach erlebt. In der systemischen Organisationsberatung hat dieses Konzept deshalb eine ganz große Bedeutung, was sich insbesondere bei der Auftragsklärung mit dem Klienten oft zeigt.

Im Folgenden sollen einige grundlegende Arbeitsformen der Systemischen Familientherapie vorgestellt werden, die allesamt auch in der systemischen Organisationsberatung eine große Bedeutung haben (Krizanits, 2009).

Die positive Konnotation

Die positive Konnotation ist ein therapeutisches Mittel, das die Mailänder Gruppe im Rahmen ihrer Arbeit mit Familien entwickelt hat. Dabei geht es darum, die sichtbaren »pathologischen« Symptome positiv zu re-definieren, das heißt, die feststellbaren Symptome nicht als schlecht und krankmachend zu kennzeichnen, sondern festzustellen, dass »alle zu beobachtenden Verhaltensweisen, von dem gemeinsamen Zweck geleitet [sind] die Kohäsion und Einheit der Familiengruppe zu erhalten« (Selvini Palazzoli et al., 1988, S. 59). Diese positive Konnotation ist eine erste unerwartete Intervention in die »Spieldynamik« des Familiensystems, weil gestörte (und wohl auch »gesunde«) Familien dazu neigen, sich gegenseitig mit stereotypen Etikettierungen wie »böse«, »verrückt«, »krank«, »schwach«, »unfähig« etc. zu behaften. Durch die positive Konnotation ist dieses Trennmuster zwischen guten und schlechten Familienmitgliedern fürs erste außer Kraft gesetzt und der Therapeut hat damit die Möglichkeit, vom gesamten Familiensystem als »überparteilich« akzeptiert zu werden.

Die positive Konnotation ist ein therapeutisches Instrument, das eine Möglichkeit bietet, durch ein Gegenparadoxon die Paradoxa der Familiendynamik zu unterbrechen. Eine aus der positiven Konnotation abgeleitete Interventionsform, die in dieselbe Richtung zielt ist die sogenannte »paradoxe Intervention«. Dabei bestätigt der Therapeut das Verhalten eines Systemmitglieds, obwohl dieses ganz offensichtlich die Problematik des Systems wesentlich determiniert. Diese Interventionsform muss allerdings sehr situativ passend und authentisch angewandt werden und muss jede zynische Attitüde vermeiden. Dann kann dieses Gegenparadoxon durch ähnliche Wirkungsformen wie die positive Konnotation überraschende Entwicklungen zur Folge haben.

Zirkuläres Fragen

Das Zirkuläre Fragen ist eine Methode, die sich an Batesons Aussage »Information ist ein Unterschied« oder auch an Spencer Browns »Draw a distinction« anschließt.

Dabei geht es darum, Fragen zu stellen, die einen Unterschied ansprechen oder eine Beziehung definieren. Dasselbe gilt auch für Fragen die sich mit dem Vorher und Nachher befassen. Diese Fragetechnik eröffnet eine andere Qualität der therapeutischen Kommunikation, weil sie die Zirkularität der Systeminteraktionen zum Thema macht und damit ein Innehalten provoziert, das abseits der gewohnten stereotypen Kommunikationsautomatismen neue Denkrichtungen ermöglicht. Eine weitere Variante des zirkulären Fragens ist es, Familienmitglieder über ihre Vermutung oder Meinung zur Beziehung eines anderen Familienmitgliedes zu einem dritten Familienmitglied zu befragen.

> »Die zirkuläre Fragetechnik dient jedoch nicht nur der rasch erzielten und vielfältigen Informationsgewinnung, sie zeigt sich auch als wirksames therapeutisches Instrument: Allein dadurch, dass ständig neue Perspektiven eingeführt werden, lassen sich wesentliche pathogene Aspekte der familiären Epistemologie in Frage stellen. Dabei verhindert die indirekte Form der Informationsgewinnung mögliche Widerstände und Solidarisierungen gegen den Therapeuten« (Simon/Stierlin 1992, S. 392).

Zirkuläres Fragen ermöglicht somit den Zugang zur Komplexität und Zirkularität der »Spielregeln« und Gesetzmäßigkeiten in einem sozialen System – ob Familie, Team oder Organisation. Die Übertragbarkeit dieser Vorgehensweise für OE und Organisationsberatung drängt sich – auch nach vielfältigen eigenen Erfahrung – geradezu auf.

Die Technik des zirkulären Fragens gestaltet dabei Kommunikation vor allem als Metakommunikation, das heißt, es wird über die Familiensituation, über das Verhalten anderer, über Phantasien und Ängste gesprochen. Und diese Kommunikation über Kommunikationsformen unterstützt Schritte zur Selbstaufklärung des Systems. Diese Form des Zugangs des Systems zu seiner eigenen »pathologischen« Problematik ist meines Erachtens eine sehr geeignete Möglichkeit, die ungeschriebenen »Systemspielregeln«, Verhaltens- und Kommunikations-»Rituale« transparent zu machen und deren Funktion kritisch zu reflektieren.

Hypothetisieren

»Bewusste oder unbewusste Hypothesenbildungen liegen letztlich jeglicher Handlung, also auch jeglicher therapeutischen Intervention zugrunde. Die – stets neu zu leistende – Bildung einer »zirkulären« Hypothese zeigt sich jedoch als besonderes Merkmal einer systemischen Familientherapie« (Simon/Stierlin, 1992, S. 151).

In ihrem Aufsatz »Hypothetisieren – Zirkularität – Neutralität« (Selvini Palazzoli et al., 1981) beschreibt die Mailänder Gruppe die Art der systemischen Hypothesenbildung. Selvini und ihre Kollegen gehen davon aus, dass eine Hypothese zirkulär sein und ein Bezugssystem haben müsse. Das heißt, die Hypothese muss alle verwirrenden Daten, die mit dem Symptom verbunden sind, ordnen und so Sinn in den Beziehungskontext der Familie bringen (Selvini Palazzoli et al., 1981, S. 123 ff.). Die (zirkuläre) Hypothese ist somit der Ausgangspunkt jeder systemtherapeutischen Intervention, muss aber permanent auf ihre Stichhaltigkeit überprüft werden.

Auf die Frage, wann denn eine Hypothese falsifiziert ist oder wie hartnäckig der Berater die Hypothese durch immer neue Interventionen verfolgen soll und wann es notwendig ist, neue Hypothesen zu generieren, eben auf die Frage nach der konkreten methodischen Gestaltung der Arbeit mit Hypothesen im Beratungsprozess, hat der Mailänder Familientherapeut Luigi Boscolo folgende tiefsinnige Antwort gegeben: »Flirte mit deinen Hypothesen aber heirate sie nie!« (Persönliche Mitteilung von L. Boscolo, 1995).

Neutralität

Eine weitere wesentliche Eigenart der systemischen Beratung ist die Betonung der Neutralität des Therapeuten. Dies bedeutet vor allem die Fähigkeit, Bündnisse mit Systemmitgliedern zu vermeiden, keine moralischen Werturteile zu machen und Fallen und Verwicklungen mit dem (Familien-) System zu entgehen. Dieser Arbeitsprämisse liegt die Erkenntnis zugrunde, dass der Therapeut »nur in dem Maße wirksam sein [kann], wie er in der Lage ist, eine andere Ebene [Metaebene] von der Familie zu erreichen und zu erhalten« (Selvini Palazzoli et al., 1981, S. 130).

Die Mailänder Gruppe um Mara Selvini Palazzoli hat die Entdeckungen von Gregory Bateson und die Erkenntnisse der Kommunikationstheorie von Paul Watzlawick zu einer stringenten therapeutischen Theorie und Praxis weiterentwickelt. Ihre Arbeitsprämissen, positive Konnotation, zirkuläres Fragen und Neutralität des Beraters sind logische Folgerungen der Kybernetik und der Systemtheorie und bieten ein neues und originelles Therapiemodell, das vor allem der Interdependenz des sozialen Kontextes eines »pathologischen« Symptomträgers wesentliches Augenmerk schenkt und damit klassische kausale – meist individuumzentrierte – Problemdiagnose zugunsten einer differenzierten zirkulären Systemdiagnose aufgibt. Vor allem diese grundlegende Perspektivverschiebung vom Einzelnen zum System hat für die OE eine weitreichende Bedeutung.[26]

Der nächste Abschnitt beschreibt noch einmal die wichtigsten deutschsprachigen Vertreter von systemischen Therapie und Beratung – der sogenannten Heidelberger Gruppe.

Die Heidelberger Gruppe

Die deutschsprachigen Vertreter der systemischen Familientherapie – bereits mehrfach genannt – waren eine Gruppe von Therapeuten und Beratern, die sich an der Abteilung »Psychoanalytische Grundlagenforschung und Familientherapie« an der Universität Heidelberg um Professor Helm Stierlin begründete.[27] Nach der Emeritierung von Stierlin 1991 wurde das Institut nach heftigen hochschulpolitischen Auseinandersetzungen geschlossen. Danach schlossen sich die Mitglieder der Gruppe zu einem privaten Forschungs-, Ausbildungs- und Therapiezentrum zusammen, das als »Heidelberger Institut für Systemische Forschung, Therapie und Beratung« zusammen mit dem zum Institut gehörenden Carl-Auer Verlag inzwischen eine bedeutende Rolle bei der Weiterentwicklung systemischer Beratungsansätze und der Professionalisierung von systemischen Beratern spielt.

Die Heidelberger Gruppe oder »Neue Heidelberger Schule«, wie sich die Gruppe selbst nannte (Retzer/Simon, 1995, S. 31), ist vor allem mit dem Namen ihres Begründers verbunden: Helm Stierlin. Stierlin, studierter Philosoph und Psychiater, verließ 1955 nach seiner Analytikerausbildung bei Fritz Riemann in München die Bundesrepublik, um für fast zwanzig Jahre in den USA zu arbeiten. Stierlin arbeitete dort an unterschiedlichen Krankenhäusern und Forschungseinrichtungen, zuletzt als Leiter einer Sektion für Familienstudien bei Psychosekranken am National Institute of Mental Health in der Nähe von Washington D. C. 1974 wurde Helm Stierlin zum Professor und Leiter der Abteilung für Psychoanalytische Grundlagenforschung an die Universität Heidelberg berufen. Schon bald nach seiner Rückkehr aus den USA nach Heidelberg und der Gründung der Abteilung war der Einfluss von Helm Stierlin auf die Familientherapie im deutschsprachigen Raum und international sehr groß (Schmidt 1991, S. 145).

Stierlin pflegte auch enge Kontakte zur Mailänder Gruppe um Mara Selvini Palazzoli, mit der ein reger Austausch stattfand. Dies führte dazu, dass die ursprünglichen Heidelberger Konzepte durch eine systemische Ausrichtung abgelöst wurden. Den Einfluss der Mailänder Gruppe auf das Stierlin-Team beschreibt der Stierlin-Schüler Gunther Schmidt: »Von Anfang an waren die international führenden Vertreter der diversen Familienthe-

---

26 In ihrem Buch »Hinter den Kulissen einer Organisation« (1985) hat sich Mara Selvini Palazzoli zusammen mit einigen Kollegen direkt mit »klinischen Fallgeschichten« in Organisationen befasst und dabei die Erfahrungen mit den methodischen Ansätzen der systemischen Familientherapie im Zusammenhang mit Organisationen beschrieben.

27 Zum engeren Kreis dieser Gruppe zählten: Gunther Schmidt, Ingeborg Rücker-Embden-Jonasch, Fritz Simon, Bernhard Trenkle, Hans Rudi Fischer, Arnold Retzer, Gunthard Weber, Peter Gester und Jochen Schweitzer.

rapierichtungen häufig zu Gast. Manche ihrer Konzepte waren verführerischer als andere. Als Stierlin 1977 seine seit längerem bestehenden guten Beziehungen zu Mara Selvini dazu nutzte, sie zusammen mit L. Boscolo, G. Cecchin und G. Prata zu uns einzuladen, war dies mehr als eine der üblichen Veranstaltungen. Neben der Brillanz der vorgetragenen Konzepte faszinierte uns vor allem die farbige Dynamik im Team der Mailänder. Sie machten den Eindruck künstlerisch eleganter Jongleure oder Magier, die ihr gemeinsames Feuerwerk auch noch selbst genießen. Den leidorientierten ›Empathikern‹ gab dies zu denken, und viele ihrer bisherigen Arbeitsweisen wurden grundsätzlicher hinterfragt als bisher, auch von Stierlin selbst. 1978 nahmen G. Weber und M. Wirsching an einer Konferenz in England teil, bei der sie näher mit G. Cecchin und L. Boscolo in Kontakt kamen. Dies stärkte bei uns die Tendenz, das Mailänder Konzept zuhause systematischer auszuprobieren und auf die relevanten Kontextbedingungen abzustimmen. Das Mailänder Modell wurde dadurch über längere Zeit unsere Orientierungsbasis in Therapie und Forschung« (Schmidt 1991, S. 148 f.).

Schmidt schildert die Motive für die Rezeption des Mailänder Modells durchaus selbstkritisch, aber auch als notwendigen Abschied von einem dysfunktionalen »Helfer«-Ethos der Therapeuten in den 1970er Jahren. So ist es – so Gunther Schmidt – »keineswegs nur durch die Überzeugungskraft des sachlich-wissenschaftlichen Fortschritts zu erklären, dass das Mailänder Modell für uns attraktiver war als alle anderen uns bekannten Konzepte. Es machte einfach auch mehr Spaß. Die ehrfurchtsvolle-empathische Haltung dem Leid und der vermuteten großen Verletzlichkeit der Klienten gegenüber wirkte oft wie eine bleischwer erlebte Hypnose auf die Therapeut(inn)en. Es war daher eine wahre Wohltat, auch mal in einer relativ neutralen Metaposition bleiben zu können, die Patienten nicht mehr nur als gestört und fragil anzusehen und ihre Symptome als Ausdruck aktiven Handelns in Beziehungen zu bewerten. So konnten wir ihre Eigenverantwortlichkeit ansprechen und kamen so aus einer einseitigen Retter- oder Helferposition heraus« (Schmidt, 1991, S. 150).

Die Veränderungen von der psychoanalytisch geprägten Therapie hin zu einer systemischen Familientherapie waren umfassend (► Abb. 25).

Doch die Adaption des Mailänder Modells geriet bald an Grenzen. Ab 1983 entwickelte sich die Arbeit des Heidelberger Teams zunehmend eigenständig und mit anderen Setzungen als die Kollegen in Mailand. Dazu Gunther Schmidt: »Heute nutzen wir zwar immer noch das wertvolle Instrument des zirkulären Fragens, bieten Schlussinterventionen an und erfragen Interaktionssequenzen, die im Zusammenhang mit den Symptomen stehen. Aber die Familiendynamik ist oft weniger wichtig als die Dynamik des Therapiesystems, d. h. des Kontextes, in den Therapeuten, Überweiser, andere Institutionen und wichtige Abwesende einbezogen sind. Unsere Arbeit baut zunehmend auf Prämissen auf, die sich aus der Theorie selbstorganisierender Systeme (Maturana/Varela, 1984), aus konstruktivistischen Konzepten (z. B. v. Foerster, 1985, Glasersfeld, 1985), der sog. Kybernetik der Kybernetik (Keeney, 1982), aber auch der Chaostheorie (Simon, 1990) ableiten« (Schmidt, 1991, S. 149 f.).

Für die Theorie und Praxis der systemischen Therapie haben diese systemtheoretischen Konzepte, die ich bereits weiter oben in dieser Arbeit skizziert habe, eine weitreichende Konsequenz. Dazu Gunther Schmidt:

Wesensmerkmale der Systemischen Familientherapie im Unterschied zu »klassischen« psychoanalytischen Therapieansätzen
• Wesentlich sind Organisationsmuster eines Systems, an deren Wechselspiel alle System-Mitglieder beteiligt sind. Wichtig ist es für den Therapeuten, die »Spiele« im System zu identifizieren. • Die gegenwärtige Organisation des Familiensystems ist wichtiger als dessen Geschichte. • Die Durcharbeitung unbewältigter Konflikte wird als unnötig und häufig als hinderlich angesehen. • Wichtigstes Therapieziel: Das symptomstabilisierende Muster der Familie zu unterbrechen. • Statt der Idee des stetigen Wachstums durch Bearbeitung verdeckter Konflikte geht es um Veränderungen im Sinne diskontinuierlicher Sprünge. • Statt Allparteilichkeit (Boszormenyi-Nagy) des Therapeuten wird die Neutralität des Therapeuten betont. • Positive Umdeutungen der Beiträge der Familienmitglieder statt empathischem Spiegeln. • Rituelle Verschreibungen an die Familienmitglieder am Ende jeder Therapiesitzung.

Abb. 25: Einige Wesensmerkmale der systemischen Familientherapie im Unterschied zu »klassischen« psychoanalytischen Therapieansätzen (Schmidt., 1991, S. 149 f.)

»Wir haben die Ideenwelt verlassen, in der sich Aussagen über die Familie machen lassen, wie sie ›wirklich ist‹, oder welche Spiele sie ›tatsächlich‹ spielt. Das von uns konstruierte Bild zeigt nur, was wir im Kontext, in dem wir die Familie sehen, von der angebotenen Information selektiv wahrnehmen (wobei dieser Kontext uns und die Familie beeinflusst) […] Je nachdem wie wir den Kontext mit der Familie gestalten, ›ist‹ diese auch anders. Tun wir z. B. so, als habe das Symptom eine Funktion, d. h., dass die Familie es braucht, dann zeigt sich die Familie meist mehr von ihrer Problem- und Defizitseite. Richten wir hingegen gemeinsam die Aufmerksamkeit auf vorhandene Kompetenzen und Situationen, in denen die Probleme einmal weniger oder gar nicht auftreten, dann erleben wir plötzlich sehr kompetente Klienten. Je weniger über die Probleme geredet wird, desto besser ist das für die Lösung. […] Die Klienten erkennen wir als die Autoritäten an, die bestimmen, was die richtige und passende Lösung ist. Wir billigen ihnen, nicht uns die Diagnosemacht zu – jedenfalls in Therapien. […] Wir sind daran interessiert, wie wir mit den Klienten zusammen am wirksamsten Kontexte und Realitäten konstruieren können, in denen sie sich als lösungsfähig und kompetent erleben« (Schmidt, 1991, S. 150 f.).

Zu einer Weiterentwicklung der systemischen Ansätze der Heidelberger Gruppe haben auch noch andere Therapiekonzepte beigetragen, die insbesondere ein ressourcen- und lösungsorientiertes therapeutisches Vorgehen betonen. Zu nennen sind hier die Therapieansätze von Steve DeShazer (Shazer/Stopfel, 2014) – Begründer der lösungsorientierten Kurzzeittherapie[28] – und Milton Erickson mit seinem hypnotherapeutischen Konzept.[29] Der therapeutische Grundzug der Heidelberger Gruppe ist demgemäß primär zukunftsorientiert, die Vergangenheit ist nur dort wichtig, wo sie »Ressourcenerlebnisse« enthält. Ebenso verhält es sich mit traumatischen Erlebnissen, die vor allem darauf hin betrachtet werden, wo sie von den Klienten als Lernchancen benutzt werden können. Das klassische Modell der Psychoanalyse, die Fokussierung auf traumatische Vergangenheitserlebnisse weicht also einem nahezu entgegengesetzten Ansatz, der statt auf die traumatischen Defizite der Vergangenheit auf mögliche Lösungsformen in der Zukunft abhebt, ohne – und auch dies ist wichtig – die seelischen Verletzungen des Individuums zu ignorieren, allerdings mit der deutlichen Prämisse, nicht durch eine langwierige Konzentration auf das Problem zu therapieren, sondern durch die gemeinsame therapeutische Arbeit neue Lösungen und Handlungsoptionen für den Klienten zu eröffnen.

Die Grundhaltung in der therapeutischen Beziehung nach dem Heidelberger Modell beschreibt Gunther Schmidt so: »Die beste Kooperation für die Ziele der Klienten ergibt sich aus einer weitestgehend gleichrangigen Beziehung aus uns und ihnen. Wir verstehen uns also nicht mehr als übergeordnete Experten für Gesundheit oder optimale Kommunikation, sondern eher als Reisebegleiter für Menschen, die durch unsere Fragen wieder an ihre eigene Kompetenz erinnert werden. Klienten sind also eher Ko-Therapeuten ihrer eigenen Therapie [und so wird] die Beziehung zwischen Therapeut(inn)en und Klienten immer konsequenter von komplementär-hierarchischen Experten oben / Patienten unten-Beziehungen zu Mustern gleichrangiger Kooperation und Selbstverantwortlichkeit transformiert« (Schmidt, 1991, S. 152).

In seinem Buch »Das Tun des Einen ist das Tun des Andern« interpretiert Helm Stierlin (1971) aus Hegels »Phänomenologie des Geistes« das Kapitel über Herrschaft und Knechtschaft als Theorie der Intersubjektivität. »Damit verdichtet er Hegels Theorie an diesem Punkt auf das für die familientherapeutische Theorie relevante: Die Dialektik der Beziehung. So hat er den auf das Individuum gerichteten Fokus – wie ihn beispiels-

---

28 Ein therapeutisches Verfahren, das maßgeblich von dem nordamerikanischen Familientherapeuten Steve de Shazer entwickelt wurde und sich aus der »konsequenten Anwendung systemtheoretischer Konzepte ergibt: Erkenntnisse über den Wandel zweiter Ordnung erweisen, dass sich die Struktur eines Systems sprunghaft und diskontinuierlich verändern kann. Kurztherapeutische Verfahren zielen darauf ab, Blockaden in der Entwicklung und Anpassungsfähigkeit familiärer Systeme zu beseitigen […] und innerfamiliäre Potentiale der Selbstorganisation zu verwirklichen« (Simon et al., 2004, S. 206 ff.).

29 Die von dem nordamerikanischen Hypnotherapeuten Milton H. Erickson (Erickson et al., 1978 und 1981) entwickelte direktive Therapieform arbeitet nach der Grundlage einer strikt komplementären Beziehung zwischen Therapeut und Klient. Der Hypnotherapeut induziert im Klienten einen Trancezustand und bringt ihn dazu, seine eigenen kreativen Problemlösungsressourcen zu nutzen. Die hypnotherapeutische Methode zielt vor allem darauf ab, eine komplementäre Beziehung aufzubauen und zu festigen, indem sie den Widerstand des Klienten unterläuft. Innerhalb einer solchen Beziehung ist es dann möglich, Suggestionen zu geben, die die bisherigen pathologischen Verhaltens- und Interpretationsmuster des Klienten verändern.

weise die Psychoanalyse favorisiert – verändert und erweitert: Das was zwischen den an einer Interaktion beteiligten Subjekten liegt, tritt in den Blickpunkt und deren Bewegung über die Zeit« (Retzer/Fischer, 1991, S. 136 f.). Stierlin schreibt: »Die Bewegung der Beziehung lässt sich nach Hegel als eine Bewegung des gegenseitigen Anerkennens verstehen. Ich bestätige mich im anderen und der andere wird in mir bestätigt. Das vollzieht sich in komplexen Verdopplungsprozessen des Selbstbewusstseins, durch die ich mich, mich selbst verlierend, im anderen gewinne. Wenn ich in mich selbst zurückkehre, bin ich verändert und die Beziehung hat eine andere Basis gewonnen. Dasselbe passiert dem anderen in der Beziehung zu mir« (Stierlin, 1971, S. 39).

Insgesamt halte ich die systemische Familientherapie sowohl in ihren Beiträgen für die Theorieentwicklung der psychosozialen Arbeit als auch in ihren praktisch-methodischen Entwicklungen für eine innovative und kreative Konzeption, die weitreichende Impulse für die therapeutische Beratungsarbeit aber auch insbesondere für die konzeptionelle Weiterentwicklung der OE beigesteuert hat.

Systemische OE

Die methodische Nähe der systemischen Familientherapie zur OE liegt schon im Arbeitsgegenstand begründet. Familien sind soziale Systeme. Und die systemischen Therapeuten betonen eben diesen systemisch-zirkulären Aspekt des Sozialsystems »Familie«. Und Organisationen sind ebenfalls soziale Systeme, zwar meist etwas größere Systeme als Familien, aber nicht zu Unrecht haben Organisationsforscher schon früh die Parallelen der in Familien beobachteten Kommunikations- und Interaktionsmuster und denen in Organisationen bemerkt. Die Mechanismen, Rituale, Spiele, Regeln, Etikettierungen, Sanktionen etc. entstammen denselben sozialen Grundprinzipien. Aus diesem Grund ist eine Rezeption der Ergebnisse der systemischen Familientherapie für die OE evident. Nicht zuletzt haben bedeutende Familientherapeuten selbst diese Parallele bereits offensiv bearbeitet. So hat Mara Selvini Palazzoli in ihrem Buch »Hinter den Kulissen der Organisation« einen ausgesprochen klugen Abgleich ihrer organisationspsychologischen Erfahrungen im Abgleich mit ihrer familientherapeutischen Arbeit vorgelegt.(Selvini Palazzoli, 1995).

Vor diesem Hintergrund ist es verständlich, dass sich die systemische Organisationsberatung seit gut zwei Jahrzehnten in ihrer professionellen Ausrichtung auf diesen Theoriehintergrund stützt (Wimmer, 2009, S. 215). Dabei hat sich in der Entwicklung dieses Beratungsansatzes gezeigt, »dass eine theoriegeleitete Praxis in der Auseinandersetzung mit schwierigen Organisationsproblemen durchaus einen nachvollziehbaren Nutzen sowohl für die Klienten wie für die Berater und Beraterinnen stiften kann« (Wimmer, 2009, S. 215). Mit der systemischen Organisationsberatung ist damit ein professionelles Feld entstanden, das für die Reflexion und Begründung des eigenen Tuns auf die sich immer weiter entfaltende Theorieentwicklung in der neueren Systemtheorie zurückgreift und diese Entwicklung durch die eigenen praktischen Erfahrungen anreichert. Dabei spielt das Wechselspiel von wissenschaftlicher Grundlagenarbeit einerseits und der Entwicklung eines praxistauglichen professionellen Selbstverständnisses von

Organisationsberatung eine große Rolle – und hier ist vor allem der Theoriehintergrund der systemischen Familientherapie zu nennen (Wimmer, 2009, S. 215).

Allerdings ist bei aller Parallelität der sozialpsychologischen Dynamiken bei Familien und Organisationen doch zu berücksichtigen, dass die Ergebnisse der familientherapeutischen Forschungsergebnisse auf Organisationen nicht ohne weiteres eins zu eins übertragen werden können. Die grundlegenden familialen Beziehungsdispositionen sind in ihrer emotionalen Dimension und ihren informellen Transaktionsmustern deutlich anders determiniert als die durch Hierarchie, Bürokratie und Strategie geprägte »soziale Welt« einer Organisation (vgl. McKenna/Wright, 1992, S. 946). Die Erkenntnisse der systemischen Familienforschung bezogen auf die Interaktionen im Gefüge eines sozialen Systems und die daraus resultierenden theoretischen und methodischen Konsequenzen für die Beobachtung, Diagnose und beratende Interventionen solcher Systeme sind nach meinen eigenen wissenschaftlichen Erkenntnissen wie auch meiner langjährigen praktischen Beratungserfahrungen zweifellos in hohem Maße geeignet, auch die sozialen Dynamiken, Gesetzmäßigkeiten und Verhaltensmuster komplexerer Systeme – wie eben Organisationen – angemessen zu erfassen.

Im folgenden Abschnitt wird der Ansatz einer systemischen Organisationsberatung über die Arbeiten von zwei OE-Wissenschaftlern/OE-Beratern exemplarisch vorgestellt, die die Entwicklung einer systemischen Organisationsberatung maßgeblich geprägt haben. Zum einen ist dies Fritz Simon, der – wie bereits mehrfach erwähnt – als Therapeut und Beratungstheoretiker zum Kreis des »Heidelberger Institutes für Systemische Forschung, Therapie und Beratung« gehörte. Der zweite Forscher, der als weiterer zentraler Protagonist der systemischen OE hier vorgestellt werden soll, ist Rudolf Wimmer, Professor für Führung und Organisation an der Universität Witten/Herdecke.

Fritz Simon

Simon studierte Medizin und Soziologie und machte zudem eine Ausbildung zum Psychiater und Psychoanalytiker. Von 1982 bis 1989 war er leitender Oberarzt der Abteilung für psychoanalytische Grundlagenforschung und Familientherapie der Universität Heidelberg. Er gründete 1983 die Internationale Gesellschaft für systemische Therapie (IGST). Im Jahr 1989 gehörte Simon zu den zehn Gründern des Carl-Auer Verlages in Heidelberg. 1990 war er am Aufbau des Heidelberger Instituts für systemische Forschung, Therapie und Beratung beteiligt. Von 1999 bis 2004 war Fritz Simon Professor für Führung und Organisation am Wittener Institut für Familienunternehmen der wirtschaftswissenschaftlichen Fakultät der Universität Witten/Herdecke. Seit 2004 ist er dort weiterhin als außerplanmäßiger Professor assoziiert. Fritz Simon lebt und arbeitet als Organisationsberater in Berlin.

Fritz Simon gilt heute neben Helm Stierlin als *der* Theoretiker der deutschsprachigen Konzeption der systemischen Familientherapie (Simon, 1988a, 1988b, 1988c, 1990a, 1990b, 1995; Simon/Janes, 1992; Simon, 1993, 2004, 2008, 2010, 2012a, 2012b, 2013a, 2013b, 2014a, 2014b, 2015a, 2015b, 2015c; Simon et al., 2000; Simon/Rech-Simon, 2015; Weber et al., 2013). Vor allem seine beiden Theoriebände »Unterschiede die Unterschiede machen. Klinische Epistemologie: Grundlage einer systemischen Psychiatrie und Psychosomatik« (Simon, 1999) und »Die andere Seite der Gesundheit. Ansätze einer systemischen Krankheits- und Therapietheorie« (Simon, 2012a) haben als Grundlegung einer Theorie von systemischer Therapie und Beratung Beachtung gefunden.

Simon beschreibt die Schwierigkeiten der Übertragung des familientherapeutischen Konstrukts auf die Realität von Management und Beratung von Organisationen folgendermaßen:

> »Versucht man systemtheoretische und kybernetische Konzepte für die Alltagspraxis der Unternehmensführung und/oder -beratung nutzbar zu machen, so stößt man zunächst auf dieselben Schwierigkeiten wie bei der Anwendung anderer […] wissenschaftlicher Theorien. Denn nicht nur die Erkenntnisinteressen, sondern auch die -methoden unterscheiden sich prinzipiell von denen des Praktikers« (Simon, 1990, S. 186).

Das besondere Dilemma der Sozialwissenschaften, die mit ihren Forschungsmethoden gern von naturwissenschaftlichen Positivisten als »weiche« Wissenschaften diskreditiert werden, hat Heinz von Foerster treffend beschrieben: »Die ›hard sciences‹ sind erfolgreich, weil sie sich mit den ›soft problems‹ beschäftigen; die ›soft sciences‹ haben zu kämpfen, denn sie haben es mit den ›hard problems‹ zu tun« (v. Foerster, 1972, S. 17). Aber genau in diesem Dilemma liegen die Parallelen zu Management und Organisationsberatung. Zwar versuchen viele Unternehmensberatungskonzepte – wie bereits oben mehrfach beschrieben – die Entwicklung eines Unternehmens durch Reduktion der zirkulären Vielfalt auf eine technokratische steuerbare triviale mechanistische »Einfalt« handhabbar zu machen, doch werden auch bei aller Verführbarkeit solcher simplifizierenden Machermodelle in den Leitungsetagen der Organisationen zunehmend die Begrenztheit und Dysfunktionalität solcher Ansätze erkannt. Und hier gibt es dann interessante Parallelen zwischen den »weichen« Sozialwissenschaften und dem Management und der Beratung von Organisationen: Beide haben es mit den im Foersterschen Sinne »harten« Problemen zu tun, die eben mehr sind als die »harten Fakten«, wie Technik, Struktur und Ökonomie einer Organisation. Die harten Probleme liegen in der zirkulären Verknüpfung von Technik, Ökonomie und den die Organisationsprozesse gestaltenden Menschen. Und die Komplexität dieser Interdependenzen sprengt jeden technoiden OE-Ansatz: Hier geht es z. B. um Motivation, Loyalität, Engagement, Identifikation mit der Organisation, es geht um Krankenstand, Fluktuation, Führungsstile, Kommunikations- und Konfliktkultur etc. Dies sind bei näherer Betrachtung die meisten und für den Erfolg einer Organisation entscheidenden Bereiche. Hier beginnt die Nützlichkeit systemischer Konzepte für den Praktiker:

> »da sie es ihm erlauben, die Innen- und Außenperspektive der Beobachtung so zueinander in Beziehung zu setzen, dass er Folgerungen für seine Entscheidungen ziehen kann. Er kann ein Modell seiner (Unternehmens-)Wirklichkeit konstruieren, in dem nicht nur seine eigene Wirklichkeitskonstruktion (selbstbezüglich) vor-

> kommt, sondern auch die seiner Mitarbeiter. Die stillschweigenden (rationalen und irrationalen) Voraunnahmen, die sein Handeln und das der anderen Beteiligten leiten, können dadurch in Frage gestellt und ihre Nützlichkeit überprüft werden« (Simon, 2004, S. 188).

Damit ist aus Simons Sicht der systemische Ansatz sowohl für Manager als auch für Organisationsberater ein hilfreiches Konzept zur Diagnose, zur Beratung und zum Management von OE-Prozessen. Diese Einschätzung passt auch zu den – bereits mehrfach erwähnten – Postulaten der Protagonisten des St. Galler Management-Modells (Ulrich/Probst, 1990; Probst/Gomez, 1989; Wunderer/Kuhn, 1993; Rüegg-Stürm, 1998; Rüegg-Stürm, 2003) – ich habe darauf bereits weiter oben hingewiesen.

Für die Organisationsberatung sieht Simon den Nutzen der Systemtheorie vor allem in einer Rezeption der Theoreme über Rolle und Wahrnehmung des System-Beobachters sowie der Erkenntnis der zirkulären Interdependenzen in einem sozialen System, weil »unser alltägliches geradliniges Ursache-Wirkungs-Denken, in dem wir stillschweigend voraussetzen, dass wir es mit Objekten zu tun hätten, die unabhängig von unseren Handlungen seien, wie sie sind, macht es uns schwer, derartige Vernetzungen und Rückkopplungen zu erfassen [...]. Der Sinn oder Unsinn von Entscheidungen und Handlungen (auch der ökonomischen) ist eben stets von dem interaktionellen Kontext bestimmt in dem sie erfolgen – und er ist aus der Innenperspektive nur begrenzt erfassbar« (Simon, 1990, S. 189). Daraus ergibt sich auch eine theoretische Begründung für die Rolle und die Aufgabe eines externen Organisationsberaters:

> »Aus systemischer Sicht ist die Einführung von Außenbeobachtungen eine der wesentlichen Funktionen, die eine externe Beratung im Unternehmens- und Institutionsbereich leisten kann. Es ist eine Form der Beratung, die keine Verantwortung für systeminterne Entscheidungen übernimmt, sondern lediglich die solchen Entscheidungen zugrundeliegenden Voraunnahmen und Wirkungen verdeutlicht und dadurch die Möglichkeit, nach alternativen Optionen, eröffnet« (Simon, 1990, S. 189).

Fritz Simon (2015) hat neben dieser praktischen Begründung einer systemischen Organisationsberatung während der letzten zwei Jahrzehnte maßgeblich die konzeptionelle und methodische Theorie der systemischen OE geprägt (Wimmer, 2009, S. 213).

Rudolf Wimmer

Rudolf Wimmer, Professor für Führung und Organisation an der Universität Witten/Herdecke, wird als weiterer zentraler Protagonist der systemischen OE hier vorgestellt. Wimmer ist zudem Mitgründer und geschäftsführender Gesellschafter der osb Wien Consulting GmbH. Vor dem Hintergrund seiner Lehr-, Forschungs- und Beratungsarbeit hat er eine Vielzahl Publikationen zu zentralen Themen zur Identität und zur

Professionalität von Organisationsberatung auf der Grundlage der soziologischen Systemtheorie verfasst.

Wimmer beschreibt in seinen wissenschaftlichen Arbeiten seit den 1990er Jahren die Entwicklung der Theorie und Praxis einer systemisch orientierten OE (Wimmer, 1990; 1992a, 1992b, 1993a, 1993b, 1995, Königswieser et al., 2009; Wimmer, 1994, 2009; Wimmer et al., 2016; Wimmer et al., 2011). Wimmer hat dabei die Implikationen der Systemtheorie, der Management-Kybernetik und der systemischen Familientherapie für die Organisationsberatung aufgearbeitet und basierend auch auf seinen eigenen Praxiserfahrungen als Organisationsberater die Entwicklung einer Theorie und Praxis der systemischen OE entscheidend mitgeprägt. Sein Ansatz schöpft sowohl aus den gruppendynamischen Organisationskonstrukten als auch aus dem systemtheoretischen Diskurs (Willke, 2000, 2014; Baecker, 1990, 1993, 1994, 2000; Boos/Baecker, 2004).

Da Wimmer Wissenschaftler, Hochschullehrer, Uni-Manager und auch Organisationsberater ist, ist er sowohl vertraut mit dem einschlägigen theoretischen Diskurs, kennt aber auch die Realität der beraterischen und managerialen Praxis.

In einem Aufsatz begründet Wimmer (1992b) die Notwendigkeit einer systemischen Theorie für Planung und Gestaltung organisationsinterner Entwicklungs- und Veränderungsvorhaben: »Wir verfügen über eine mehr oder weniger explizite Theorie unseres professionellen Tuns in Organisationen, erworben durch vielfältige Erfahrungen, bestätigt durch die Art und Weise, wie wir uns Rückmeldungen darüber organisieren, dass dieses Tun erfolgreich anzusehen ist« (Wimmer, 1992b, S. 79 f.). Die theoretische und praktische Fundierung der systemischen Organisationsberatung begründete Wimmer (1993, S. 82) folgendermaßen:

> »Angesichts der Krise der klassischen Organisationsentwicklungskonzepte und angesichts der geringen Praxisrelevanz betriebswirtschaftlicher und organisationstheoretischer Ansätze versprach am Beginn der 1980er Jahre die Begegnung mit dem Theoriegebäude der neueren Systemtheorie und dem, was davon in der systemischen Familientherapie bereits praktisch erprobt worden war, eine neue Orientierung. Die Integration der bisherigen Traditionen der Organisationsentwicklung mit den unterschiedlichen Wurzeln und Entwicklungen systemischen Denkens hat im zurückliegenden Jahrzehnt die Ausprägung einer eigenständigen, systemisch orientierten Beratungsphilosophie entstehen lassen« (Wimmer, 1993, S. 82) dessen »Instrumentarium […] in der Zwischenzeit ein hoch differenziertes in sich kohärentes begriffliches Unterscheidungsvermögen [bietet], das sehr gut in der Lage ist, tradierte Denkweisen über Organisationen in eine abstraktere Theoriearchitektur zu integrieren und gleichzeitig ganz neue Perspektiven auf die heute aktuellen Problemlagen zu eröffnen« (Wimmer 2009; 2015). Dabei »war eine der wichtigsten Erkenntnisse dieser ersten Jahre der Begegnung mit der Systemtheorie, dass für die praktischen Problemstellungen der Entwicklung komplexer Organisationen sowie der Personen in diesen weder eine elaborierte theoretische Basis vorhanden ist noch auf eine erprobte Praxeologie zurückgegriffen werden kann«.

Hinsichtlich der Bedeutung der Systemtheorie für die OE nennt Wimmer zwei Felder, die er mit konkreten Praxisbeispielen und Handlungsempfehlungen belegt. Zum einen die Implikationen der Kybernetik zweiter Ordnung für die OE und zum anderen die Bedeutung des Autopoiesekonzeptes für Arbeit in und Beratung von Organisationen.

Die Bedeutung der Kybernetik zweiter Ordnung für Personal- und OE sieht Wimmer darin, dass sie ein für komplexe Systeme adäquates diagnostisches Modell liefert. Dabei ist die Diagnose, das »Verstehen« einer Organisation ein zentrales Faktum, um die Entwicklungsmöglichkeiten einer Organisation angemessen einschätzen und die entsprechend notwendigen methodischen Vorgehensweisen planen zu können. Wimmer beschreibt dies so:

> »Wenn ich als Spezialist für Entwicklungsprozesse Beobachter beobachte (Organisationen wie Personen sind gleichermaßen beobachtende Systeme), dann frage ich mich, welche Unterscheidungen benutzt der Beobachter und warum, um zu den für ihn handlungsrelevanten Informationen zu kommen. Die Möglichkeiten wie auch die Beschränkungen der Informationsverarbeitung in sozialen Systemen sehen wir in jenen Differenzschemata, die in der internen Kommunikation etwas von etwas Anderem zu unterscheiden erlauben. Die Beschreibung solcher Differenzen ist zugleich eine Beschreibung dessen, was in einem spezifischen sozialen System Gegenstand der Aufmerksamkeit sein kann und was nicht. Differenzen strukturieren und organisieren die Wahrnehmung« (Wimmer, 1993, S. 90).

Eine zweite Konsequenz der Kybernetik zweiter Ordnung für Veränderungs- und Entwicklungsprozesse ist das Postulat, dass jemand, der eine Unterscheidung benutzt, um damit Informationen zu gewinnen, nicht gleichzeitig auf diese Unterscheidung schauen kann. Die Bedeutung dieses Grundsachverhalts für die OE ist von großer Bedeutung, denn:

> »in den alltäglichen Operationen bleiben die verwendeten Unterscheidungen für ihre Benutzer in aller Regel unsichtbar. Sie sind gewissermaßen gar nicht vorhanden, umso mehr steuern sie aber das, was für den einzelnen, für eine Organisation die Wirklichkeit jeweils ist; die Regeln, nach denen ein System sich seine Realität schafft und immer wieder neu reproduziert, sind diesem zumeist nicht unmittelbar zugänglich. Sie sind ein wesentlicher Teil dessen, was man den latenten Bereich einer Organisation nennt. [...] Beobachte ich nun den Beobachter unter der Frage, worauf schaut er, mit Hilfe welcher Unterscheidungen erzeugt er seine handlungsleitenden Informationen, wie erklärt er sich seine Realität, dann kann ich mich auch fragen, was sieht er dabei nicht. Wo liegen seine spezifischen blinden Flecke? Welche Optionen sind durch die Verwendung gerade dieser Unterscheidungen und Erklärungsmuster gegeben, welche sind eben dadurch versperrt? Wie ist die Art, wie man Probleme sieht und definiert, an der Erzeugung und Perpetuierung eben dieser Probleme beteiligt?« (Wimmer, 1993, S. 91). Für einen

> Organisationsberater ist es dabei wichtig, das Augenmerk darauf zu lenken, Fragen über die eigenen Wahrnehmungs- und Handlungsmuster des Systems gemeinsam mit dem System zu bearbeiten, um damit die Fähigkeit zur Selbstbeobachtung zu steigern. Dabei geht es vor allem um das Fragendreieck: Wie beobachtet das System? Welche Verhaltensweisen dominieren? Welche Erklärungsmuster herrschen vor? Und vor allem: Wie stabilisieren sich diese drei Dimensionen wechselseitig? Dabei ist es wichtig zu erkennen und zu verstehen, »mit welcher Brille eine Organisation vornehmlich beobachtet. [...] Ein Wirtschaftsunternehmen schaut auf andere Dinge als eine Universität. Die im Alltag eingespielten Beobachtungsmuster und das, was sie an entscheidungsrelevanten Informationen ermöglichen, sind andererseits auch das Ergebnis der bisherigen Überlebens- und Lerngeschichte der Organisation« (Wimmer, 1993, S. 73).

Die Art und Weise wie eine Organisation ihre Informationen gewinnt und verwertet ist ein wesentliches Faktum für den Berater, denn Systemische Organisationsberatung siedelt die Möglichkeit ihrer Aktivitäten genau an diesen Eigentümlichkeiten der Produktion von Wissen, des Herstellens von Realitätseinschätzungen über sich und die eigene Umwelt an. Der Berater kann sich also darauf konzentrieren, zu beobachten, wie das Klientensystem in dieser Frage beobachtet und zu seinen handlungsleitenden Beobachtungen kommt. Letzteres ist genau die Erkenntnisform der Kybernetik zweiter Ordnung. Dabei muss davon ausgegangen werden, dass eine systemspezifische Blindheit unvermeidlich ist. Aus diesem Grund ist es für systemische Organisationsentwickler wichtig, nicht so sehr darauf zu schauen, was das System als gegeben ansieht (z. B. die Vorstellung von einer Problemlösung), sondern wie das erzeugt wird, was dem Beobachten des Systems als »gegeben« zugrunde gelegt wird. Warum sieht der Klient etwas als problematisch an? Woran zeigt sich das im Alltag? Wer sieht bestimmte Sachverhalte anders und warum? Diese Herangehensweise der Organisationsberatung geht davon aus, dass jedes soziale System sich im Laufe seiner Geschichte seine je eigene Welt konstruiert und deshalb einen sehr limitierten Blick auf sich und seine Umwelt geschaffen hat (Wimmer, 1993, S. 74).

Zur Gewinnung von Informationen über die Art und Weise der Wahrnehmung eines Systems eignet sich das in der systemischen Familientherapie entwickelte Instrument des zirkulären Fragens »Diese Frageform, deren praktische Handhabe einen ziemlich langwierigen professionellen Lernaufwand erfordert, stellt auch für den internen Organisationsberater ein wichtiges Handwerkszeug dar« (Wimmer, 1993, S. 92). Eine besonders gravierende Konsequenz aus der Kybernetik zweiter Ordnung betrifft die Rolle und das Selbstverständnis des Organisationsentwicklers selbst, denn:

> »das Prinzip der spezifischen Blindheit von beobachtenden Systemen trifft natürlich auch für ihn zu. Die wichtigste Prämisse, von der man sich als systemisch denkender Personalentwicklungs- (PE) und Organisationsentwicklungs- (OE) Experte verabschieden muss, ist die Annahme, man könne irgendwelche von den eigenen persön-

lichen Bedingungen der Beobachtung unabhängige Aussagen über das zu entwickelnde System machen, gleichsam objektiv feststellen, was dort der Fall ist und man könne objektiv richtige Interventionen für objektiv richtig festgestellte Probleme entwickeln. Auch der PE- und OE-Experte bekommt nur jene Probleme zu Gesicht, die zu seiner Art, die Welt zu sehen passen. Aber sind das jene Probleme, deren Bearbeitung die Entwicklung des Klientensystems vorantreiben?« (Wimmer, 1993, S. 92).

Aus dieser Tatsache, dass der Organisationsberater die Organisation nicht besser, sondern nur eben anders sieht, leitet Wimmer zwei relevante Postulate für die Arbeit und die professionelle Verantwortung des Beraters ab: Zum einen brauchen OE-Berater eine ständige begleitende Supervision, eine geschützte Gelegenheit, in der die eigene Rolle, die eigenen Beobachtungs- und Interpretationsschemata und die eigenen blinden Flecke konsequent reflektiert werden können. Zum anderen braucht es eine Beratungs- und OE-Theorie, um die eigene Arbeit der OE auch begründen und rechtfertigen zu können. Zudem sieht Wimmer auch eine wesentliche Bedeutung des Autopoiesiskonzeptes für Management und OE in der Möglichkeit einer differenzierten Diagnose der Organisation. Denn »Die Geschichte eines sozialen Systems in seinen jeweiligen Kopplungen mit seinen jeweils relevanten Umwelten eröffnet wichtige Dimensionen für das Verständnis der aktuellen internen Abläufe und Strukturen. Diese können ja als Ergebnis der systeminternen Verarbeitung jener Irritationen angesehen werden, die ein System durch seine Kontrapunkte zulässt« (Wimmer, 1993, S. 96).

Im Sinne des autopoietischen Theorems von der operationellen Geschlossenheit eines Systems ist für einen Berater auch die Frage von großer Bedeutung, welche Möglichkeit der Kopplung an das System es grundsätzlich gibt? Und welche Arbeitsbeziehung ist notwendig, damit der Berater in sinn- und wirkungsvoller Art zu einer »konstruktiven Irritationsquelle« für das System werden kann. Wimmer sieht hier vor allem die Notwendigkeit, einen präzisen und bewusst gestalteten Kontrakt über die Art und Weise der Arbeitsbeziehung zu vereinbaren. Die sorgfältige Gestaltung der Arbeitsbeziehung zwischen OE-Beratern und der zu entwickelnden Organisation zählt für Wimmer deshalb zum zentralen Know-how eines systemischen OE-Beraters (Wimmer, 1993, S. 96). Eine weitere Ableitung aus dem Konzept der Autopoiesis für die OE ist die Frage des Zusammenspiels zwischen Teil und Ganzem, das heißt, in einer Organisation zwischen Systemmitgliedern und/oder Subsystemen und der Gesamtorganisation.

»Die Eigenschaften von Ganzheiten sind eine Funktion der Form, wie jene Elemente und Subeinheiten, die ein System zu seinem Überleben ausgeprägt hat, miteinander verknüpft sind. Die Qualität von hochkomplexen Ganzheiten ergibt sich daher in erster Linie durch die Qualität der internen Vernetzung seiner Teile und weniger durch die Qualität der einzelnen Teile für sich« (Wimmer, 1993, S. 99).

Das bedeutet, dass der Organisationsentwickler immer die Vernetzung des Systems bei seiner Arbeit im Auge behalten muss. Ob er mit Einzelnen, Gruppen oder der Gesamtorganisation arbeitet, immer muss die Interdependenz zwischen diesen Dimensionen angemessen beachtet werden, weil gerade in der Interaktion dieser Dimensionen ein wesentliches Feld seiner Arbeit liegt.

Ziel von OE ist es, in geeigneter Weise Einfluss auf die Entwicklung von Menschen und sozialen Systemen zu nehmen. Als ein Beispiel für die Relevanz der Ergebnisse der neueren Systemtheorie für die OE nennt Wimmer Heinz von Foersters Konzept von der Nichttrivialität lebender Systeme. Wimmer sieht in dem Bild der »trivialen Maschine«, »die in der Praxis wohl am häufigsten anzutreffende Konzeption einer steuernden Einflussnahme auf soziale Systeme. [...] Vereinfacht gesprochen herrscht hier eine Vorstellung vor, man könne das zu steuernde soziale Gebilde (ein Team, eine Abteilung, eine ganze Organisation) so gestalten, dass ein bestimmter Input (z. B. eine Anweisung, eine Personalmaßnahme, eine Umstrukturierungsentscheidung etc.) den beabsichtigten Erfolg (Output) in einem direkten kausalen Wirkungszusammenhang herbeiführt« (Wimmer, 1993, S. 99). Im Sinne der Nichttrivialität lebender Systeme liegt nun die Grundproblematik der Management- und Beraterphilosophie nach dem Modell der Trivialmaschine nach Wimmer darin, dass soziale Systeme nicht in dieser trivialen Weise funktionieren (Wimmer, 1993, S. 99).

Vielmehr sind solche Systemtypen im Sinne der Theorie operationell geschlossener Systeme strukturdeterminierte Ganzheiten mit einer eigenen Systemlogik.

»Solche ›nontrivial systems‹ lassen sich von außen nicht direkt im Sinne eines linear-kausalen Wirkungszusammenhanges beeinflussen; man kann bestenfalls bestimmte Irritationen auslösen, und das, wie man inzwischen weiß, auch nur ausgesprochen selektiv, eben dann, wenn man für das zu beeinflussende System eine relevante Umwelt darstellt, zu der es eine strukturelle Kopplung gibt, die als Eintrittspforte für die notwendigen Irritationen fungieren kann. ›Nichttriviale Maschinen‹ verfügen über eigene systemspezifische Ordnungsleistungen, die für eine bestimmte, von außen nicht erzwingbare Verknüpfung von Inputs und Outputs sorgen. Es ist in der Tat die Eigenlogik des Systems, es sind seine spezifischen, historisch gewachsenen Strukturen, die bestimmen, welche Beeinflussungsversuche von außen intern als Irritationen aufgegriffen und zu Informationen verarbeitet werden und wie aus diesem Material bestimmte ›Outputs‹ zustande kommen« (Wimmer, 1993, S. 100).

Und deshalb besteht die hohe Kunst des systemischen Organisationsberaters, so Wimmer, darin, Wege zu finden, das Organisationssystem durch konstruktive Irritationen so zu beeindrucken, dass die systeminternen Wahrnehmungs-, Interpretations- und Entwicklungsmuster zu einer nützlichen Veränderungsdynamik angeregt werden. Insgesamt unterscheidet Wimmer drei Zielebenen, die die systemische Beratung anvisiert (► Abb. 26). Und diese Ziele lassen sich in einem linearkausalen Wirkmodell von Beratung nicht erreichen.

Ziele systemischer Organisationsberatung

- Die Unterstützung des Klientensystems bei der Erarbeitung jener Informationen über sich selbst und die relevanten Umwelten, die eine angemessene Problemsicht ermöglichen. Eine bestimmte Sicht der Realität ist angemessen, wenn sie ein System in seinem Handeln erfolgreich orientieren kann, wenn sie Erklärungen anbietet, die in seinem spezifischen Kontext Sinn stiften können. Viele Beraterinterventionen zielen deshalb darauf ab, die eingespielten Zuschreibungen und Erklärungsmuster für die eigenen Probleme zu irritieren.
- Auf der Grundlage der gemeinsam mit dem Klientensystem erarbeiteten, veränderten oder erweiterten Problemsicht und der Reflexion der Problemgenese, gilt es in einem Beratungsprozess wiederum gemeinsam mit dem Klientensystem realisierbare Varianten der Transformation dieser Lösungen herauszuarbeiten. Im günstigen Falle entstehen durch einen solchen Beratungsprozess neue Optionen für das Organisationssystem, die bislang nicht zur Verfügung standen.
- Letztlich ist es auch Aufgabe von Beratung, einen organisationsinternen Prozess zu ermöglichen und zu fördern, der das systeminterne Potential für die gewählte Bearbeitungsrichtung mobilisieren hilft und die Problembearbeitungskapazität des Systems insgesamt und dauerhaft erweitert. Denn von Erfolg kann dann gesprochen werden, wenn die bestehenden Problemlösungsroutinen durch neue Verhaltensweisen ersetzt worden sind.

Abb. 26: Ziele der systemischen Organisationsberatung (Wimmer, 1993, S. 80)

Das Besondere an der systemischen Beratungskonzeption ist die Betonung der zirkulären Interdependenzen der Mitglieder eines sozialen Systems und die Fokussierung auf die ungeschriebenen »Spielregeln« im Interaktionsgeflecht des Systems sowie die systemspezifische Blindheit des Systems für diese internen Operationsmechanismen. Damit behaupten die systemischen Berater eben nicht, ein Patentrezept für alle institutionellen Problemkonfigurationen zu besitzen, sondern sie sehen sich als prozessuale Entwicklungsbegleiter, die in kritischer Reflexion der systemspezifischen Blindheit der zu beratenden Organisation *und auch* des Organisationsberaters, einen situativ adäquaten Veränderungsprozess gemeinsam mit dem Klienten entwickeln.

Am Beispiel Interventionen als zentralem Instrumentarium in Veränderungs- und Entwicklungsprozessen beschreibt Wimmer klar die spezifische Haltung der systemischen Beratung und kennzeichnet damit den Unterschied zu klassischen Expertenberatungs- oder OE-Ansätzen (Königswieser et al. 2009). »Betrachtet man die instrumentelle Sicht auf organisationale Veränderung als 1. Modus der Veränderungsgestaltung (*die Annahme* der direkten Wirkung einer Intervention) und die Tradition der OE als 2. Modus der Veränderungsgestaltung (*die Annahme* einer mittelfristigen Wirkung von hierarchieübergreifender Beobachtung und Kommunikation), so kann man ein systemtheoretisch fundiertes Change Management als 3. Modus der Veränderungsgestaltung bezeichnen« (Reith/Wimmer, 2014).

In jüngeren Veröffentlichungen hat Wimmer vor allem die Notwendigkeit eines »dritten Wegs« jenseits von Expertenberatung oder Prozessberatung postuliert (Wimmer et al., 2014; Wimmer et al., 2011; Reith/Wimmer, 2014). Damit greift er ein Thema auf, das die Organisationsberatung seit vielen Jahren beschäftigt und das heute unter dem Begriff der Komplementärberatung (Königswieser, 2013) ein eigenständiges Format darstellt. Wimmer begründet die Notwendigkeit der komplementären Beratung mit dem berechtigten Argument der essentiellen Verzahnung von strukturellen und sozialen Ebenen im Veränderungsprozess, er zitiert dazu Niklas Luhmann, der in seinem Klassiker »Soziale Systeme« schreibt: »Sach-, Zeit- und Sozialdimension können nicht isoliert auftreten. Sie stehen unter Kombinationszwang« (Luhmann, 1984, S. 127).

Wimmers Verdienst ist es, dass er als einer der ersten in den 1990er Jahren die Erkenntnisse der verschiedenen systemtheoretischen Konzepte zu einem Entwurf einer systemischen Organisationsberatung aggregiert hat. Sein Konzept, das seine eigenen theoretischen Untersuchungen wie auch seine praktischen Erfahrungen widerspiegelt, stellt auch heute noch nach meiner Einschätzung den »State of the art« der systemischen OE dar, auch wenn heute eine unüberschaubare Anzahl von systemischen Beratungsformaten auf dem Markt ist (Krizanits, 2009; Ellebracht et al., 2009; Wimmer, 2009). Seine Beiträge umfassen sowohl die »architektonische« Anlage eines Entwicklungsprozesses als auch die konkrete Arbeit mit den Systemmitgliedern. Dabei geht er – im Sinne der systemischen Familientherapie – von einem im Vergleich zu einem klassischen Beraterverständnis völlig anderen Beraterverhalten aus, das sich vor allem durch inhaltliche Neutralität und Prozesskompetenz auszeichnet. Auch ist das von ihm vorgeschlagene Beratungs- und Interventionsinstrumentarium weit entfernt von der Idee einer normativen Aufklärungsabsicht – wie sie die normativ-reedukative Variante der OE noch vertrat. Das Theorem von der »operationellen Geschlossenheit« eines Systems, das Wimmer in Anlehnung an Maturana und Luhmann vertritt und für die Organisationsberatung operationalisiert hat, scheint ein Affront für jeden verhaltenspsychologisch oder aufklärerisch motivierten Organisationsentwickler wie auch für alle »sozialtechnokratischen« Ansätze einer Organisationsrestrukturierung zu sein. In meiner eigenen Beraterarbeit mit Teams und Organisationen habe ich die in Organisationen wirksamen (Eigen-)Dynamiken – manchmal bis zur scheinbar grotesken Irrationalität abgekoppelt von den realen Umweltbedingungen – häufig erlebt. Diese Eigenlogik eines Systems ist nur sehr bedingt »in der Tiefe seiner Kultur-Prämissen« durch Training, Aufklärung oder Appelle zu beeindrucken. Deshalb ist das Postulat der systemischen Organisationsberatung mehr als plausibel, dass der Berater, ausgehend vom Modell der Nichttrivialität lebender Systeme, durch eine sehr differenzierte Diagnose der Wahrnehmungsmuster und Wirklichkeitskonstruktionen einer Organisation eine strukturelle Kopplung mit dem zu beratenden System erreichen sollte, die es ermöglicht, konstruktive Irritationen im System auszulösen, die in einem günstigen Fall Wachstums- und Entwicklungsprozesse befördern und anregen.

Damit möchte ich dieses Kapitel abschließen. Es war meine Absicht, den aktuellen Stand der OE in Theorie und Praxis durch einige, aus meiner Sicht typische, aktuelle Konzepte und deren Vertreter zu skizzieren, und dabei insbesondere auch die praktische und theoretische Weiterentwicklung des von Lewin und seinen Mitarbeitern begründeten OE-Ansatzes nachzuzeichnen und zu beleuchten. Nach meiner Überzeugung bietet heute der systemtheoretische Ansatz die überzeugendsten Beiträge für die Weiterentwicklung der OE, auch wenn dieser Ansatz noch etliche Fragen offen lässt. Aus diesem Grund war es auch mein Anliegen, die vielfältigen Theoriehintergründe, Quellen und prägenden Einflüsse der systemischen OE darzustellen. Nur vor dem Hintergrund der Quellen lassen sich die beraterischen Grundhaltung und das inzwischen sehr umfangreiche Repertoire der Arbeits- und Interventionstechniken der systemischen Organisationsberatung angemessen verstehen.

4 Handwerk

Bei jedem guten Handwerker
stehen praktisches Handeln und Denken
in einem ständigen Dialog.
Durch diesen Dialog
entwickeln sich dauerhafte Gewohnheiten,
und diese Gewohnheiten führen
zu einem ständigen Wechsel
zwischen dem Lösen
und dem Finden von Problemen.

Richard Sennett

4.1 Anlässe für Veränderungs- und Entwicklungsprozesse

Nachdem in den Kapiteln 1 und 2 vor allem und dezidiert die theoretischen Wurzeln und die aktuellen Konzepte der OE beschrieben wurden, werden in diesem Kapitel die praktische Planung, Gestaltung und Steuerung von Veränderungs- und Entwicklungsprojekten dargestellt. Dabei geht es vor allem auch um die Frage, in welcher Schrittfolge welche Aktivitäten zu absolvieren sind. Geht man von den in Kapitel 3 vorgestellten Phasenmodellen aus, kann man zwischen 3, 5 und mehrstufigen Prozessen agieren.

Dass die Welt in permanentem Wandel ist, ist nicht erst seit der Evolutionstheorie bekannt. Heute ist die Formel »nichts ist beständiger als der Wandel« beinahe schon eine sattsam und gebetsmühlenhaft vorgetragene Tautologie. Natürlich wandelt sich die Welt. Und natürlich müssen Organisationen, wenn sie erfolgreich überleben wollen, sich den Veränderungen der Umwelt anpassen (► Abb. 27).

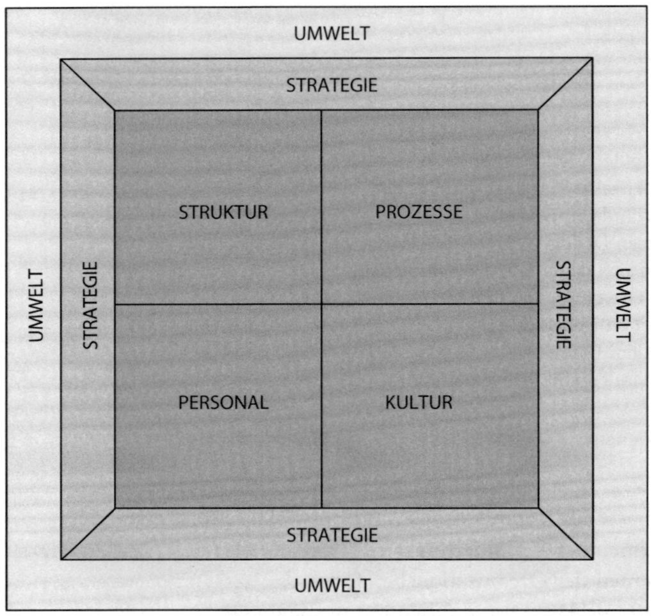

Abb. 27: Umweltbedingungen für Entwicklung

Organisationen agieren in einer Umwelt. Sie haben Kunden, Mitarbeiter, Märkte, Wettbewerber. Es gibt Rahmenbedingungen, die sie entscheidend determinieren: Technologien, politische und rechtlichen Bedingungen etc. Diese Rahmenbedingungen verändern die Umweltsituation einer Organisation permanent. Der Dieselskandal bei Volkswagen 2015 ist dafür ein spektakuläres Beispiel, das die Unternehmenssituation bei VW dramatisch geprägt hat.

Organisationen überleben langfristig jedoch nur, wenn sie sich an die veränderte und sich weiter verändernde Umwelt adäquat anpassen. Von zentraler Bedeutung für den Erfolg und letztendlich das wirtschaftliche Überleben ist deshalb die Entwicklungsfähigkeit der Organisation, um angemessen auf diese Veränderungen reagieren zu können. Dabei geht es um Strukturen, Prozesse, die Mitarbeiter und die Unternehmenskultur (Rüegg-Stürm, 2003, S. 36 ff.). Dazu muss das Management klare Visionen, Ziele und Strategien für eine optimale Anpassung entwerfen und umsetzen. Insgesamt muss die Veränderung durch eine permanente Optimierung der drei organisatorischen Grundprozesse geschehen: Managementprozesse, Geschäftsprozesse und Unterstützungsprozesse. sachen und Anlässe für Veränderungsprozesse sind heute vielfältig: Finanzkrise, Änderung der Marktlage, neue Technologien, neue Geschäftsleitung, globale Projekte,

Wissensmanagement, Veränderungen des Umfelds, Organisationsveränderungen, Fusionen, neue Formen der Arbeitsorganisation etc.

Mit den Veränderungsprozessen reagieren die Unternehmen auf diesen Veränderungsdruck. Eine Studie von Capgemini – ursprünglich aus 2008 (Capgemini, 2015) – beleuchtet die konkreten Anlässe für Veränderungsprojekte (► Abb. 28).

Die häufigsten Anlässe für Change Management

Anlass	%
Restrukturierung/Reorganisation	69
Veränderte Unternehmensstrategie	54
Kostensenkungsprogramme/	33
Mergers & Acquisitions	31
Externe Veränderungen	30
IT-Innovationen	20
Veränderte Marktstrategie	20
Internationalisierung	13
Veränderte Personalkonzepte	12
Technik-Innovationen	7
Veränderte Kundensegmentierung	7

0 20 40 60 80%

Abb. 28: Anlässe für Veränderungsprojekte (Capgemini 2015, S. 21)

Der Anlass für den Start eines Change-Management-Prozesses hat einen direkten Einfluss auf dessen Verlauf, die Herangehensweise, sowie die Relevanz von kritischen Erfolgsfaktoren.

Für Veränderungs- und Entwicklungsprozesse lassen sich grundsätzlich zwei Dimensionen unterscheiden: interner Handlungsdruck oder externer Handlungsdruck (► Abb. 29).

Externe Determinanten

Externe Bestimmgrößen für Veränderungen sind häufig wirtschaftlicher Natur. Änderungen beim Käuferverhalten, bei Wettbewerbsentwicklungen oder auch rechtliche, ökologische oder politische Veränderungen wie z. B. Zölle, Qualitäts- und Umweltansprüche etc. Nach Fahey und Randall lassen sich 6 Umweltdimensionen unterscheiden, die für Organisationen und deren Aktivitäten relevant sind (Fahey/Randall, 1997, S. 193 ff.):

- *Die soziale Umwelt:* Alle messbaren sozialen Fakten wie die Soziodemografie, aber auch eher qualitative Daten zu Lebensstilen oder sozialen Wertvorstellungen.

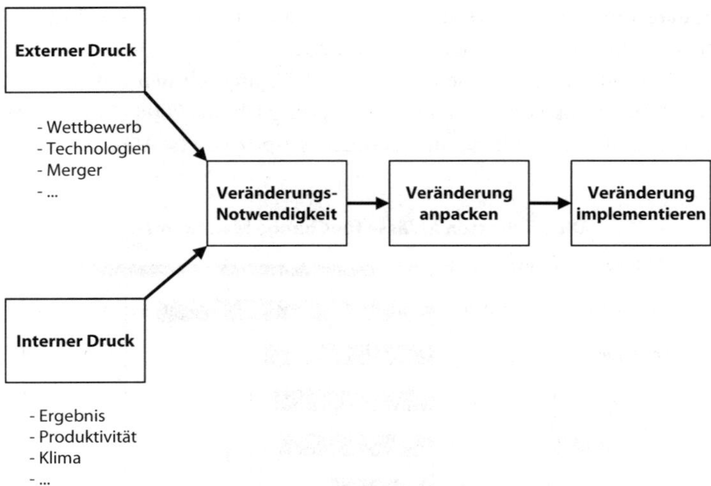

Abb. 29: Anlässe für Veränderungen

- *Die gesamtwirtschaftliche Umwelt:* Diese umfasst die ökonomischen Rahmenbedingungen, die alle Unternehmen betreffen. Konjunkturelle Entwicklungen, als auch Änderungen der Wirtschaftsstruktur sind hier zu subsumieren.
- *Die politische Umwelt:* Politische Rahmenbedingungen, politische Stabilität, Änderungen der Gesetzgebung oder auch politische Machtwechsel.
- *Die technologische Umwelt:* Richtung und Geschwindigkeit des technologischen Fortschritts. Wichtig sind dabei sowohl Grundlagen, als auch angewandte Forschung und vor allem auch die praktische Nutzung (aktuelles Beispiel Industrie 4.0).
- *Die ökologische Umwelt:* Die ökologischen Rahmenbedingungen, z. B. Klimawandel, Änderungen in der Situation von Fauna und Flora, das Vorkommen oder die Erschöpfung von Bodenschätzen.
- *Die institutionelle Umwelt:* Umfasst sowohl die physikalische Infrastruktur (z. B. Verkehr, Telekommunikation, Elektrizität) als auch die intellektuelle Infrastruktur (z. B. Schulen, Hochschulen, Forschungsinstitutionen).

Diese externen Determinanten verändern sich permanent und sorgen so in unterschiedlicher Weise für einen kontinuierlichen Wandel der Umweltbedingungen für alle Arten von Organisationen – insbesondere jedoch für Wirtschaftsunternehmen. Aktuelle Beispiele für solche Umweltveränderungen sind Marktentwicklungen, wie z. B. in China oder auch die Entwicklung neuer Produktions- und Distributionsformate (Stichwort: Digitalisierung, Industrie 4.0).

Interne Determinanten

Der interne Veränderungsdruck hängt häufig an kulturellen und sozialen Dimensionen der Organisation. Während sich die externen Druckdeterminanten zumeist in den

Themen Strategie und Strukturen/Prozesse manifestieren, treten interne Probleme vor allem im Bereich Kultur (Betriebsklima, Führungskultur etc.) zutage.

Zum Verständnis dieser internen Dimension können Modelle zum Organisationslebenszyklus beitragen (Glasl/Lievegoed, 2016; Pümpin/Prange, 1991). Hier ist hier vor allem das Modell von Knut Bleicher hilfreich (Bleicher, 1979). Bleichers Modell beschreibt insgesamt 6 Phasen (► Abb. 30). Besonders im Übergang von einer Phase in die nächste sieht Bleicher das Risiko von Krisen. Diese Krisen können einerseits durch externe Druckdeterminanten ausgelöst werden, häufig sind diese »Wachstumsschmerzkrisen« entlang des Lebenszyklus jedoch nahezu programmiert. Man kann durchaus von einer Gesetzmäßigkeit sprechen, die durch interne Dynamiken und Trigger veranlasst wird. Diese »Übergangskrisen« zeichnen sich vor allem dadurch aus, dass sich der Handlungsdruck zum einen für das Management aber mittelbar auch für die ganze Belegschaft deutlich erhöht. Unsicherheit, Sorge und im extremen Fall auch nackte Existenzängste greifen dann um sich. In diesen Krisen, der durch die interne Dynamik verursachten Situation, ist vor allem professionelles Managerhandeln gefragt. Und wesentlicher Teil der Professionalität ist dann die Fähigkeit die »Transformation« von einer Phase in die nächste zu gestalten. Die aktuell anstehende digitale Transformation stellt die Unternehmen heute im Grundsatz genau vor diese Herausforderung.

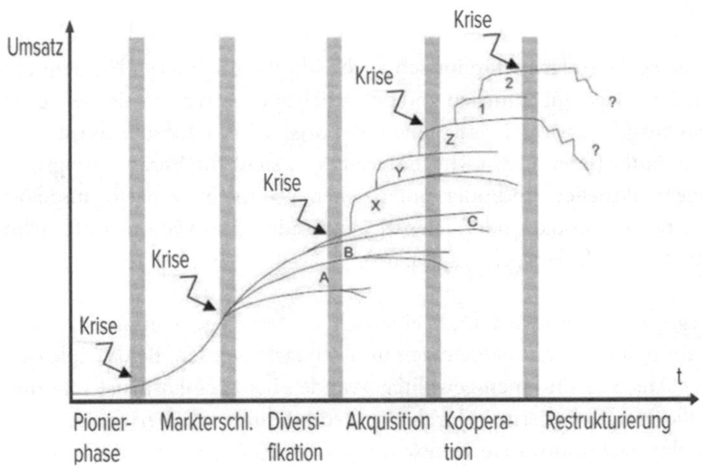

Abb. 30: Lebenszyklen eines Unternehmens nach Bleicher (Eigene Darstellung in Anlehnung an Bleicher, 2011, S. 486 f.)

Neben den beiden Grunddeterminanten für Veränderungsprozesse (»extern und intern motivierter Handlungsdruck«) ist zusätzlich auch noch die organisationale Grundhaltung hinsichtlich der angestrebten Veränderung zu beachten (Goshal/Bruch, 2002). Zwei grundsätzliche Antriebe für Veränderungen lassen sich hier unterscheiden, die ich – etwas plakativ – als »Leidens*druck*« oder »Leiden*schaft*« bezeichnen will (► Abb. 31).

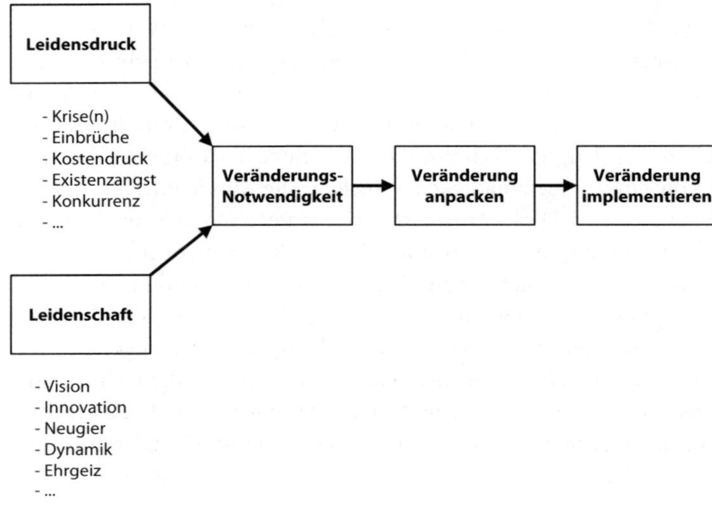

Abb. 31: Grundhaltungen/Grundmotivation für Veränderungsprozesse

1. **»Leidens*druck*«** (oder metaphorisch auch »kill the dragon«)[30] bezeichnet Veränderungen, die von einem aktuellen und potenziellen negativen, kritischen, bedrohlichen Szenario ausgelöst wird (Krise, Schwund, Sorge, Risiko, Existenzangst).
2. **»Leiden*schaft*«** (oder auch »win the princess«) steht für Veränderungsprozesse, die von einem aktuellen und/oder potenziellen positiven Szenario ausgelöst werden (Vision, neue Produkt- oder Dienstleistungsidee, Innovation, unternehmerischer Ehrgeiz, Anspruch, Perspektive u. a. m.).

Beide Energien – Leidensdruck und Leidenschaft – haben gemeinsam, dass sie von einer starken emotionalen Dynamik getragen und verstärkt werden. Beide Male ist eine hohe Energie der Auslöser für einen gewollten Wandel. Bei »Leidensdruck« ist das Ziel, das Problem, die Herausforderung durch die Veränderung zu überwinden. Bei »Leidenschaft« ist das Ziel, innovative Entwicklungen zu forcieren, um damit die Organisationsinteressen mit (noch) größerer Energie zum Erfolg zu verhelfen. Beispiele für Veränderungsprozesse, die durch Leidensdruck angestoßen wurden, sind in den 1990er

30 »The ›killing the dragon‹ strategy is based on a clear articulation of an imminent threat, and focusing the entire organization's energies on overcoming that threat. […] The winning the princess strategy […] relies on the strong, positive emotions of excitement and enthusiasm to drive change. Human beings have the capacity to dream, to desire and are capable of incredible efforts to achieve their aspirations« (Goshal/Bruch, 2002).

Jahren die Restrukturierungen durch Lean Management und Lean Production in der deutschen Automobilindustrie.[31]

4.2 Formen der Veränderung

Die Intensität und Dimension von Veränderungs- und Entwicklungsprozessen kann in zwei Formen kategorisiert werden: inkrementelle und radikale Veränderung (Beugelsdijk/Slangen/van Herpen, 2002, S. 311 ff.). Der Zeitraum eines inkrementellen Wandels ist eher längerfristig angelegt und wird durch kleinere Verbesserungsaktivitäten bezüglich Strategie, Strukturen oder Prozesse vollzogen (z. B. kontinuierliche Verbesserungsprozesse, Ideen und Verbesserungsmanagement, Team- oder Bereichsentwicklungsmaßnahmen etc.). Hingegen ist die zeitliche Phase des radikalen Wandels im Verhältnis kurz und bedeutet eine große und umfassende Veränderung für die Organisation, wie beispielsweise eine umfangreiche Restrukturierung der Organisation oder einen Strategiewechsel. Diese beiden Arten können jeweils in zwei Typen differenziert werden (► Abb. 32).

Für die unterschiedlichen Dimensionen der Veränderung kommen auch unterschiedliche methodische Arbeitsformate in Betracht. Für inkrementelle Veränderungen (oder auch niedriger Veränderungsnotwendigkeit) sind Kaizen/KVP-Prozesse aber auch klassische OE-Maßnahmen oder Formen der Lernenden Organisation angemessen.

Für grundlegendere und radikalere Veränderungen mit hoher Veränderungsnotwendigkeit bedarf es eher Change-Prozesse, die tiefergehende Veränderungen in Organisation und Kultur anpacken. Dazu gehören Formen des Reengineerings, des strategischen Redesigns oder auch eine Repositionierung auf dem Markt. Hier sind vor allem methodische Ansätze angezeigt, die einen umfassenden Transformationsprozess der Organisation umfassen (► Abb. 33).

Im Rahmen eines Veränderungsprozesses sind dann – abhängig von der Intensität des Wandels – auch Reichweite und Umfang der Veränderungsmaßnahmen zu klären. Geht es um punktuelle, monothematische oder geht es um flächendeckende Entwicklungen (► Abb. 34).

---

31 Deutlich sinkende Umsätze, steigende Kosten sowie verkürzte Produktlebenszyklen führten in den 1990er Jahren in der deutschen Automobilindustrie zu einer Krise, die zu umfassenden Restrukturierungsmaßnahmen führten. Im Mittelpunkt standen dabei die Reorganisation aller aufbau- und ablauforganisatorisch relevanten Strukturen – vor allem die Optimierung der Geschäftsprozesse, und hier insbesondere die Neugestaltung des Produktionsprozesses. Die Veröffentlichung der internationalen Vergleichsuntersuchung in der Autoindustrie »Die zweite Revolution in der Automobilindustrie« (Womack et al., 1992) des Massachusetts Institute of Technologie (MIT) hatte dabei den Begriff »Lean Production« geprägt, ein Konzept, das ursprünglich von Eiji Toyoda und Taiichi Ohno (Toyota Motor Company) entwickelt wurde (Riedler, 1997, S. 1).

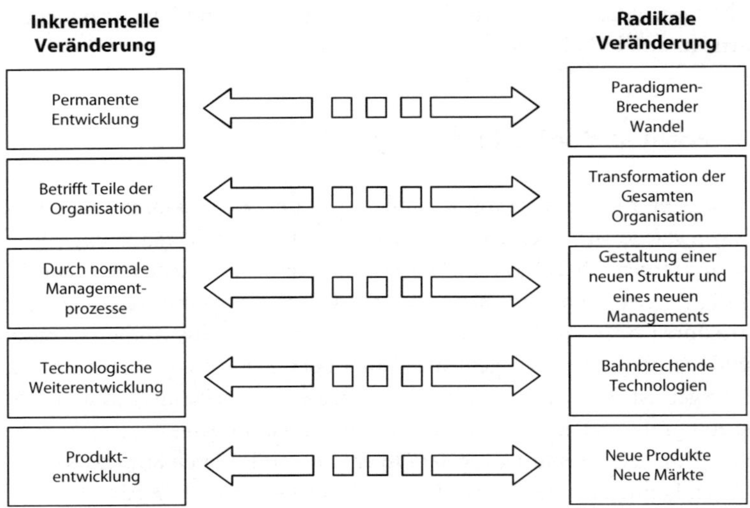

Abb. 32: Radikaler vs. inkrementeller Wandel (Eigene Darstellung in Anlehnung an Beugelsdijk/Slangen/van Herpen, 2002, S. 311 ff.)

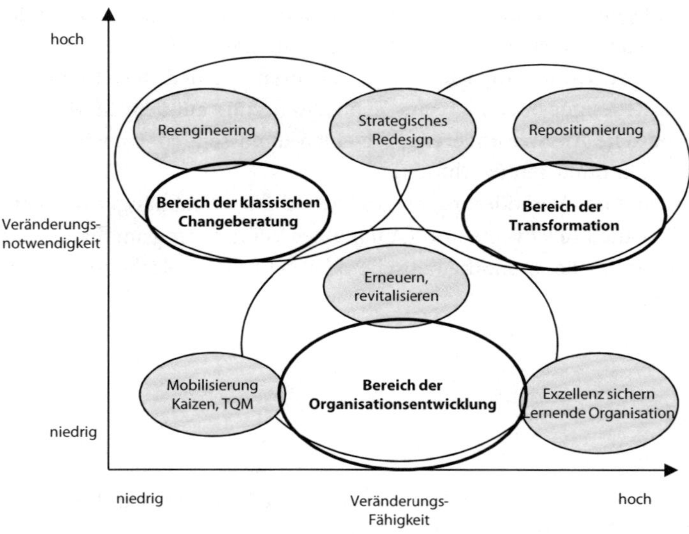

Abb. 33: Formen des Change Managements (Graf-Götz/Glatz, 2008)

Themenvielfalt → / Breite in der Organisation ↓	Nur ein Thema wird bearbeitet:	Mehrere Themen werden bearbeitet:	Alle Themen werden bearbeitet:
Nur in einer Organisationseinheit - „Sektor" (Division, Bereich, Abteilung, Tochter)	**1. Einzelthematisch Unisektoral** z.B. Kundenorientierung im Privatkundenbereich	**2. Plurithematisch Unisektoral** z.B. Kundenorientierung & Geschäftsprozesse im Privatkundenbereich	**3. Ganzheitlich Unisektoral** z.B. Kundenorientierung, Geschäftsprozesse, Teamarbeit, IT usw. im Privatkundenbereich
Gleichzeitig in mehreren Organisationseinheiten - „Sektoren"	**4. Einzelthematisch Multisektoral** z.B. Geschäftsprozesse im Privat- und Firmenkundenbereich	**5. Plurithematisch Multisektoral** z.B. Kundenorientierung, Geschäftsprozesse, Teams im Privat- und Firmenkundenbereich	**6. Ganzheitlich Multisektoral** z.B. Kundenorientierung, Geschäftsprozesse, Teams, IT usw. alle Themen im Privat- und Firmenkundenbereich
Gleichzeitig in der ganzen Organisation	**7. Einzelthematisch Gesamthaft** z.B. autonome Teams in der ganzen Inlandsbank	**8. Plurithematisch Gesamthaft** z.B. Kundenorientierung, Geschäftsprozesse, Teams in der ganzen Inlandsbank	**9. Integral** z.B. Kundenorientierung, Geschäftsprozesse, Teams, IT usw. alle Themen in der ganzen Inlandsbank

Abb. 34: Reichweite und Umfang eines Veränderungs- und Entwicklungsprozesses (Graf-Götz/Glatz, 2008)

4.3 Formen der Organisationsberatung

Hinsichtlich der historischen Entwicklung lassen sich zwei grundlegende Beratungsformate (und dahinterliegende Beratungstheorien!) für Organisationsberatungsprozesse unterscheiden. Zum einen die klassische Unternehmensberatung, die seit der Entstehung einer Theorie des »wissenschaftlichen Managements« durch Frederik Taylor zunehmend einen bedeutenden Platz in der Entwicklung von Unternehmen spielt. Zum anderen Beratungsansätze, die in Form von Prozessbegleitung Organisationen in einem Veränderungsprozess unterstützen wollen. Diese Form der Beratung im Sinne einer »Hilfe zur Selbsthilfe« hat ihre Wurzeln in der sozialwissenschaftlich begründeten OE und wurde vor allem durch das Konzept der »Prozessberatung« von Edgar Schein (Schein, 2000b) weit verbreitet. Während die klassische Unternehmensberatung vor allem in Form einer »Expertenberatung« Anwendung findet, ist »Prozessberatung« eher eine Form der helfenden Unterstützung. Heute weichen die Grenzen zwischen diesen beiden unterschiedlichen Beratungsansätzen zunehmend auf und man spricht dann von einer sinnvollen Verzahnung beider Ansätze im Sinne von »Komplementärberatung« (Königswieser et al., 2009).

Gutachterliche Beratungs-tätigkeit	Experten-beratung	Organisations-entwiclung	Systemische Beratung

- Gutachertliche Beratungstätigkeit und Expertenberatung als **fachliche Beratungsformen**
- Organisationsentwicklung und systemische Beratung als **Prozessberatungsformen**

Abb. 35: Formen der Unternehmensberatung nach Walger (Eigene Darstellung nach Walger, 1995, S. 2 ff.)

Expertenberatung

Die Expertenberatung war bis in die 1970er Jahre die vorherrschende Form der Organisationsberatung (vgl. Glasl et al., 2014, S. 34). Dieser Beratungsansatz ist auf das Konzept des »scientific management« von Frederick Taylor zurückzuführen. Die wissenschaftliche Betriebsführung, die Taylor darin postulierte, ist bis heute Grundlage der Expertenberatung (Königswieser, Sonuc, Gebhardt, 2006, S. 72).

Königswieser, Sonuc und Gebhardt definieren Expertenberatung als »jenen Dienstleistungssektor, in welchem speziell ausgebildete Fachleute mit ihrem Fachwissen im Bereich Betriebswirtschaft, Technik usw. Unternehmen bei der Lösung von fachlichen Problemen zur Seite stehen. Fachberater stützen sich in ihrer Beratungstätigkeit in erster Linie auf standardisiertes Wissen und ihre Interpretationskompetenz von Daten« (Königswieser/Sonuc/Gebhardt, 2005, S. 73).

Diese Art von Beratung zeichnet sich insbesondere dadurch aus, dass sie vor allem standardisierte Handlungsempfehlungen im Hinblick auf die Lösung von allgemeinen Problemen in Unternehmen entwickelt und realisiert. Die Ablösung der Beratungsleistung von der Person des Beraters und ihre Standardisierung zu vorgefertigten Produkten erlaubt es, sie in großer Zahl zu vervielfältigen und Hochschulabsolventen als Berater in Einsatz zu bringen. Dadurch können sehr große Beratungsunternehmen entstehen (Wirtschaftslexikon, 2016; Niedereichholz, 2010).

Bei den Beratungsprodukten der Expertenberatung ist das empfohlene Organisationskonzept bezüglich seiner wesentlichen Eigenschaften und Besonderheiten bereits im Vorfeld weitestgehend entwickelt. Die Produkte basieren dabei auf zurückliegenden Erfahrungen von Unternehmen, die systematisch ausgewertet werden und die sich durch eine Generalisierung für einen möglichst großen Kreis potenzieller Klienten eignen. Um diese Auswertungen in dieser Form leisten zu können, betreiben alle großen Expertenberatungs-Unternehmen ein informationstechnisch unterstütztes Wissensmanagement. In diesen Wissensmanagementsystemen werden möglichst umfassend Informationen, die in Zusammenhang mit Beratungsprojekten gewonnen wurden, gespeichert. Die Auswertung und Selektion dieser Informationen erfolgt dann anhand spezifischer Kriterien und Verfahren. Damit kommt der Konzeption des Wissensmanagements entscheidende Bedeutung dafür zu, welche Probleme und Lösungen dokumentiert werden und was als Beratungsprodukt entwickelt wird (Walger, 2000, S. 81 ff.).

In einem weiteren Schritt werden die verallgemeinerten Erfahrungen und Erkenntnisse verdichtet und konzeptionell aufgearbeitet, bis am Ende allgemein passende Organisationsformate für die Gestaltung von Unternehmen vorliegen. Die Beratungsleistung ist damit nicht an eine spezifische Berater-Person gebunden, sondern breit verfügbar. Jedes Beratungsunternehmen kann auf diese Weise eine Beratungs-Angebot entwickeln, das unabhängig von einem einzelnen Berater offeriert werden kann. Beispiele für solche Beratungsprodukte sind Programme zur Kostenanalyse und -senkung, Lean Management, Reengineering oder auch Angebote zur Corporate Governance.

Expertenberatung arbeitet in der Regel nach einem standardisierten Arbeitsphasenmodell. Zuerst wird eine Analyse der Organisation durch interne oder externe Experten mit vorgefertigten Diagnosemethoden durchgeführt. Dann werden die Schwächen und Probleme in der Organisation und auch mögliche Stärken, Chancen und Risiken untersucht (häufig anhand einer SWOT-Analyse) Die erhobenen Daten werden dann aufbereitet und daraus abgeleitet Handlungsempfehlungen entwickelt. Die Mitarbeiter werden in diesen Prozess in der Regel nicht einbezogen. Im Anschluss an die Analyse werden dem Auftraggeber dann konkrete Empfehlungen, Ratschläge und »Lösungen« präsentiert. Ein Abschlussbericht mit den empfohlenen Lösungen bildet klassischerweise den Abschluss eines Expertenberatungsprojektes. Die Umsetzung der Vorschläge – der eigentliche Veränderungsprozess – bleibt den Organisationen überlassen, da diese Aufgabe als Managementfunktion verstanden wird (Glasl et al., 2014, S. 34, 41; Schein, 2003, S. 22).

Bei der Expertenberatung sollen Auftraggeber und relevante Führungskräfte durch eine möglichst professionelle Präsentation der wesentlichen Daten und Fakten von den Handlungsempfehlungen der Berater überzeugt werden. Die Empfehlungen und Vorschläge der Berater müssen deshalb rational begründet, realistisch und überzeugend sein (Glasl et al. 2014, S. 41). Eine Grundannahme der Expertenberatung ist die Defizitorientierung. Es wird davon ausgegangen, dass die Organisation nicht über eigene Ressourcen verfügt, um die aktuellen Probleme und Herausforderungen zu lösen. Eine Beratung wird deshalb hinzugezogen, um diese Aufgabe zu übernehmen. Eigene Ressourcen der Organisation wie Talent, Erfahrung, Wissen oder Zeit werden hingegen nicht aktiviert. Aus der Übertragung der Aufgabe an den Berater ergibt sich, dass die Organisation Macht an diesen abgibt. Sobald der Auftrag erteilt wurde, ist das Unternehmen abhängig von dem, was der Berater ihm liefert. Diese Abhängigkeit kann zu Widerwillen gegenüber den Expertenberatern führen (Schein, 2014, S. 25 f.). Sie bedeutet darüber hinaus, dass kein Lernprozess im Unternehmen stattfindet und die Fähigkeit zur Verbesserung und Veränderung nicht vom Unternehmen erworben wird. Dies kann ein Nachteil im globalen Wettbewerb darstellen (Glasl et al., 2014, S. 38).

Prozessberatung

Die Prozessberatung hat ihren Ursprung in der Sozialwissenschaft und legt ihren Fokus insbesondere auf die Beziehungsorientierung und die Gefühlslogik (Bartscher/Stöckl, 2011, S. 60). Edgar Schein, Mitentwickler und zentraler Vertreter (Gairing, 2008, S. 92 ff.), stellte diesen Beratungsansatz 1969 in seinem Buch »Process consultation: Is role in organization development« vor (Glatz/Graf-Götz, 2011, S. 285). Er versteht darunter den »Aufbau einer Beziehung mit dem Klienten, die es diesem erlaubt, die in seinem internen und externen Umfeld auftretenden Prozessereignisse wahrzunehmen, zu verstehen und darauf zu reagieren, um die Situation, so wie er sie definiert, zu verbessern« (Schein, 2003, S. 39). Das Ziel ist eine lern-, veränderungs- und entwicklungsfähige Organisation, die sich selbstgesteuert an ihre Umwelt und darin auftretende Veränderungen anpasst (Schein, 1995, S. 296).

Eine Besonderheit des Ansatzes ist, dass die beratene Organisation und ihre Mitglieder in den gesamten Veränderungsprozess involviert werden. Dies beruht auf der Annahme, dass die Probleme einer Organisation sehr komplex sind und die, für die Problemdiagnose benötigten, Informationen nicht direkt ersichtlich sind. Die vollständige Einbindung der Organisation in den diagnostischen Prozess ist folglich die Voraussetzung für eine korrekte Diagnose (Schein, 1993, S. 411 f.). Der Prozessberater verfolgt daher ressourcenorientierte Prozesse, indem er durch sein Vorgehen Potentiale in der Organisation freilegt und die für die Veränderung benötigten Ressourcen erschließt (Königswieser et al., 2006, S. 37 f.). Die Organisation wird in die Lage versetzt, selbst eine Problemlösung zu erarbeiten (Ellebracht et al., 2009, S. 25), die individuell und auf die spezifischen Bedürfnisse sowie die Organisationskultur zugeschnitten ist (Lauer, 2014, S. 181; Schein, 1993, S. 411 f.). Die Entscheidung, welche Lösung zu der Organisation passt, können nur die Organisationsmitglieder selbst treffen, da nur sie über das nötige Wissen verfügen (Schein, 1993, S. 411 f.). Die kulturelle Passung wird als wichtig erachtet, da Veränderungsprozesse häufig an den »soft facts« scheitern (Königswieser et al., 2006, S. 38). Dem Berater dagegen fehlt dieses Wissen, weshalb er keine spezifischen Maßnahmen oder Handlungsempfehlungen zur Problembehebung vorgibt, sondern Hilfe zur Selbsthilfe leistet (Ellebracht et al., 2009, S. 23; Schein, 2003, S. 19). In der Rolle des Begleiters (Ellebracht et al., 2009, S. 25; Königswieser et al., 2005, S. 72), lehrt er der Organisation und ihren Mitgliedern das Lernen (Schein, 2003, S. 38). Diese werden letztendlich Team-Partner des Beraters im Veränderungsprozess und tragen dadurch eine Mitverantwortung (Gairing, 1999, S. 93).

Bei der Prozessberatung stehen zu Beginn der Wunsch der Organisation nach Verbesserung sowie die Bereitschaft, bei einer Veränderung Hilfe anzunehmen. Unter diesen Voraussetzungen kann der Aufbau einer effektiven und helfenden Beziehung zwischen Berater und Organisation folgen (Schein, 2003, S. 19, 23). Sobald eine Vertrauensbasis besteht, kann gemeinsam die gegebene Situation analysiert werden, um darin Probleme und Ursachen zu diagnostizieren und zu reflektieren (Bartscher/Stöckl, 2011, S. 53; Schein, 2003, S. 19). Dafür nutzt der Berater sich selbst als Reflexionsinstrument (Walger, 1995, S. 9) und versucht, der Organisation durch Interventionen einen Spiegel vorzuhalten (Ellebracht et al., 2009, S. 23). Begleitet durch den Berater entwickeln die Organisationsmitglieder einen Lösungsvorschlag und passende Maßnahmen. Diese werden im Anschluss umgesetzt, wobei der Berater ebenfalls unterstützt (Bartscher/ Stöckl 2011, S. 53; Schein, 2003, S. 19).

Zudem gilt der Berater in der Prozessberatung als Experte für Lernprozesse und Change Management in Unternehmen. Er unterstützt durch seine Interventionen den Prozess, der für die Entwicklung des Unternehmens notwendig ist. Der Anspruch des OE-Beraters ist es nicht, dass er selbst den Entwurf für die Unternehmensentwicklung liefert. Es geht ihm vielmehr darum, dem Klienten zu helfen, sich selbstständig und selbstbestimmt zu entwickeln. »Nur der, der das Problem hat, kann es lösen« und »Betroffene zu Beteiligten machen« sind die zentralen Losungen der OE. Sie will damit ein möglichst großes Potenzial für die Lösung der Probleme nutzen und Widerstände in der Organisation gar nicht erst entstehen lassen (Schein, 1990, S. 60; French/Bell, 1994; Argyris, 1970, S. 19). Schein sieht die Besonderheit der Prozessberatung in:

> »der Fähigkeit des Beraters, den Klienten bei der Fixierung des Problems zu involvieren und die Beziehung zu ihm derart zu gestalten, dass die gelieferte Hilfe eine wirkliche Antwort auf seine Bedürfnisse darstellt. Dieses Modell beruht auf der Annahme, die Probleme der Organisation seien so komplex und die zu ihrer Diagnostizierung nötigen Informationen so verdeckt, dass eine korrekte Diagnose nur bei vollständiger Teilnahme des Klienten am diagnostischen Prozess möglich ist. Außerdem unterstellt dieses Modell, dass die Diagnose nicht wirklich von der Intervention getrennt werden kann, dass der Diagnoseprozess an sich bereits eine Intervention ist und dass der Klient deshalb solche diagnostischen Interventionen mitverantworten und ihre ganzen Konsequenzen verstehen muss [...]. Die Frage für den Prozessberater ist also, wie die Beziehung zum Klienten und die Unterstützung für ihn zu gestalten sei, damit er und der Klient zum Team werden, beide in voller Vergegenwärtigung der Konsequenzen verschiedener diagnostischer Interventionen und beide darin engagiert, Möglichkeiten der Informationssammlung und der korrekten Interpretation zu finden [...]. Der Prozessberater nimmt an, dass keine volle Klarheit über das Problem erreicht wird, solange nicht verborgene, vielleicht unbewusste Elemente bewusst geworden sind, und solange sich der Klient in der Beziehung nicht genügend sicher fühlt, um zu offenbaren, was wirklich vor sich geht. Außerdem werden, da die meisten Organisationen entwickelte Kulturen besitzen, nur Mitglieder der Organisation selbst entscheiden können, welche Art von Lösungen zu ihrer Kultur passen« (Schein, 1993, S. 411 f.).

Für Schein gibt es neben der Prozessberatung durchaus auch legitime Formen des inhaltlichen Beraters, der dem Klienten hilft, indem er sein Problem löst. Er nennt solche Berater Experten oder »Ärzte« für die Organisation. Er schreibt:

> »Experten und Ärzte werden in allen heute gängigen Funktionsbereichen notwendig sein, und neue Bereiche werden sich parallel zur technologischen Entwicklung öffnen. Aber die Verbindung zwischen solchen Expertendienstleistungen und den

eigentlichen Klientenbedürfnissen wird nicht zustande kommen, falls die Klienten nicht die Hilfe erhalten, mit der sie ihre eigenen Probleme diagnostizieren können. Und neue Lösungen zu diesen Problemen werden nicht realisierbar sein, solange den Klienten nicht dabei geholfen wird, herauszufinden, was speziell in ihrer Organisation funktionieren würde und was nicht. Eine derartige Unterstützung wird nicht vom technischen Berater oder Experten kommen, sondern es bedarf dazu des Prozessberaters« (Schein, 1993, S. 419).

Die methodische Gestaltung des OE-Prozesses nach dem Konzept von Edgar Schein hat also als zentrales Element die Prozessberatung. Dabei ist die Mitverantwortung des Klienten für den Veränderungsprozess das Grundanliegen Scheins. Dies wird dadurch sichergestellt, dass der Klient zum verantwortlichen Prozess-Team-Partner wird, und dadurch vom passiven Konsumenten zum Akteur eines Entwicklungsprozesses. Diese methodische Vorgehensweise ist damit wesentlich mehr als nur ein hilfreiches Instrument für die Diagnose der »wirklichen« Probleme der Organisation. Diese Mitverantwortung des Klienten für den Veränderungs- und Entwicklungsprozess ist ein grundlegendes Element des didaktischen Arrangements, das Lernen von Menschen und Systemen im Rahmen von OE-Prozessen als reales Erfahrungslernen ermöglicht.

Beide Beratungsformen – Experten- und Prozessberatung – haben Stärken und Schwächen. Zudem ist auch entscheidend, wie das Beratungsprojekt angelegt ist und welches Ziel erreicht werden soll. Bei der Expertenberatung kann die Organisation von der fachlichen Expertise des Beraters profitieren. Sie erhält schnelle Lösungen und muss dabei weder in eigene Ressourcen investieren noch inhaltliche Verantwortung übernehmen. Die Expertenberatung gibt zudem Orientierung und Sicherheit (Königswieser et al., 2006, S. 37) und hilft schwierige oder unbeliebte Entscheidungen umzusetzen (Schein 2003, S. 22). Daher dient sie als Legitimation gegenüber dem Vorstand (Königswieser et al., 2006, S. 37).

Nicht selten wird Expertenberatung auch gerade dazu benutzt, eine bereits bestehende Managemententscheidung durch die Expertise und das anerkannte Renommee und den Namen des Beratungsunternehmens zu legitimieren (Beispiel: Wenn die renommierte Beratungsfirma XY durch umfangreiche Analysen und Organisationsdiagnosen festgestellt hat, dass 12 % des Personals überflüssig sind, dann hat das Management eigentlich keine andere Wahl). Für solche Zwecke kann Prozessberatung nicht instrumentalisiert werden. Zudem ist Prozessberatung zeit- und ressourcenintensiver (Königswieser et al., 2006, S. 37; Lauer, 2014, S. 181) und die (schlichte) Erwartung der Organisationsmitglieder, von der fachlichen Expertise des Beraters zu profitieren kann durch Prozessberatung nicht erfüllt werden. Vielmehr müssen die Mitarbeiter Mitverantwortung tragen, was als unbequem empfunden werden kann. Durch die Ergebnisoffenheit gibt der Ansatz zudem weniger Orientierung und Sicherheit (Königswieser et al., 2006, S. 36 f).

Allerdings kann Prozessberatung einen Lösungsansatz entwickeln, der von den Mitarbeitern selbst erarbeitet wurde und so im besten Fall die organisationalen Herausforderungen weit besser angeht und zudem für weniger Widerstand und deutlich höhere Akzeptanz bei der Umsetzung sorgt (Lauer, 2014, S. 181; Glasl et al., 2014, S. 34). Zudem bauen die Organisation und ihre Mitglieder bei diesem Ansatz Kompetenzen für die Zukunft auf (Königswieser et al., 2005, S. 72 f.) und bilden damit eine Grundfähigkeit für eine »lernende Organisation«.

Komplementärberatung

Die Grundberatungsformate Experten- und Prozessberatung bieten unterschiedliche Vor- und Nachteile. Insbesondere die Limitierungen beider Ansätze in der Praxis führten zu einer beratungskonzeptionellen Weiterentwicklung, der sogenannten Komplementärberatung. Diese beschreibt, wie eine Integration von Experten- und Prozessberatung gewährleistet werden kann, sodass beide Wissensbereiche systematisch zusammengeführt und die Vorteile beider Ansätze genutzt werden können (Königswieser et al., 2006, S. 33). Komplementärberatung (von lat. complementum = »Erfüllung« oder, »Ergänzung«) bedeutet, dass sich die beiden Beratungsformen Experten- und Prozessberatung in einer sinnvollen Verschmelzung zu einer größeren Vollständigkeit oder Effektivität ergänzen (Königswieser et al., 2006, S. 89). Dies stellt jedoch einen großen Balanceakt dar. Einerseits existieren präzise formulierte Ziele, andererseits herrscht das Bewusstsein darüber vor, dass sich Ziele dynamisch verändern können. Damit einhergehend müssen sich auch Erwartungen hinsichtlich der Ergebnisse dynamisch verändern. Bei der Komplementärberatung werden trotz der prinzipiellen Ergebnisoffenheit regelmäßig Zielprüfungen durchgeführt. Dies führt zu einer größeren Plan- und Überprüfbarkeit des Beratungsprozesses. Da die Verzahnung von Experten- und Prozessberatung in der Komplementärberatung als ein integriertes Konzept gesehen wird, wirken sowohl sachlich-fachliche Fähigkeiten, wie das frühzeitige Erkennen und Lösen komplexer Probleme, als auch prozessual-soziale Fähigkeiten, wie Lern- und Problemlösefähigkeit, zusammen. Das »Was« und das »Wie« des Beratungsprozesses stehen deshalb in einer engen Verbindung (Königswieser et al., 2006, S. 87 f.). Ein weiteres wichtiges Argument, das für die Integration von Experten- und Prozessberatung spricht, ist die Kompensation. Damit ist die Ergänzung des Wissens, das innerhalb der Organisation vorhanden ist, durch das extern eingebrachte Wissen der Berater gemeint. Wenn das in der Organisation vorhandene Wissen nicht ausreichend ist, um Ziele schnell und problemadäquat zu lösen, kann die fehlende Expertise durch den/die Berater kompensiert werden. Sobald die Expertenberatung jedoch wirkt, kann die Organisation und ihre Mitglieder wieder selbst Verantwortung übernehmen. Komplementärberatung muss sich deshalb permanent situativ den Anforderungen des Veränderungsprozesses anpassen.

4.4 Auftragsklärung und Organisationsdiagnose

Eine ganz zentrale Phase und Weichenstellung für einen OE-Prozess ist die Auftragsklärung. In dieser allerersten Phase eines Veränderungsprojektes – Schiersmann und Thiel nennen diesen Schritt treffend: »Vom Kontakt zum Kontrakt« (Schiersmann/Thiel

2014a) – werden elementare Grundlagen der Zusammenarbeit im Rahmen eines Entwicklungs- und Veränderungsprozesses gelegt. Zum einen inhaltlich und organisatorisch zum anderen aber auch bezüglich der Beziehungskultur zwischen Auftraggebern und Beratern. Im systemischen Kontext spricht man hier von der Konstitution eines Beratungssystems.

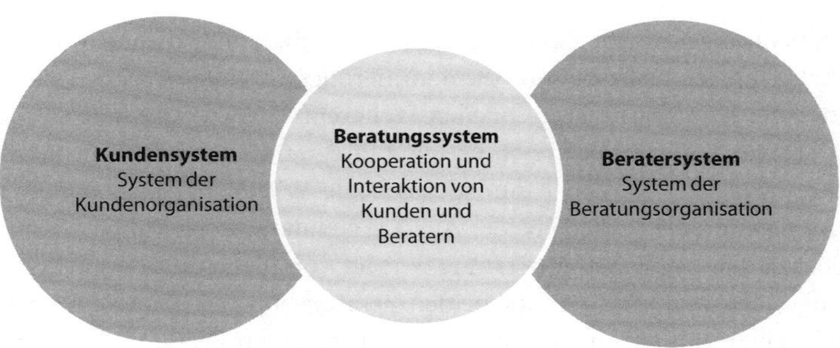

Abb. 36: Systeme im Beratungsprozess (Krizanitz, 2015, S. 27)

Die präzise und detaillierte Klärung des Auftrags und die Ausarbeitung klarer Vereinbarungen zwischen Auftraggeber und Berater sind wesentliche Grundlage für den Erfolg eines OE-Prozesses. Die Auftragsklärung stellt einen gemeinsamen Konstruktionsprozess zwischen dem Berater und dem Auftraggeber dar. Es ist der Beginn einer gemeinsamen Kooperationsgeschichte und konstituiert das Beratungssystem, das sich aus dem System der Ratsuchenden, d. h. hier der Organisation oder einem Teil der Organisation, und dem Beratersystem, d. h. dem Berater mit seinen Kompetenzen, seinen Erfahrungen und seinem persönlichen Hintergrund entwickelt (Königswieser/Exner, 2004, Königswieser/Hillebrand, 2011, (Schiersmann/Thiel 2014a).

Die Auftragsklärung ist für den Berater zudem ein erster Check der Organisationskultur. In diesem in der Regel ein- bis mehrstündigen Gespräch kann der Berater einen ersten meist sehr präzisen Eindruck über wichtige Dimensionen der Unternehmenskultur bekommen. Oft zeigt sich beim ersten Auftragsklärungsgespräch wie in einem Brennglas die ganze Bandbreite der Themen und Besonderheiten, die für die Organisation von Bedeutung sind. Dieses Phänomen wird vor allem in der systemischen Organisationsberatung als ein sehr bedeutendes Faktum eingeschätzt, weshalb dem »Erstgespräch« im OE-Prozess im Sinne einer »Ouvertüre« eine große Bedeutung zukommt (Gairing, 2008, S. 161). Meist werden dort bereits viele Nuancen des Problems in der Art der vom Klienten dargestellten Problembeschreibung und seiner implizit vorgestellten Lösungsvorschläge sichtbar. Und in der Praxis gilt letztlich für diesen Startpunkt eines Veränderungsprojektes die alte Projektmanagement-»Bauernregel«: »Zeig mir wie dein Projekt startet und ich sage dir wie es endet«. Wenn der Projektstart holperig ist, wenn sich die Geschäftsführer und möglichen Auftraggeber bewusst oder unbewusst uneinig sind, wenn es ausgesprochen schwierig ist, einen Termin für das Auftragsgespräch zu finden, dann kann man davon ausgehen, dass dies nicht nur operative Marginalien sind, sondern dass sich bei der ganzen

Art und Weise der Auftragsklärung die Kultur und Haltung der Organisation – insbesondere zum geplanten Veränderungsprozess – der Gesamtorganisation in einem Fraktal zeigt. Dabei ist insbesondere auch die Ziel- und Lösungsperspektive des Auftraggebers von großer Bedeutung, denn »die suggerierten Lösungsvorschläge des Klienten sind Teil des Problems« oder »der leichte Ausweg führt gewöhnlich zurück ins Problem« (Senge/Klostermann, 2011, S. 57 ff.).

Eine beeindruckende Liste von Fragen für das Auftragsklärungsgespräch haben Hans-Christoph Vogel und seine Kollegen in ihrem Werkbuch für Organisationsberater (Vogel et al., 1994, S. 218 f.) vorgestellt (► Abb. 37).

Checkliste/Beraterfragen zur Auftragsklärung

- War die Terminfindung leicht/schwierig, welche Besonderheiten fielen auf?
- Welche Vertreter des »Klientensystems« sind bei den Gesprächen anwesend und welche nicht?
- Wer beschreibt das Problem wie? Welche Unterschiede gibt es in der Problembeschreibung?
- Wer spricht zu wem und zu wem nicht?
- Wer sitzt wo (neben wem), wer beginnt das Gespräch, wer beendet es?
- Welche Berater waren bereits vorher im Unternehmen – mit welchen Ergebnissen?
- Wo findet das Beratungsgespräch statt? In welchen/in wessen Räumen?
- Was erwartet man vom (jetzigen) Beratungssystem?
- Wann soll ein Ergebnis feststehen?
- Wie soll es aussehen und woran soll man erkennen können, dass das Ergebnis so ist, wie es erwünscht wird?
- Wie würden verschiedene Personen, nach dem erhofften Ergebnis befragt, antworten?
- Was wird nicht erwartet?
- Was ist man bereit, aufzuwenden, um das erwünschte Ergebnis zu erhalten? (Zeit, Kosten, Arbeitsaufwand, Personal, Ärger).
- Mit welchen Unterscheidungen operiert das Klientensystem?
- Wer ist besonders interessiert an einer »Lösung«?
- Von welchen Lösungen erhofft man sich eher viel und von welchen wenig?
- Wer ist nicht an einer Lösung interessiert?
- Wer profitiert in welcher Weise vom jetzigen Zustand?
- Was war der Anlass für diese Beratung?
- Gäbe es eine andere Form der Beschreibung für die Beratung /bzw. das, was sie erreichen soll?
- Welche Rolle wird vom Berater(-system) erwartet?
- Warum holt man sich gerade diesen Berater?
- Was soll er nicht tun?
- Warum wird überhaupt Beratung erwünscht?
- Was geschieht, wenn alles so weiterläuft wie bisher?
- Wer oder was könnte für das Beratersystem hilfreich sein?
- Wer oder was könnte den Erfolg des Projekts behindern?
- Die »Wunderfrage«: »Wenn auf wundersame Weise plötzlich alle wichtigen Probleme gelöst worden sind, wie sieht diese Situation aus?«

Abb. 37: Checkliste für Auftragsklärung (Vogel et al. 1994, S. 218 f.)

Ganz wichtig ist die Klärung, wer der Auftraggeber ist. Dabei ist zu beachten, »dass nur Auftraggeber sein kann, wer die Kosten übernehmen kann und auch die Veränderungen, die als Konsequenzen des Prozesses entstehen auch verantworten und alltagstauglich umsetzen kann (Schiersmann/Thiel 2014a). Für den/die OE-Berater ist der Auftraggeber auch die zentrale (und einzige!) Weisungsinstanz. Dies ist auch deshalb wichtig, weil es nicht selten in Veränderungsprojekten noch »heimliche« Mitauftraggeber mit einer einem »versteckten Auftrag« (»hidden agenda«) gibt. Das bedeutet, dass unterschiedliche Personen mit teilweise sehr verschiedenen Interessen versuchen, den Veränderungsprozess in ihrem eigenen Sinn zu beeinflussen. Dies kann im heikelsten Fall eine totale Konfusion und einen Misserfolg des Projektes nach sich ziehen. Deshalb ist das inhaltliche Contracting ein ganz zentraler Punkt in der Auftragsklärung und essentieller Erfolgsfaktor für das Gelingen eines Veränderungsprojekts.

Inhaltlich gilt es vor allem zu klären, wie der Auftrag an den Berater aussieht und wann das Ziel erreicht ist. Im ersten Schritt geht es im Wesentlichen darum zu klären, warum die Organisation Beratungsbedarf hat. Eine plausible Liste von möglichen Fragen zur inhaltlichen Klärung haben Schiersmann und Thiel zusammengestellt (► Abb. 38):

Inhaltliche Klärung des Beratungsauftrags – mögliche Fragen

- Was sind die Stärken der Organisation? Was läuft gut?
- Was war der Auslöser für den Bedarf nach Beratung?
- Wie beschreiben die Beteiligten den Beratungsanlass bzw. die -anlässe?
- Wer spricht wie über das Problem?
- Welche Abteilungen, Berufsgruppen, Hierarchieebenen etc. sind involviert?
- Wie dringlich ist die Beratung?
- Welche Lösungsstrategien wurden bereits versucht?
- Wer hat den Beratungsprozess initiiert?
- Was hat sich bereits seit der Kontaktaufnahme zum Berater verändert?
- Wer ist (formal) Auftraggeber?
- Inwieweit ist der Auftraggeber Bestandteil des Beratungsanlasses? Wird dieser Sachverhalt von ihm angesprochen?
- Deutet sich an, dass bestimmte Probleme stellvertretend für andere genannt werden, die nicht zur Sprache kommen (heimlicher Auftrag)?
- Warum wird zu diesem OE-Berater Kontakt aufgenommen?
- Handelt es sich um einen Anschlussauftrag? Welche Vorerfahrungen mit OE-Beratung existieren?
- Sind noch andere Berater (z. B. Supervisoren, Unternehmensberater, Qualitätsbeauftragte, Wirtschaftsprüfer) gleichzeitig in der Einrichtung tätig?
- Welchen Wert hat Unterstützung von außen in dieser Organisation?
- Wie werden die Personen wahrgenommen, die Unterstützung anfordern?
- Wer hält nichts von externer Unterstützung?

Abb. 38: Inhaltliche Klärung des Beratungsauftrags (Schiersmann/Thiel 2014b)

4.5 Zentrale Veränderungsdimensionen

Die besondere Herausforderung bei Veränderungsprozessen in Organisationen ist die Vielschichtigkeit der relevanten Themen und Arbeitsdimensionen. Die sozio-technische Systemtheorie spricht hier von der Notwendigkeit einer integrativen Betrachtung von technischen und sozialen Systemen. Die human-prozessuale Dimension, die die Befriedigung menschlicher Bedürfnisse anstrebt, sowie die techno-strukturelle Dimension, die auf eine möglichst optimale Aufgabenerfüllung hinzielt, sind essentiell miteinander verzahnt und müssen im Rahmen von Entwicklungsprozessen als interdependente Elemente eines integrativen Systems verstanden werden. Alle Aktivitäten, die zum Ziel haben eine Organisation zu entwickeln, müssen deshalb diese interdependente sozio-technische Dualität beachten und die möglichen Interventionen dementsprechend gestalten. (► Abb. 39).

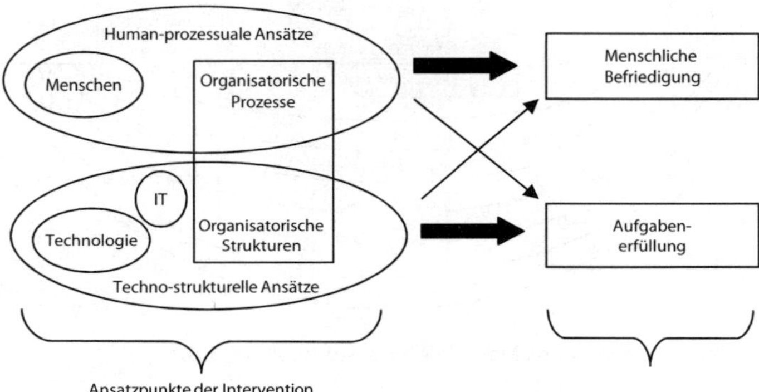

Abb. 39: Dualität aus technischen und sozialen Systemen (Friedlander/Brown, 1974, zitiert nach Comelli, 1998, S. 459)

Eine noch differenziertere und sehr plausible Struktur dieser vielschichtigen Dimensionen liefert das St. Galler Management-Modell (wichtigste Vertreter: Malik, Ulrich, Probst, Gomez, Rüegg-Sturm u. a.). Das Modell grenzt sich mit seinen systemtheoretischen Grundlagen explizit von der früheren betriebswirtschaftlichen Lehre des rein wirtschaftlichen zweckgerichteten Handelns ab. Das Modell stellt einen differenzierten Bezugsrahmen dar und ist damit eine nützliche Landkarte zur Orientierung, die es erlaubt, wichtige Managementbegriffe in ihrem Gesamtzusammenhang zu verstehen. Durch eine ganzheitliche Betrachtung der Organisation und einem vieldimensionalen Blick auf die Unternehmensprozesse hat das Modell als »systemisches Unternehmens- und Managementmodell« die systemischen Konzepte von OE und -beratung ganz wesentlich mitgeprägt. Es begreift das Zusammenspiel von Umwelt, Organisation und Management als Kommunikationsprozess. Die Umwelt ist demnach eine Plattform für Möglichkeiten und Erwartungen, auf der eine Organisation permanent durch unternehmerisches Handeln agieren muss. (Ulrich/Probst, 1990; Probst/Gomez, 1989;

Wunderer/Kuhn, 1993 Rüegg-Stürm, 2003; Rüegg-Stürm/Grand, 2014).Die St Galler Forscher haben damit über Jahrzehnte hinweg ein Modell von Management und Veränderung entwickelt, das aus meiner Sicht eine sehr hilfreiche Struktur zum Verständnis von betrieblichen Abläufen und insbesondere auch für die Gestaltung von Veränderungsprozessen bietet (► Abb. 40).

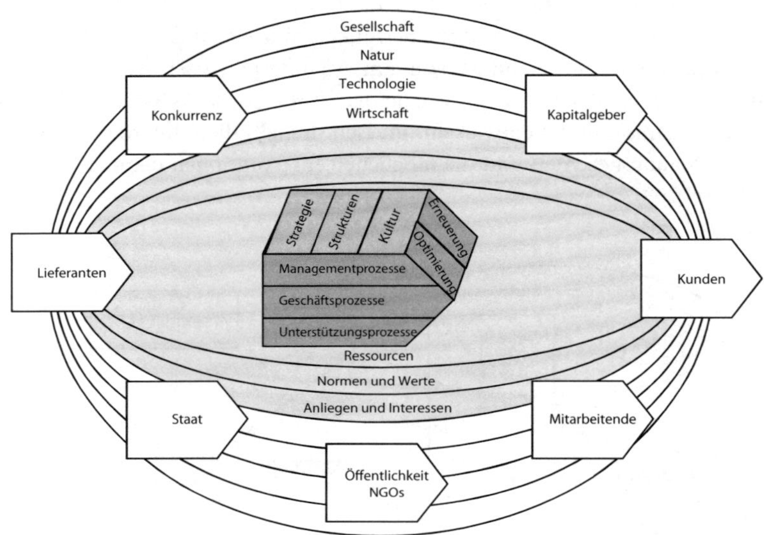

Abb. 40: St. Galler Management-Modell (Rüegg-Stürm, 2003, S. 6)

Rüegg-Stürm begründet die Auswahl der drei Dimensionen Strategie, Strukturen, Kultur (die er Ordnungsmomente nennt) damit, dass diese konstituierend für die ökonomische Lebensfähigkeit eines Unternehmens seien (Rüegg-Stürm, 2003, S. 37).

Strategie

Die Ausrichtung der Organisation auf ein Ziel ist essentiell. Ohne Ziel gibt es keine Perspektive und keine Orientierung. Deshalb braucht eine Organisation, ob nun Profitunternehmen oder Non-Profit-Organisation, eine Klärung dieser strategischen Orientierung, des »WAS« (Rüegg-Stürm, 2003, S. 37), oder die Entscheidung, »die richtigen Dinge zu tun« (Drucker/Drucker, 1969, S. 12). Letztendlich gibt die Strategie einer Organisation den Zielkorridor und die zentrale Orientierung für alle Anstrengungen und Leistungen. Deshalb muss das Thema Strategie auch bei jedem Veränderungs- und Entwicklungsprozess in ganz wesentlicher Form Beachtung finden. Entweder die Strategieentwicklung wird als zentraler Bestandteil der Veränderung mitbearbeitet oder aber die geplanten Veränderungen müssen sich ganz eng an der vorgegebenen Strategie orientieren. Wie auch immer: Das Thema Strategie ist essentieller Bestandteil jedes Veränderungsprozesses.[32]

Strukturen

Der Erfolg einer Organisation hängt jedoch nicht nur von der strategischen Ausrichtung ab, sondern ist auch ganz wesentlich abhängig von der Koordination der Planung, Gestaltung und Steuerung der Wertschöpfungsprozesse. Dabei geht es bei dieser zweiten zentralen Organisationsdimension um das »WIE« der Organisation (Rüegg-Stürm, 2003, S. 37) oder die Entscheidung »die Dinge richtig zu tun« (Drucker/Drucker, 1969, S. 12): Also den Strukturen einer Organisation. Unter Strukturen sind vor allem die beiden Elemente Aufbau- und Ablauforganisation zu verstehen. »Strukturen halten all das fest, was eine gewisse zeitliche Konstanz aufweist [...] und in diesem Sinne Ausdruck von Ordnung und Organisation ist.« (Rüegg-Stürm, 2003, S. 49; Probst, 1987). Die Aufbauorganisation bildet das Gerüst einer Organisation und legt fest, welche Aufgaben von welchen Menschen und Sachmitteln zu bewältigen sind. In der Regel ist sie hierarchisch gegliedert und kann in einem Organigramm dargestellt werden.

Ablauforganisation beschreibt die Arbeitsprozesse unter Berücksichtigung von Strukturen für Raum, Zeit, Ressourcen und regelt die innerhalb dieses Rahmens ablaufenden Arbeits- und Informationsprozesse. Sie beschäftigt sich mit der Ausstattung und Steuerung der materiellen und immateriellen Güter einer Organisation. Daraus abgeleitet geht es um die zu berücksichtigenden Ressourcen Personal, Sachmittel und Daten sowie um die Planung und Steuerung der Aufgaben, Funktionen, Projekte im organisatorischen Gefüge der Zuständigkeiten und Kompetenzen. Klären und Modellieren von Prozessabläufen werden im Rahmen von Geschäftsprozessoptimierung als wissenschaftlich gestützte Vorgehensweisen genutzt. Die Arbeit in einem verketteten Prozess kann mit einer Ablaufsteuermethode beschrieben werden (z. B. EPK[33]), die technologische Verkettung von Prozessen wird hingegen in der Prozessorganisation behandelt.

Reorganisation und Optimierung von Aufbau- sowie Ablauforganisation ist sehr häufig ein zentrales Thema von OE-Prozessen. Hier kommen vielfältige fachliche Aspekte in den Blick. Bei der Aufbauorganisation geht es um neue mögliche Organisationsformen wie Linien-, Stabs-, Matrix-, Prozess- oder Projektorganisation. Oder auch um die Anpassung bereits bestehender Formate. Ebenso kann bei der Ablauforganisation – den Arbeitsprozessen – entweder eine völlig neue Organisationsform notwendig werden (häufig auch im Zusammenhang mit der Einführung neuer IT-Systeme, die dann neue Workflows nach sich ziehen) oder auch durch die Optimierung bereits vorhandener Prozesse. Eine komplette Neuorganisation wäre im Sinne des »Reengineering-Konzepts eine radikale

---

32 Das Thema Strategieentwicklung ist selbst ein spezifisches thematisch fokussiertes Format der OE (Nagel/Wimmer, 2014). Eine besondere Bedeutung hat in diesem Zusammenhang die Strategieentwicklung auf Basis der Design-School von Mintzberg (Mintzberg et al., 2003).

33 Die Ereignisgesteuerte Prozesskette (EPK) ist eine grafische Modellierungssprache zur Darstellung von Geschäftsprozessen einer Organisation bei der Geschäftsprozessmodellierung.

Form der Reorganisation (Hammer/Champy, 2003). Die Optimierung vorhandener Prozesse wäre eine inkrementelle Verbesserung, die häufig in der Form von Geschäftsprozessoptimierung realisiert wird (Caprano, 2007; Kloidt, 2009).

Kultur

Nach Strategie und Strukturen sieht das St. Galler Management-Modell als dritte und ganz zentrale Dimension das Thema Kultur:

> »Damit die Mitglieder einer Unternehmung über die strategischen und strukturellen Festlegungen hinaus im Einzelfall im Sinne des Ganzen agieren und reagieren können braucht es einen gemeinsamen Sinnhorizont, der [...] Antworten auf das WARUM und WOZU liefert« (Rüegg-Stürm, 2003, S. 37). »Wenn man die Strategie und die Strukturen als das Gerüst oder als Skelett der Organisation beschreiben kann, dann ist die Kultur das Fleisch an den Knochen, die den Organismus überhaupt erst zum Leben bringen. Ohne einen – wie auch immer gearteten – gemeinsamen Sinnhorizont, ohne Ziele und Vision, ohne Spielregeln der Zusammenarbeit, ohne persönliche Haltung und Motivation, ohne Engagement und Identifikation wäre eine Organisation letztlich nicht überlebensfähig. Zu der Kultur gehören [...] gemeinsam geteilte, nirgends festgeschrieben Erwartungen [...] und damit verbundene Haltungen, ungeschriebene Regeln und implizite Kontrakte, die eine Ordnung stiftende Kraft ausüben und zur Routinierung des Geschehens beitragen« (Rüegg-Stürm, 2003, S. 55).

Das Thema der Organisationskultur wurde ursprünglich von Edgar Schein entwickelt. In seinem 1995 auf Deutsch erschienenen Buch[34] »Unternehmenskultur – ein Handbuch für Führungskräfte« (Schein, 1995) beschreibt er: »Kulturen beginnen mit Führungspersönlichkeiten, die ihre eigenen Werte und Prämissen auf eine Gruppe übertragen. Hat diese Gruppe Erfolg und werden die Grundannahmen als selbstverständlich übernommen, dann etabliert sich eine Kultur, die für spätere Generationen von Mitgliedern die akzeptablen Formen von Führung festlegt. Das heißt: Jetzt ist es die Kultur, die die Führung definiert« (Schein, 1995, S. 17). Für Schein ist Kultur »ein Muster grundlegender Annahmen – erfunden, entdeckt oder entwickelt von einer vorgegebenen Gruppe, während diese lernt mit den Problemen der externen Adaption und internen Integration umzugehen – die gut genug funktionierten, um [von dieser Gruppe] als gültig angesehen zu werden, und die deshalb neuen Mitglieder vermittelt werden als richtige Methode der Wahrnehmung, des Denkens und des Fühlens bezüglich dieser Probleme.«

Scheins Modell der Organisationskultur umfasst drei Dimensionen: Grundannahmen – Werte – Artefakte (► Abb. 41).

---

34 Titel der amerikanischen Originalausgabe: »Organizational culture and leadership«, San Francisco, 1992.

Organisationskultur

Kultur ist ein Ausdruck davon, wie Menschen einer bestimmten Gruppe wahrnehmen, denken, handeln oder fühlen...

Organisationskultur ist das Muster von Grundannahmen, die eine Gruppe entwickelt hat

... und die sich bewährt haben, als gültig Betrachtet werden und Mitgliedern als die richtige Haltung gelehrt werden sollen

Organisationskultur als gemeinsam akzeptierte Realitätsinterpretation

... und die das Unternehmensgeschehen nachhaltig aber unsichtbar beeinflusst.

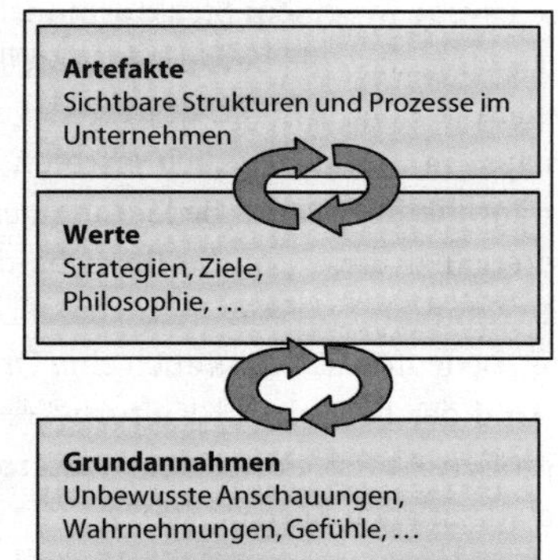

Abb. 41: Scheins Modell der Organisationskultur (Eigene Darstellung in Anlehnung an Schein, 2003)

Da es bei Organisationskultur um Haltungen, Werte, Einstellungen, Denk- und Verhaltensmuster sowie um kollektive Erwartungen und Grundüberzeugungen geht, greifen bei diesem Thema technisch-rationale Erklärungsansätze zu kurz. Hier kommt die Besonderheit von sozio-emotionalen Dimensionen ins Spiel. Dies verdeutlicht sehr anschaulich das Modell des »organisationalen Eisbergs« (► Abb. 42).

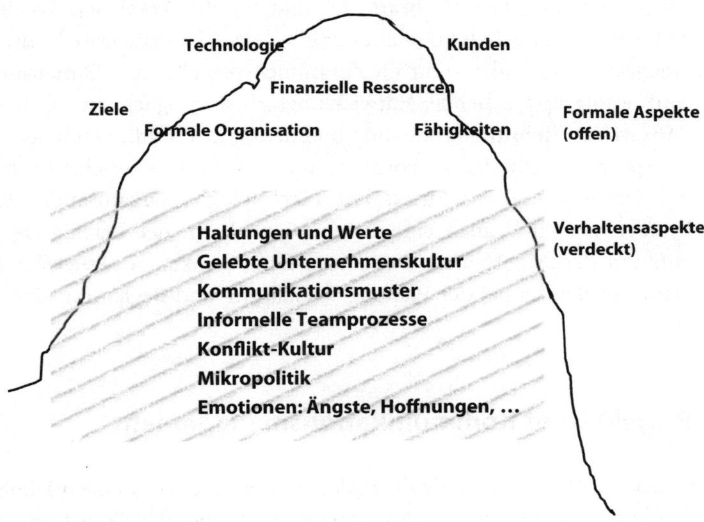

Abb. 22: Das organisationale Eisbergmodell (Eigene Darstellung in Anlehnung an French/Bell, 1994, S. 33)

Das organisationale Eisbergmodell (French/Bell, 1993, S. 36; Schein/Hölscher, 2010) gehört zu den Essentials der Organisationsforschung. Das Modell lehnt sich in seiner Grundlogik an das Strukturmodell der Persönlichkeit von Sigmund Freud an. Freud teilte die Psyche in seinem Strukturmodell der Psyche in drei Instanzen auf und vertrat die Auffassung, dass die bewussten Anteile des Ichs (Realitätsprinzip) lediglich darüber entscheiden, welche Anteile des Es (des Lustprinzips) und des Über-Ich (des Moralitätsprinzips) in der als wirklich erlebten Wahrnehmungswelt realisierbar seien. Somit weist er auf die überstarke Bedeutung des Unbewussten für das menschliche Handeln hin und ergänzt diese um die Bereiche der verborgenen Subjektivität (Persönlichkeit, Gefühle, Konflikte). Wenn man diese Logik vom Individuum auf die Organisation überträgt, bedeutet dies, dass auch eine Organisation bewusste und unbewusste Bereiche besitzt. Und der Bereich der Kultur wäre demgemäß der Teil der Organisation, der zu einem großen Anteil »unter der Wasseroberfläche« also im Bereich des Unbewussten liegt (vgl. dazu auch Sievers, 2003).

Für das Management und für Veränderungsprozesse sind die Kulturdimension von ganz entscheidender Bedeutung. Peter Drucker wird das folgende legendäre und prophetische Zitat zugesprochen: »Culture eats strategy for breakfast!«. Gelingt es nicht, die Menschen in einem Veränderungsprozess mit all ihren Ängsten und Hoffnungen, Sorgen und persönlichen Motiven zu erreichen und mitzunehmen, dann ist es kaum möglich die Veränderungen erfolgreich in das Alltagshandeln der Einzelnen und in die Kultur der Führung und Zusammenarbeit zu übertragen. Und ohne eine entsprechende Kultur wird es auch nicht gelingen, eine wegweisende Strategie in der Alltagspraxis umzusetzen.

Die drei substantiellen Dimensionen einer Organisation – Strategie, Struktur und Kultur – müssen demgemäß im Zuge eines Veränderungs- und Entwicklungsprozesses immer ganzheitlich und integrativ bearbeitet und bei der Wahl der Arbeitsformen berücksichtigt werden. Eine Reduktion auf nur eines der Elemente wäre kritisch, weil – wie bereits mehrfach begründet – nur im Zusammenspiel aller drei Dimensionen eine sinnvolle und erfolgversprechende Entwicklungsarbeit möglich ist. Genau dieser integrative Ansatz der Mehrdimensionalität und der daraus resultierende methodische Gestaltungsanspruch (methodische Formate, die sowohl strategische Orientierung, Analyse und Optimierung der Strukturen (Technologie, Organisation, Finanzen, Prozesse, Kunden etc.) und auch eine angemessene Form der Beteiligung und des Commitments mit den Mitarbeitern und deren Befindlichkeiten berücksichtigt) liegt die große Herausforderung bei der Planung, Gestaltung und Begleitung eines solchen Prozesses.

4.6 Projekt- und Kommunikationsmanagement

Im vorhergehenden Abschnitt wurde die Bedeutung der drei essentiellen Dimensionen Strategie, Struktur und Kultur für das Management und die Transformation von Organisationen betont. Für die Planung und Gestaltung von Veränderungsprojekten muss entsprechend auch ein ganzheitliches und professionelles Projektmanagement sowie ein konsequentes Management der Kommunikation angewandt werden (▶ Abb.). Das Projektmanagement ist das zentrale handwerkliche Gerüst der Gestaltung und Steuerung des Veränderungsprozesses und die systematische Kommunikation in und bei Veränderungsprojekten gehört inzwischen als ein wesentlicher Baustein zu professionell angelegten Veränderungsprozessen.

Die Gestaltung eines Veränderungsprozesses muss neben fachlicher Kompetenz der Beteiligten und einer klugen beratungspsychologischen Methodik vor allem auch durch professionelles Projektmanagement auszeichnen. Dazu gehört neben der bereits erwähnten intensiven Auftragsklärung vor allem auch eine präzise Zeitplanung mit Meilensteinen und Eckdaten (Start/Ende) sowie klare Aufgabenverteilung, Arbeitspakete etc.

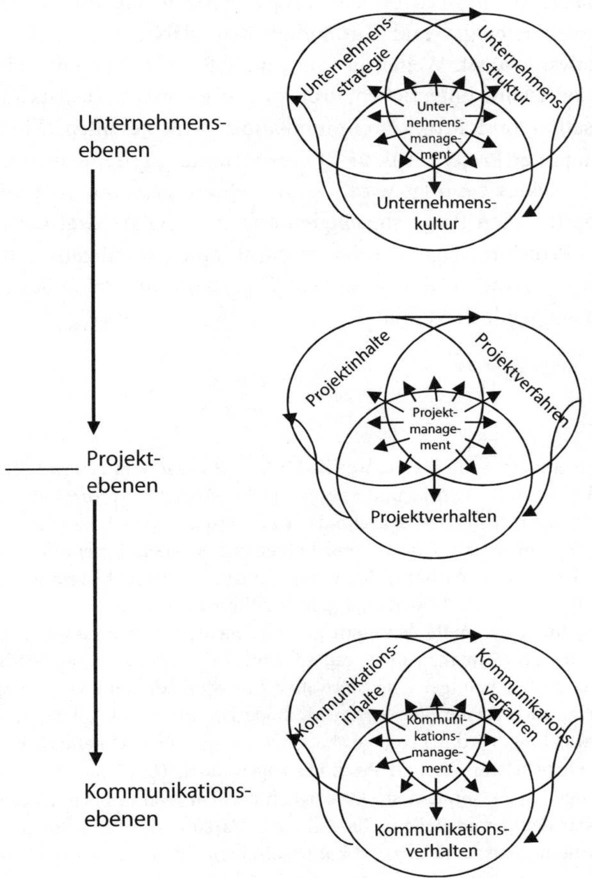

Abb. 43: Zusammenhang zwischen Unternehmens-, Projekt- und Kommunikationsmanagement (Streich/Brennholt, zitiert nach Wastian et al., 2015, S. 64)

Projektmanagement

Ein kompetentes und systematisches Management ist als zentrales Erfolgskriterium von Projekten zu sehen. Insbesondere braucht es für Veränderungs- und Entwicklungsprojekte, die den Anspruch auf eine systematische Gestaltung haben, ein professionelles und systematisches Projektmanagement, das die genannten Aufgaben federführend übernimmt. Die Projektorganisation ist laut DIN 69901 die Gesamtheit der Organisationseinheiten und der aufbau- und ablauforganisatorischen Regelungen zur Abwicklung eines bestimmten Projektes.

Zur Projektorganisation zählen also z. B. alle Gremien (Lenkungsausschuss, Teambesprechungen usw.), organisatorische Regelungen (Projekthandbuch, Betriebsvereinbarungen usw.) sowie die Führungs- und Entscheidungsstrukturen (Organigramm des Projekts). Projektleiter müssen deshalb Projektgrenzen und die Projektziele adäquat definieren, Projektbeteiligte und Zuständigkeiten klären, was meist auch zu einer Stakeholderanalyse[35] führt. Weiterhin müssen sie Projektpläne entwickeln und einem periodischen Controlling unterziehen, Projekte prozessorientiert strukturieren sowie die Projektorganisation und Projektkommunikation aktiv gestalten. Ein wichtiges und zentrales Element der Projektstruktur ist eine Steuerungsgruppe, die im Rahmen eines Veränderungsprojektes benötigt wird, wenn mehrere geplante Subprojekte eine Vernetzung von bestimmten Prozessbeteiligten erfordern (Glatz/Graf-Götz, 2011, S. 311). Systematisches Projektmanagement leistet damit einen wichtigen Beitrag zum Erfolg eines Veränderungsprojekts. Eine Übersicht über die Kernthemen des Projektmanagements zeigt das folgende Schaubild.[36]

---

35 Die Stakeholderanalyse soll klären, welche »Interessenträger« in einem Veränderungsprozess wichtig sind, sowie ihre Haltung und Energie zum Veränderungsprozess systematisch erfassen. Typische unternehmensinterne Stakeholder sind beispielsweise Mitarbeiter, Geschäftsführer, Führungskräfte, Betriebsrat. Externe Stakeholder sind Kunden, Lieferanten, Wettbewerber etc. Zentrales Ziel einer systematischen Identifikation ist ein Kraftfelddiagramm, das zeigt, wo mit Unterstützung und wo mit Widerstand gerechnet werden muss.

36 Projektmanagement als Methode unterliegt heute ebenfalls einem rasanten Wandel. Während das »klassische« Projektmanagement mit sehr präzisen Rahmen- und Zeitformaten arbeitet, kommt heute immer häufiger eine innovative PM-Methode zum Tragen: agiles Projektmanagement oder auch Scrum. Die Scrum-Methode kommt ursprünglich aus dem Bereich der Softwareentwicklung, wird heutzutage aber auch als agile Projektmethode in der Entwicklung innovativer Dienstleistungen und Produkte angewendet. Dabei bietet sie keinen standardisierten Lösungsweg an, sondern steckt lediglich den Rahmen in Form eines einfachen Regelwerks und klar definierten Rollen. Diese aktuelle Variante des Projektmanagements zeichnet sich durch eine weitaus flexiblere und kurzzyklischere Arbeitsform aus. Nicht mehr die fixen und verbindlichen Rahmenkoordinaten und Berichtswege stehen im Zentrum, sondern eine enge und ausgesprochen flexible Abstimmung zwischen allen Beteiligten (Product-Owner, Scrum-Master) mit einer permanent rollierenden Planung (Trepper, 2012; Maximini, 2013). Veränderungsprojekte brauchen nach meiner Überzeugung eine Mischung zwischen präzisen Rahmendaten und einem agilen und eng mit allen Beteiligten abgestimmten Vorgehen.

Abb. 44: Kernthemen des Projektmanagements (Eigene Darstellung in Anlehnung an Duhl, 2016)

Kommunikationsmanagement

Projekte jeglicher Art, aber insbesondere interdisziplinäre Projekte, sind in außerordentlichem Umfang anhängig von Kommunikation. Projektmanagement muss insofern immer auch Kommunikationsmanagement sein, »da bei ungenügender Versorgung mit Informationen und mangelnder Förderung des Austausches von Informationen im Rahmen der Kommunikation Projekte kaum realisierbar sind« (Diethelm, 2000, S. 171). Wenn schon beim Projektmanagement allgemein die Kommunikation als zentrales Element gilt, dann ist dies bei der besonders sensiblen Materie eines Veränderungsprozesses erst recht der Fall. Deshalb ist Change-Kommunikation heute ein zentraler Bestandteil des Veränderungsmanagements. »Change Kommunikation ist die geplante, organisierte und strukturierte Kommunikation während eines Veränderungsprozesses. Ihre Kernaufgabe ist der gezielte Informationsaustausch, das Erhalten der Dialogfähigkeit und das Involvement aller Betroffenen und Beteiligten – sowohl innerhalb der Organisation als auch außerhalb. Sie ist zeitlich befristet für die Dauer eines Veränderungsvorhabens« (Deutinger, 2013, S. 3). Ein systematisches Kommunikationskonzept ist demnach ein essentieller Beitrag für die erfolgreiche Umsetzung und Verankerung eines Veränderungsprozesses. Die Veränderungskommunikation umfasst die geplante und strukturierte Kommunikation bereits vor Beginn des Wandels bis nach Beendigung des gesamten Prozesses. Einerseits soll dabei eine zeit- und zielgruppengerechte Information erzielt werden. Zum anderen soll damit vor allem auch die sozialpsychologische Situation der Betroffenen bestmöglich respektiert und beachtet werden, um sie möglichst offen und aktiv in den Veränderungsprozess einzubinden. Die aktive Einbindung der Beteiligten kann dadurch möglichen negativen Stimmungen und Widerständen eine Plattform geben und diese damit konstruktiv bearbeitbar machen.

Um dies zu ermöglichen, muss bei der Planung des Veränderungsprojekts ein Veränderungskommunikationskonzept als essentieller Baustein mitgeplant werden. Dafür bedarf es eines Kommunikationsplans, der die Zielgruppen, Inhalte, Zeitpunkte und Medien der Kommunikationsvermittlung festlegt (Deutinger, 2013, S. 74).

4.7 Widerstandsformen in Veränderungsprozessen

Grundsätzlich kann man davon ausgehen, dass Menschen neugierig auf Neues sind und Lust auf Veränderung und Entwicklung haben. Dies zeigt sich an vielen Stellen unserer Gesellschaft und Wirtschaft: Menschen suchen sinnstiftende Arbeit, sie gründen Unternehmen, starten innovative Projekte und investieren oft große Anstrengungen und Energie dafür (Glatz/Graf-Götz, 2011, S. 274). Allerdings gibt es auch die Angst vor Neuem. Die Angst vor Veränderung. Veränderungen erzeugen grundsätzlich Unsicherheit, weil das Neue, das Unbekannte ungewiss ist. Und das kann schnell auch Angst machen. Besonders bedrohlich wirken Veränderungen, die nicht selbst aktiv gesteuert werden. »Wogegen sich Menschen aber häufig wehren, ist, gewandelt und verändert zu werden!« (Glatz/Graf-Götz, 2011, S. 274).

Bei der Planung und Durchführung von Veränderungsprozessen ist neben den inhaltlichen und organisatorischen Ebenen vor allem auch die »sozio-emotionale« – also die menschliche Seite zu beachten. Auf welche Gruppenreaktionsmuster man bei Veränderungsprozessen stoßen kann, hat Dietmar Vahs anhand von sieben Grundtypen aufgezeigt (► Abb. 45).

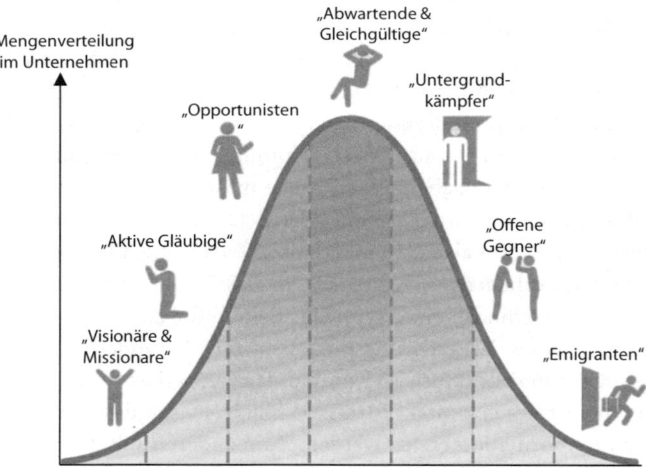

Abb. 45: Sieben typische Reaktionen auf Veränderung (Vahs, 2015, S. 357)

»Visionäre/Missionare«

Diese beiden Typen gehören in Wandelprozessen eher einer kleinen Schlüsselgruppe an, meist aus dem Top-Management. Als Promotoren des Wandels versuchen sie die übrigen Organisationsmitglieder von der Notwendigkeit der Veränderung zu überzeugen.

»Aktive Gläubige«

Als aktive Gläubige bezeichnet Vahs diejenigen, die den Wandel akzeptieren und die ihre Leistungskraft und Energie aktiv für die Gestaltung der Veränderung einsetzen.

»Opportunisten«

Opportunisten wägen erst einmal ab, welche Vor- und Nachteile sie persönlich von den Veränderungen erwarten können. Sie äußern sich meist eher positiv über den bevorstehenden Wandel (»richtig«, »schon lange überfällig«, »gut geplant«), gegenüber ihren Kollegen und Mitarbeitern verhalten sie sich dagegen eher skeptisch (»wenn das mal gut geht«). Am Ende entscheiden sie sich dann für die »Mehrheit«.

»Abwartende und Gleichgültige«

Die »Abwartenden und Gleichgültigen« sind oft die größte Gruppe in einem Veränderungsprozess. Ihre Bereitschaft, sich aktiv am Wandel zu beteiligen ist eher gering (»Das haben wir doch schon öfter gehabt und am Ende ist doch alles beim Alten geblieben«). Diese Gruppe lässt sich erst dann zur aktiven Mitarbeit motivieren, wenn der Veränderungsprozess spürbare Erfolge zeigt. Diese Gruppe ist häufig erfolgsentscheidend.

»Untergrundkämpfer«

Die Untergrundkämpfer leisten verdeckten Widerstand gegen die Neuerungen: Sie streuen Gerüchte und machen Stimmung gegen den Wandel.

»Offene Gegner«

Diese Mitarbeiter zeigen offen, dass sie gegen die geplanten Veränderungen sind: Sie sind überzeugt, dass die Entscheidungen falsch sind und die Art des Wandels nicht zum geplanten Ziel führt. Ihre Kritik ist jedoch oft seriös und auch konstruktiv und kann den Veränderungsprozess positiv beeinflussen.

»Emigranten«

Eine kleine Gruppe der Mitarbeiter entschließt sich, den Wandel nicht mitzutragen und das Unternehmen zu verlassen. Es sind oft Leistungsträger, die nach dem Wandel keine ausreichenden Perspektiven mehr für sich sehen (Vahs, 2015, S. 357 ff.).

Eine fast schon naturgesetzmäßige Reaktion auf Veränderung ist eine ablehnende Haltung. Dies kann von passiven Ängsten bis zu aktivem Widerstand gehen. Ein Modell der grundlegenden Reaktion auf Veränderungen stammt von Richard Streich, der die Phasen der Reaktion folgendermaßen kennzeichnet (► Abb. 46).

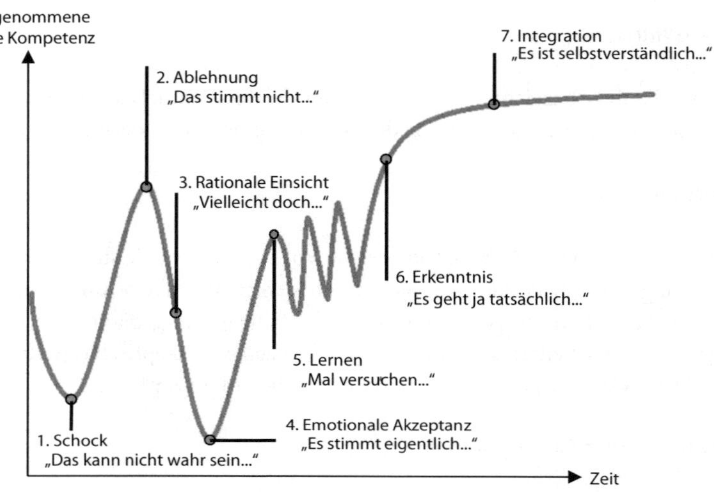

Abb. 46: Reaktionen im Veränderungsprozess (Streich, 1997, S. 243)

Phase 1: Schock, Überraschung

Die Mitarbeiter werden über die Notwendigkeit einer Veränderung informiert. Eine typische Reaktion in dieser Phase ist – nach Streich – Schock und Überraschung, Angst vor der neuen Situation und Unverständnis. Dies schlägt sich dann in sinkender Produktivität nieder, denn die Mitarbeiter sind in einer zwischen Angst und Wut oszillierenden Schockstarre.

Phase 2: Verneinung, Ablehnung

Nach dem ersten Schockzustand beginnen erste »Abwehrreaktionen«. Die Betroffenen agieren gegen die Veränderung, sie schließen sich zusammen und es entwickelt sich eine kritische Stimmung gegen den angekündigten Veränderungsprozess. In solchen Reaktionen zeigt sich die Empörung über die scheinbare Kritik an der bisherigen Arbeitsleistung und die Angst, gewohnte Strukturen, Abläufe und soziale Beziehungen der vertrauten Arbeitssituation zu verlieren.

Phase 3: Rationale Einsicht

Im optimistischen Fall erkennen die Mitarbeiter, dass ihre Ablehnung gegenüber der Veränderung nicht zielführend ist und erkennen, dass ein Wandel notwendig ist.

Phase 4: Emotionale Akzeptanz

Am Tiefpunkt der wahrgenommenen eigenen Kompetenz kommt es dann – im wiederum angenommenen günstigen Fall – zu der entscheidenden Wendung. Die Mitarbeiter beginnen den Veränderungsprozess zu akzeptieren. Sie lassen sich auf die eingeleiteten Maßnahmen und Prozesse ein. Neue Arbeitsformate können nun ausprobiert werden.

Phase 5: Ausprobieren, Lernen

Die Mitarbeiter fangen an mit der Situation umzugehen, es entwickelt sich Neugier auf das Neue und die damit verbundenen Handlungen. Durch Erfolge und Misserfolge wird gelernt, welches Verhalten und welche Prozesse sinnvoll sind.

Phase 6: Erkenntnis

Es tritt die Erkenntnis ein, dass die Veränderung auch etwas Gutes hat. Erste Erfolge bestätigen den neuen Weg. Die Kompetenzen – sowohl individuell als auch organisational – entwickeln sich und neue Strukturen, Abläufe und Handlungsmuster werden in den Alltag implementiert.

Phase 7: Integration

Die neuen Strukturen, Abläufe und Handlungsmuster werden von den Mitarbeitern – einzeln und im organisationalen zusammenwirken – vollständig in den Alltag integriert und werden damit zu den neuen Standards.

Widerstände in Veränderungsprozessen

Im Zuge der Reaktionen auf Veränderungsprozesse, kann es auch zu mehr oder weniger massiven Widerständen kommen. Von Widerständen kann gesprochen werden, »wenn vorgesehene Entscheidungen oder getroffene Maßnahmen, die auch bei sorgfältiger Prüfung als sinnvoll, »logisch« oder sogar dringend notwendig erscheinen, aus zunächst nicht ersichtlichen Gründen, bei einzelnen Individuen, bei einzelnen Gruppen oder bei der ganzen Belegschaft auf diffuse Ablehnung stoßen, nicht unmittelbar nachvollziehbar Bedenken erzeugen oder durch passives Verhalten unterlaufen werden« (Doppler/ Lauterburg, 2014, S. 336). Die Konsequenzen von massivem Widerstand sind häufige Gründe für das Scheitern von Veränderungsprozessen (Lauer, 2014, S. 51).

Widerstände bei Veränderungen sind jedoch ein völlig normales Phänomen. Widerstände zeugen von Energie und Auseinandersetzung und zeigen, dass die Betroffenen sich mit dem Prozess auseinandersetzen. Bleiben Widerstände aus, ist das deshalb nicht zwangsläufig ein schlechtes Zeichen, könnte aber darauf hindeuten, dass die Mitarbeiter nicht an die Umsetzung der Veränderung glauben (Groth, 2013, S. 94).

Widerstände brechen vor allem auf, wenn etablierte Machtpositionen und Hierarchiekonstellationen bedroht sind. Die Mittel für solchen Widerstand sind vielfältig. Überhaupt ist es immer wieder überraschend, welches kreative Feuerwerk an Widerstand bei einer vermeintlichen Bedrohung organisations-archaischer Machtbastionen abgebrannt werden kann. Heintel und Krainz (2014, S. 165) beschreiben vier grundlegende Abwehr- und Widerstandsmuster: »Die Manöver der Systemabwehr sind beim ersten Hinblick vielgestaltig, dennoch scheint es im Verhaltensrepertoire von Menschen und Menschengruppen in Organisationen vier Hauptmuster zu geben, die einen hohen Prozentsatz der Erscheinungsformen von Systemabwehr abdecken – Verleugnung (1), die Suche nach Schuldigen (2), die Berufung auf Schicksal (3) und Aktionismus (4). Doppler und Lauterburg unterscheiden zwischen dem aktiv-verbalen Widerstand (Widerspruch), dem aktiv-nonverbalen Widerstand (Aufregung), dem passiv-verbalen Widerstand (Ausweichen) und dem passiv-nonverbalen Widerstand (Lustlosigkeit) (► Abb. 47).

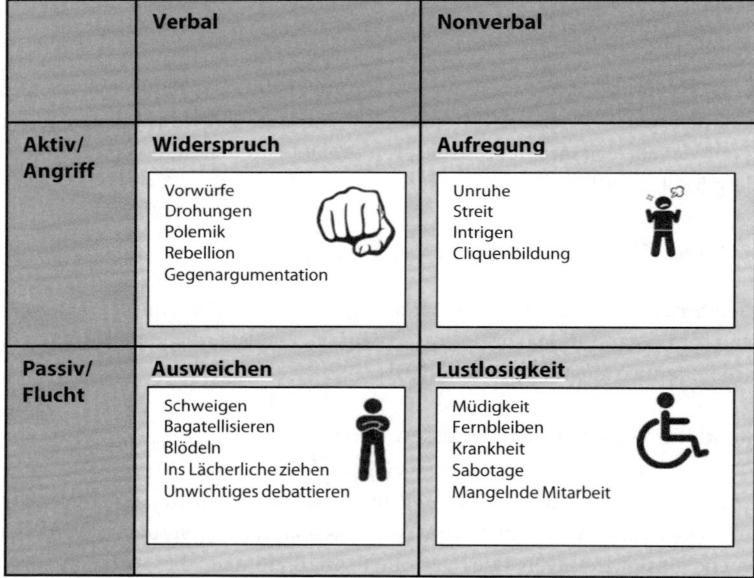

Abb. 47: Formen des Widerstands nach Doppler/Lauterburg (Eigene Darstellung in Anlehnung an Doppler/Lauterburg, 2014, S. 337 f.)

Ich will einige besonders gängigen verbalen Widerstandsformen – aus meiner eigenen Erfahrung aus dem industriellen Kontext – anhand einiger einschlägiger »Reaktionen« kurz skizzieren.

Diffamierung (Widerspruch)

- »Wir müssen hier Maschinen bauen und keine albernen Psychospiele machen.«
- »Dieses Rumdiskutieren nutzt doch eh nichts, jetzt sollten wir endlich wieder an unsere Arbeit gehen.«

Rationalisierung (Ausweichen)

- »Ich halte diesen Prozess schon für wichtig, aber die Vorstandsentscheidung über die Einführung von EDV-Vernetzung im Entwicklungsbereich hat im Moment einfach Vorrang.«

Verzögerung (Ausweichen)

- »Können Sie nicht noch einmal ein Gutachten über die Notwendigkeit eines neuen Arbeitsplatzbewertungssystems in diesem Prozess erstellen lassen? Wenn wir das haben, können wir ja noch einmal.«

Nebenkriegsschauplätze eröffnen (Ausweichen)

- »Wissen Sie, die eigentlichen Probleme liegen ja darin, dass der Vertrieb es bis heute nicht geschafft hat, wirklich effiziente Marktstrategien zu entwickeln. Und solange dies nicht geschieht, können wir auch beim besten Willen nichts verändern.«

Autoritäre Unterdrückung (Widerspruch)

- »Die Berater haben versagt. Der Veränderungsprozess ist misslungen. Wir kehren zu unseren bewährten Verhaltensweisen zurück. Management heißt nicht basisdemokratisches Herumdiskutieren, sondern ich entscheide das in Zukunft.«

Die nonverbalen Formen des Widerstands zeigen sich meist versteckter und informeller. Streit, Intrigen und das Anstacheln zu Unruhe und Hysterie (Aufregung) oder auch Müdigkeit, Absentismus oder mangelnde Leistungserbringung (Lustlosigkeit) sind häufig zu beobachtende Widerstands-Formen.

So muss man bei jeglicher Entwicklungsarbeit in Organisationen grundsätzlich »damit rechnen, dass Widerstand gegen Veränderung wahrscheinlicher ist als kein Widerstand. Alle Beratungserfahrung erzeugt diesen Eindruck« (Heintel/Krainz, 2014, S. 165). Damit gehört es zur professionellen Kompetenz des OE-Beraters, geeignete Interventionsformen zu finden, um den Widerstand »lernträchtig« und »selbstaufklärerisch« an das Organisationssystem »zurückzugeben«. Das bedeutet, dass die methodische Gestaltung eines OE-Prozesses sich dieses Phänomens der Ängste, der Reaktanz, der Widerstände der von Veränderung betroffenen Mitarbeiter bewusst sein muss und die gesamtmethodische Gestaltung der Prozessbegleitung auf diese Tatsache hin abstimmen muss.

Ein hilfreicher Grundsatz dabei ist die Einbeziehung der Betroffenen in die Gestaltung der Veränderung, um damit durch eine offene Kommunikation, Transparenz und Orientierung zu schaffen. Eine professionelle Gestaltung des Veränderungsprozesses, die insbesondere die Beachtung auch der sozio-emotionalen Dimensionen berücksichtigt, wird im Weiteren (► Kap. 4.10) noch detailliert vorgestellt.

4.8 Aktive Akteure in Veränderungsprozessen

Im Rahmen eines Veränderungsprozesses, der durch ein systematisches Projektmanagement gesteuert wird, gibt es eine Vielzahl unterschiedlicher aktive Akteure und Beteiligte. Die einzelnen Rollen der Akteure sollten möglichst klar benannt, zugeordnet und deren Funktion möglichst eindeutig ausgefüllt werden. Unklare Rollen und Rollenkollisionen können zum Schleifen, zu Blindleistungen, zu Irritationen, zu Problemen und letztlich zum Scheitern des Prozesses führen. Folgende aktive Akteure und Beteiligte lassen sich in einem Veränderungsprojekt definieren:

Management (Geschäftsführung und Führungskräfte)

Die Akteure des Management initiieren die Veränderung; steuern, unterstützen und überwachen den Veränderungsprozess und die Umsetzung.

Für einen erfolgreichen OE-Prozess ist essentiell, dass die Leitung sich nicht nur zu Beginn für diesen Prozess einsetzt, sondern diesen während der gesamten Laufzeit aktiv und nachhaltig unterstützt. Heintel und Krainz haben auf die vielfältigen Widerstandsformen hingewiesen, mit denen die Führung eine Veränderung der Organisation – oft unbewusst oder »passiv« – verhindern kann (Heintel/Krainz, 2015). Es besteht die Gefahr, dass die Leitung den OE-Prozess nicht ernsthaft unterstützt – auch wenn sie ihn anfangs selbst gewollt hat. Das Engagement der Leitung für den OE-Prozess stellt ein zentrales Element der Orientierung dar, um stabile Rahmenbedingungen für den Wandel zu schaffen.

Experten

Die Experten fungieren meist in funktionsübergreifenden Teams als Ansprechpartner für spezifische Fragen und Probleme (Finanzen, Personal, Recht, Technik). Die Experten sind als aktive Akteure jedoch nicht nur mit ihrem Fachwissen gefragt. Als »anerkannte Autoritäten« hat ihre Haltung zur Veränderung auch eine wichtige motivationale Bedeutung.

Change Agents

Die Change Agents leisten die operative Arbeit – oft in Projektgruppen – und wirken als Bindeglieder und Multiplikatoren zu den Mitarbeitern. Change Agents sind Vertreter der Betroffenen, die sich meist freiwillig für eine aktive Rolle im Veränderungsprozess entschieden haben oder aber von Kollegen für diese Aufgabe gewählt wurden. In der Praxis eines Veränderungsprojektes arbeiten die Change Agents in konkreten Pilot- und Entwicklungsprojekten und kommen sinnvollerweise aus verschiedenen Hierarchieebenen und Bereichen.

Change Consultants

Change Consultants können sowohl unternehmensinterne als auch externe Berater sein, die als Fachexperten oder als Veränderungsexperten das Management bei der

Gestaltung des Veränderungsprozesses beraten und begleiten. Von besonderer Bedeutung ist die Zusammenarbeit zwischen Beratern und Auftraggebern (Management/Projekt Leitung, Steuergruppe etc.). Externe Organisationsberater, die für einen Veränderungsprozess hinzugezogen werden, sollten hinsichtlich ihrer Kompetenzen und gestalterischen Konzepte präzise gebrieft werden. Der Beratermarkt ist völlig unübersichtlich und eine klare Qualitätskontrolle zum Beispiel durch zertifizierte Ausbildungen gibt es für Organisations- und Unternehmensberater nicht. Neben den großen Beratungsfirmen wie McKinsey, Boston Consulting Group, Roland Berger, Accenture, KPMG oder PwC und anderen tummeln sich auf dem Markt unzählige mittelständische Beratungsgruppen und zudem auch viele Ein-Mann/Frau-Berater. Kompetenzen, Profil, Beratungsansätze und Praxiserfahrungen sind dabei oft intransparent und nur mit Aufwand herauszubekommen. Oft werden Berater nach sehr unklaren Kriterien ausgewählt (Mundpropaganda, Netzwerkkontakte, beeindruckende Powerpointpräsentationen). Dabei geht es bei der Begleitung eines Veränderungsprozesses nicht selten um eine »Operation am offenen Herzen« der Organisation. Sich dabei auf eher zufällige Auswahlkriterien für den in zentraler Funktion agierenden Begleiter zu verlassen ist ausgesprochen fahrlässig. Deshalb wäre eine kritische Auswahl anhand eines Beraterprofils, das sich direkt am Anspruch des geplanten Veränderungsprojektes orientiert unbedingt notwendig. Die entscheidende Kernfrage dabei lautet: Ist der Berater und sein Konzept geeignet und in der Lage einen integrativen Entwicklungs- und Veränderungsprozess (unter Berücksichtigung der drei Dimensionen Strategie, Struktur, Kultur) angemessen zu planen und handwerklich umzusetzen? Diese kritische Auswahl anhand klar definierter Kriterien kommt meines Erachtens auch heute noch zu kurz, weil der Prozess der Beraterauswahl häufig zu intransparent ist, die Zuständigkeit für diese Auswahl oft ungeklärt ist und nicht selten von sachfernen Interessen überlagert wird (Tradition der Zusammenarbeit und Renommee der zu beauftragenden Beratungsfirma).[37]

Die besondere Situation von Inhouse-Beratern: Interne Berater (zum Beispiel Mitarbeiter des Personalbereichs, der Personal- oder Organisationsbereiche) haben eine besondere Rolle in einem Veränderungsprozess. Sie sind Teil des Klientensystems und Teil des Beratersystems. Das bringt im Beratungskontext Vorteile (Insiderwissen, Kulturkenntnisse etc.) – aber auch Nachteile (politische Abhängigkeit und Verwobenheit.). Wolfgang Looss hat die Besonderheit der internen Organisationsberater sehr schön in einem kleinen Essay zusammengefasst (Looss, 1999, S. 24; Klein, 2002):

37 Für die Auswahl einer Beratungsfirma ist es für die Geschäftsführung teilweise von Bedeutung, ob sich deren Arbeit unternehmenspolitisch instrumentalisieren lässt. Das (oft unbewusste) Entscheidungskriterium ist dann: Kann mit der Arbeit und dem Ergebnis des externen Beratungsunternehmens eine gewünschte (und gegebenenfalls sogar bereits getroffene) Managemententscheidung begründet werden? Für diesen Zweck braucht es »überzeugende« Firmennamen, die Expertise und Seriosität suggerieren. Die inhaltliche Qualität der Beratungsarbeit gerät dabei dann eher in den Hintergrund.

Überlebensregeln für interne OE-Berater

- Arbeite mit möglichst großer »organisatorischer Distanz«, also mit solchen Klienten in der Organisation, zu denen Du möglichst wenige andere Bezüge hast. Lass Dich möglichst nicht verführen, wegen »guter Bekanntschaft«, »intimer Sachkenntnis« oder anderer scheinbarer Qualitäten in Deiner unmittelbaren Umgebung zu arbeiten. Du therapierst ja auch nicht Deinen Lebenspartner.
- Nimm die Interessenlandschaft Deines Klientels und deren Umgebung, das gesamte mikropolitische Panorama genau in Augenschein. Mach Dir klar, wo die Kraftfelder unterschiedlichen Wollens verlaufen und wer Dich mit welchen offenen und heimlichen Aufträgen und Erwartungen einbindet. Sprich mit Kollegen darüber.
- Werde Dir über Deine eigenen inhaltlichen Parteilichkeiten, Positionen, Absichten, Sympathien und Abneigungen klar. Erkunde Deine ideologischen Präferenzen und emotionalen Prägungen.
- Kläre die Frage, wer eigentlich Dein Klient und wer Dein Auftraggeber ist. Mit wem willst Du Dich um eine neutrale, herrschaftsfreie Arbeitsbeziehung bemühen? Entgegen häufig geäußerter Meinungen gibt es keine »primären und sekundären« Klienten. Du kannst pro Beratungsfall nur einen Klienten haben.
- Betreibe extrem sorgfältige Kontextklärung und Vertragsarbeit im beraterischen Vorfeld. Die Wirksamkeit von Beratung beruht auf dem unverletzlichen Eigenwert eines Arbeitsbündnisses, und dieses entsteht aus einer »Kette gehaltener Versprechen«. Wenn man Dir diese Vorklärung wegen angeblichem Zeitmangel nicht gestattet (»Machen Sie es doch nicht so kompliziert!«), weise darauf hin, dass Beratung dann unwirksam sein wird.
- Solltest Du wegen organisatorischer Zwänge oder wegen anderer Anweisung die Punkte 1 bis 5 nicht realisieren dürfen, nenne Deine Tätigkeit auf keinen Fall mehr »Beratung«, sondern bezeichne sie als das, was es ist, z. B. als kommunikative Durchsetzungshilfe, Animation, Überzeugungsarbeit, Instruktion, Agitation, Motivation, Seelenmassage, Manipulation, Entertainment, Ablenkungsmanöver oder einfach nur Beeinflussung. Alle diese Funktionen sind nötig, legal und ehrenwert.
- Die meisten internen Berater halten die skizzierte widersprüchliche Rollenzuschreibung nur begrenzte Zeit durch. Danach verlassen sie entweder das System oder sie verändern ihre Rolle und werden talentierte organisationseigene Kommunikationshelfer für das von der Linie jeweils Gewollte. Nicht alle verzichten jedoch auf das professionelle Etikett »Beratung«. Daraus entstehen – wie immer bei sprachverschleiernden Euphemismen – viele Missverständnissen und professionelle Erschwernisse.

Abb. 48: Überlebensregeln für interne OE-Berater (Looss, 1999)

Mitarbeiter

Mitarbeiter sind Betroffene und (in einem guten Fall) Beteiligte des Veränderungsprozesses. Die gesamte vom Wandel betroffene Belegschaft ist ein wesentlicher Akteur im Veränderungsprozess. Dabei ist es trotz unterschiedlicher Rollen (Führungskräfte, Mitarbeiter, Betriebsräte etc.) und Graden der Betroffenheit wichtig, alle Betroffenen in einer sinnvollen und auch pragmatisch-handhabbaren Form in den Veränderungsprozess zu integrieren (»Betroffene zu Beteiligten machen«). Diese Beteiligung hat vor allem vier wesentliche Motive:

- Die Expertise der direkt Betroffenen soll genutzt/gefördert werden.
- Das Commitment mit dem Veränderungsprozess soll erhöht und Widerstand sinnvoll und konstruktiv kanalisiert werden.
- Die Akzeptanz der Veränderungen bei der Umsetzung in den Alltag soll erhöht werden.
- Die individuelle Lern- und Veränderungskompetenz der aktiv am Prozess Beteiligten soll deutlich erhöht werden (»Lernende Organisation«).

Aus diesen – sachlich-inhaltlich sowie emotional-motivationalen – Gründen ist eine Beteiligung der betroffenen Mitarbeiter sinnvoll und notwendig. Die methodischen Formate, wie eine Beteiligung aussehen kann, sollten durchaus pragmatisch und ressourcenschonend geplant werden. Dazu bieten sich vor allem Großgruppenformate wie Open Space oder World Café an.[38] Möglich ist aber auch die Beteiligung von Multiplikatoren in den Change-Projektgruppen. Deren Aufgabe ist es dann, ihr Wissen und ihre Beiträge mit ihren »Heimatgruppen« abzustimmen und damit auch diese Mitarbeiter indirekt einzubeziehen (Beispiel: Ein Gruppensprecher eines Produktionsteams eines Automobilunternehmens ist Mitglied einer Projektgruppe im Rahmen eines Restrukturierungsprojekts. Er stimmt sich regelmäßig in Sitzungen mit seinem Team ab, informiert die Kollegen und nimmt Anregungen mit in die Projektgruppe).

4.9 Zusammenspiel aktiver Akteure

Im Rahmen von großflächigen und komplexen Veränderungs- und Entwicklungsprozessen bilden in der Regel vorallem das Management (als Auftraggeber und Projektverantwortlicher), externe Berater (Experten und/oder Prozessberater), interne Berater und bei Bedarf interne Experten (Recht/Finanzen/Technologien/Prozesse) die vier relevanten und aktiv gestaltenden Akteure (▶ Abb. 49).

Wie bereits im vorhergehenden Abschnitt dargestellt, ist es für einen erfolgreichen OE-Prozess essentiell, dass das Management sich nicht nur zu Beginn für einen Veränderungsprozess einsetzt, sondern diesen während der gesamten Laufzeit aktiv und nachhaltig unterstützt. Ich habe dabei auch bereits auf die vielfältigen Widerstandsformen hingewiesen, mit denen die Führung eine Veränderung der Organisation verhindern kann, nicht zuletzt auch durch die Gefahr, dass die Leitung den OE-Prozess

38 »Open Space« ist eine Methode der Großgruppenmoderation zur Strukturierung von Konferenzen. Sie eignet sich für Gruppen von etwa 50 bis 2000 Teilnehmern. Charakteristisch ist die inhaltliche Offenheit: Die Teilnehmer geben eigene Themen ins Plenum und gestalten dazu je eine Arbeitsgruppe. In dieser werden mögliche Projekte erarbeitet. Die Ergebnisse werden am Schluss gesammelt. Wichtig ist eine Infrastruktur, die die Umsetzung der entstandenen Projektideen organisiert, denn Open Space kann in kurzer Zeit eine große Vielfalt von konkreten Maßnahmen produzieren. »World-Café« – entwickelt von den US-amerikanischen Unternehmensberatern Juanita Brown und David Isaacs – ist ebenfalls eine Workshop-Methode zur Großgruppenmoderation.

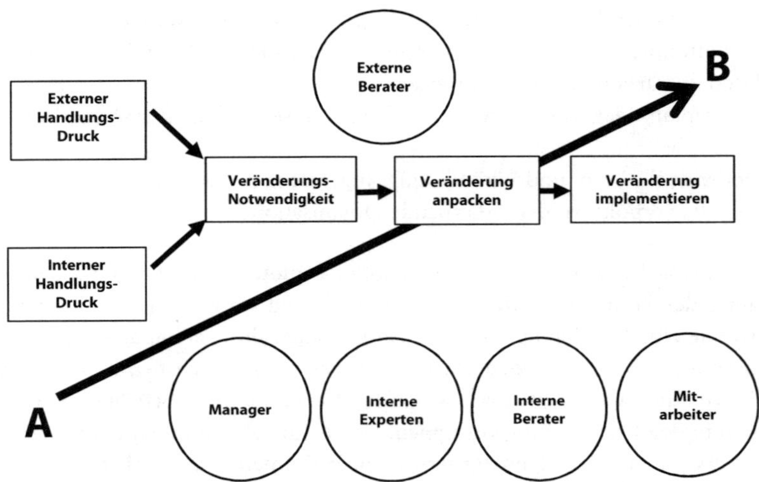

Abb. 49: Gestaltende Akteure in einem Veränderungsprozess

nicht ernsthaft unterstützt – auch wenn sie ihn anfangs selbst gewollt hat. Das Engagement des Managements für den OE-Prozess hat weitreichende symbolische Strahlkraft und ist ein zentrales Element für die Orientierung der Mitarbeiter: Es sorgt zudem für stabile Rahmenbedingungen und zeigt durch diese Unterstützung eine Vorbildfunktion, die Ernsthaftigkeit, Verbindlichkeit und Vertrauen signalisiert. Ein wichtiger und früher Indikator für die Verbindlichkeit des Managements ist die Art und Weise der Gestaltung der Auftragsklärung (Gründlichkeit/Einbeziehung der Mitarbeiter). Neben der wichtigen Symbolik der engagierten Unterstützung des Topmanagements ist es aber auch von großer Bedeutung, dass das Zusammenspiel der relevanten Change-Akteure funktioniert. Die besondere Bedeutung des Zusammenwirkens zwischen Management und externen Beratern bei der Auftragsklärung wurde in Kapitel 4.4 bereits beschrieben.

Nun kommt meist aber auch noch der Personalbereich als wesentlicher Akteur in einem Veränderungsprozess ins Spiel. Welche Rolle die Personalabteilung in Veränderungsprozessen spielen sollte, hängt sehr von der Art der Veränderung oder Restrukturierungsmaßnahme ab.

Grundsätzlich gibt es vier denkbare Rollen, die der Personalbereich in Veränderungsprozessen einnehmen kann und die, falls mehrere Rollenfunktionen gefordert sind, auch zu Rollenkonflikten führen können:

Der Personalbereich

- ist (als Teil der GF) Mitauftraggeber;
- ist Fachexperte für alle personalrelevanten Fachthemen, die im Laufe des Veränderungsprozesses aufkommen (Entgelt, Arbeitszeiten, Arbeitsformen, Arbeitsrecht etc.);
- ist Experte für weiterführende Qualifizierungs- und Entwicklungsmaßnahmen (Personalentwicklung, Förderprogramme, job-enrichment, job-rotation etc.);

- ist Inhouse-OE-Berater (die besondere Rolle von Inhouse-Beratung – in großen Unternehmen oft in Form einer eigenen Abteilung OE – wurde weiter oben bereits ausführlich dargestellt). In dieser Rolle ist der Personalbereich Prozessbegleiter und Konzeptexperte für die zeitliche, organisatorische und inhaltliche Planung und Gestaltung von Veränderungsprozessen (oft in Zusammenarbeit mit externen Beratern) sowie Methodenexperte für Veränderungsplattformen (Moderation von Workshops, Großgruppenveranstaltungen, Kick-off-Meetings, Gruppen- oder Individualcoaching etc.).

Die Rolle, die dem Personalbereich (oder auch: HRM – Human Resource Management) von der Geschäftsführung zugeschrieben, zugebilligt, zugemutet oder zugetraut wird, hängt ganz entscheidend von dessen politischer Akzeptanz im Unternehmen ab. Ein schwacher HRM-Bereich wird bei Veränderungsprozessen auf die Rolle der personalwirtschaftlich operativen »Werkstatt« reduziert. Der Veränderungsprozess wird in einem solchen Fall vorwiegend oder ausschließlich von externen Organisationsberatern übernommen, der Personalbereich ist nur operativer Zuarbeiter. Ein politisch geschätzter und strategisch akzeptierter HRM-Bereich wird sich hingegen viel deutlicher auch als interner Veränderungsbegleiter einbringen und seine konzeptionelle und methodische Expertise für OE und Change Management unter Beweis stellen. Thomas Sattelberger hat dies so formuliert: »Mitglied zu sein in einer Arbeitswelt 4.0 ist eine historische Chance für die Personalfunktion; weg zu kommen von Programmen und Aktivitäten, von operativem Aktionismus und wieder in großen Zusammenhängen zu denken wie damals, als das Thema Humanisierung der Arbeitswelt und OE unsere Arbeit prägten« (Sattelberger, 2015, S. 24). Wenn ein Veränderungsprozess eine gewisse Reichweite und Flächendeckung hat sowie eine größere Zahl betroffener Mitarbeiter umfasst, für die die Veränderung erhebliche Konsequenzen mit sich bringt, dann ist die maßgebliche Beteiligung der Personalabteilung – vorbehaltlich der oben beschriebenen politischen Akzeptanz – in allen Phasen des Wandelprozesses besonders wichtig (Kolb et al., 2010, S. 547). Folgende Punkte sprechen in diesem Fall für die aktive und zentrale Mitwirkung des HRM-Bereichs: Er kennt das Unternehmen bereits, hat somit einen enormen Wissensvorsprung. Darüber hinaus verfügt er über Insider-Erfahrung und beherrscht die Sprache der Mitarbeiter. Der Personalbereich kennt die Qualifikationspotenziale der Mitarbeiter und weiß, wie man sie am effizientesten in den Prozess einbinden kann. Schwierig werden die Rolle und die Beteiligung des Personalbereichs, wenn er selbst Betroffener ist oder wenn er im Rahmen des Veränderungsprozesses nur als »Personalabbaubeauftragter« wahrgenommen wird (Kolb et al., 2010, S. 547). Im Bereich der Personal- und OE verfügt der Personalbereich zudem über das methodische Know-how, um zum Beispiel Workshops zu moderieren. Nicht zuletzt spielen aber auch die Kosten eine Rolle. Der Personalbereich ist in der Regel bezüglich der Kosten deutlich günstiger als ein externer Berater.

Sollte ein externer Veränderungsberater einsetzt werden, gibt es auch die – sicher sehr sinnvolle – Möglichkeit, eine Kooperation von Unternehmensberatern und Mitarbeitern aus dem Personalbereich zu vereinbaren. Dadurch können die Vorteile beider Varianten miteinander kombiniert werden. Außerdem kann der Personalbereich als Bindeglied im Unternehmen zwischen externen Beratern und der Geschäftsleitung sowie den Führungskräften und Mitarbeitern fungieren.

Egal ob externe Berater hinzugezogen werden oder auch nicht: Der Personalbereich und seine Aufgaben sind von den Konsequenzen des Entwicklungsprozesses zumeist unmittelbar betroffen und deshalb sollte das HRM auf jeden Fall – in welcher Rolle auch immer – in den Veränderungsprozess eingebunden sein.

4.10 Interventionsformen, Prozessarchitektur und methodische Gestaltung

Im Arbeitsfeld der OE gibt es eine Vielzahl von Maßnahmen, Techniken, Methoden oder Interventionen, die im Rahmen eines Veränderungsprozesses angewandt werden können. Der Begriff Intervention bedeutet eigentlich Eingriff. Es handelt sich auch insofern um einen Eingriff, da in das System der Organisation, seine Subsysteme und die darin ablaufenden Prozesse, Gruppen und letztlich auch beim individuellen und sozialen Verhalten eingegriffen wird und die bestehenden Muster damit unterbrochen werden (Vogel et al., 1994, S. 49). Eine allgemeine Definition für Interventionen in OE-Prozessen lautet:

»OE-Interventionen sind eine Reihe strukturierter Aktivitäten, in denen sich ausgewählte organisatorische Bereiche (Zielgruppen oder Individuen) mit einer Aufgabe oder einer Reihe von Aufgaben beschäftigen, wobei sich die Aufgabenziele direkt oder indirekt auf die Verbesserung der Organisation beziehen. Interventionen sind die eigentlichen Antriebsmomente der OE und bringen die Veränderungen in Gang« (French/Bell, 1990, S. 126).

OE-Berater verfolgen in jeder Phase eines OE-Prozesses bestimmte Absichten, an denen sie ihre eingesetzte Intervention ausrichten. Auch Aktivitäten in der Auftragsklärungs- und Diagnosephase sind bereits Interventionen.[39] Von ganz besonderer Bedeutung ist es jedoch, dass die im Veränderungsprozess angewandten Methoden und Verfahren »zum aktuellen kognitiv-emotionalen Zustand und zu der »Verarbeitungstiefe« der daran Beteiligten passen. Interventionen, die damit nicht kongruent sind, haben nur eine geringe Chance, vom Ratsuchenden verstanden und aufgegriffen zu werden, weil das System dafür keine Antennen hat. Die zeitliche Passung der methodischen Vorgehensweisen/Angebote und des Kommunikationsstils eines Beraters mit den psychosozialen Prozessen und Rhythmen der Beteiligten, kann als Voraussetzung wie auch als Merkmal einer gelingenden Beratung gelten« (Schiersmann/Thiel 2014a).

39 Im Sinne der Aktionsforschung und der teilnehmenden Beobachtung ist jede Aktivität in einem sozialen System (also auch Klärung und Diagnose in einer Organisation) eine Intervention, die Wirkung entfaltet. Konkret bedeutet das, dass Fragen im Rahmen von Auftragsklärung und Diagnose bereits wichtige Aktivitäten bei der Veränderung von Perspektiven, Haltungen und Mustern sind.

Bei der konkreten Gestaltung eines OE-Projektes können verschiedene Interventionsebenen unterschieden werden (► Abb. 50).

Abb. 50: Die verschiedenen Interventionsebenen (Eigene Darstellung in Anlehnung an Königswieser/Exner 2013, S.67 f., Schiersmann/Thiel 2014a)

Die unterste Ebene »Werkzeuge« umfasst die konkrete methodische Arbeitsform im Rahmen eines OE-Arbeitssettings (Workshop, Projektgruppensitzung, Kick-off etc.). Dabei wird der Einsatz spezifischer Arbeitsformen (Moderationsstil, Gesprächsführung, Steuerung des Gruppenprozesses) beschrieben.

Darüber siedeln Königswieser und Exner die Ebene an, die sie »Designs« nennen (2013, S. 67 f.). Hier geht es um soziale und methodische Arbeitssettings/Plattformen wie Workshops, Großgruppenverfahren, Kamingespräche, Arbeit von Projektgruppen etc.

Die oberste Ebene beschreibt dann einen Gesamtplan vom Ablauf eines OE-Prozesses. Diese Ebene wird in der einschlägigen Literatur auch Prozessarchitektur genannt (Schiersmann/Thiel 2014a). Dabei geht es darum, ein Gesamtkonzept der konkreten Gestaltung eines Veränderungs- und Entwicklungsprozesses zu entwickeln und die Umsetzung des Gesamtkonzepts auch operativ und methodisch auf den Ebenen »Design« und »Interventionsmethoden« angemessen umzusetzen. Die Kunst ist hierbei, die Vielfalt der methodischen Formate, die Gesamtprozessarchitektur und ein dynamisches Projektmanagement zusammen zu führen.

Bei der Gestaltung der Prozessarchitektur sind insbesondere – je nach Veränderungsanlass unterschiedlich gewichtet – die drei Veränderungsdimensionen Strategie, Struktur und Kultur zu beachten. Dies hat zur Konsequenz, dass im Rahmen eines

Veränderungsprozesses häufig mehrdimensionale Umsetzungsstrategien – integriert oder auch parallel – durchgeführt werden und damit zusätzliche Arbeitsformate eingesetzt werden sollten. Dazu zählen z. B. Strategieentwicklung, Prozessmanagement, IT-Systementwicklung, Teamentwicklung oder auch Wissens- oder Kompetenzmanagement (Schiersmann/Thiel 2014a; Comelli 1985). Ergänzend dazu können auch Instrumente der Personalentwicklung, z. B. Qualifizierungsmaßnahmen, Informationsveranstaltungen, learning journeys oder auch Coaching von Führungskräften oder Projektmitgliedern eingesetzt werden.

Zu welchen Aktivitäten, in welcher Reihenfolge und mit welcher Zielsetzung sich ein OE-Berater entschließt, hängt von der jeweiligen Problemdiagnose ab. Die spezielle Abfolge der einzelnen OE-Interventionen innerhalb des gesamten Veränderungsprojektes bezeichnet man als Interventionsstrategie (Comelli, 1985), die sich dann in einer OE-Prozessarchitektur manifestiert. Dabei müssen alle Beteiligte, Berater ebenso wie die beteiligten Mitarbeiter und Führungskräfte, an jeder Stelle des Prozesses bereit für Nachsteuerungen und Neujustierungen sein – letztlich zu einer permanent rollierenden Planung. Und sie sollten offen sein, jederzeit auf veränderte situative Gegebenheiten mit einer entsprechenden Änderung der Interventionsstrategie zu reagieren. Letztlich basieren Interventionen immer auf diagnostischen Hypothesen und es ist jeweils abzusichern, ob die auf Basis einer Hypothese ausgewählte und angewandte Intervention tatsächlich den Prozess nach vorne bringt und zu positiven Entwicklungen führt (▶ Kap. 3.7, »Hypothetisieren«).[40]

Wie bereits ausgeführt werden systematisch angelegte Veränderungsprozesse neben den Interventionsebenen – Mikro-, Meso- oder Makrobenene – von unterschiedlichen Autoren auch in unterschiedlichen zeitlichen Phasen abgebildet. Das Basiskonzept (dem auch die allermeisten anderen Phasenmodelle folgen) ist das Drei-Stufen-Modell von Kurt Lewin. Eine »Architektur eines Veränderungsprozesses« sollte sich also in angemessener Form in den drei Interventionsebenen und entlang dieser drei Phasen bewegen.

Das nachfolgende Schaubild soll die Notwendigkeit und die komplexen Gestaltungsformen einer integrativen Veränderungsprozessarchitektur am Beispiel einer möglichen Gestaltung eines Veränderungsprozesses aufzeigen (▶ Abb. 51).

Selbstverständlich ist diese Übersicht kein »One Size Fits All«-Modell, sondern soll nur einen beispielhaften Eindruck für die typischen Schritte und Elemente der Prozessarchitektur für einen Veränderungs- und Entwicklungsprozess verdeutlichen. Zum einen sollen die Plattformen für die unterschiedlichen Beteiligten verdeutlicht werden: Management, Betriebsrat (BR), Berater, Projektleiter (PL), Führungskräfte (FK) (bzw. deren Repräsentanten), Mitarbeiter (MA) (bzw. deren Repräsentanten). Zum anderen soll die Prozessarchitektur auch in ihrer chronologischen Dramaturgie deutlich werden: wie startet der Prozess und wann läuft die Diagnose der Ausgangssituation (in der Unfreezing-Phase), wann und wie werden Mitarbeiter eingebunden, wann und wie werden Veränderungen entwickelt und erprobt (in der Moving-Phase) und wann und wie wird der Prozess abgeschlossen (in der Refreezing-Phase).

---

40 Den Zusammenhang zwischen Hypothesen und iterativer Planung verdeutlicht Luigi Boscolos programmatischer Satz: »Flirte mit deinen Hypothesen, aber heirate sie nie!«.

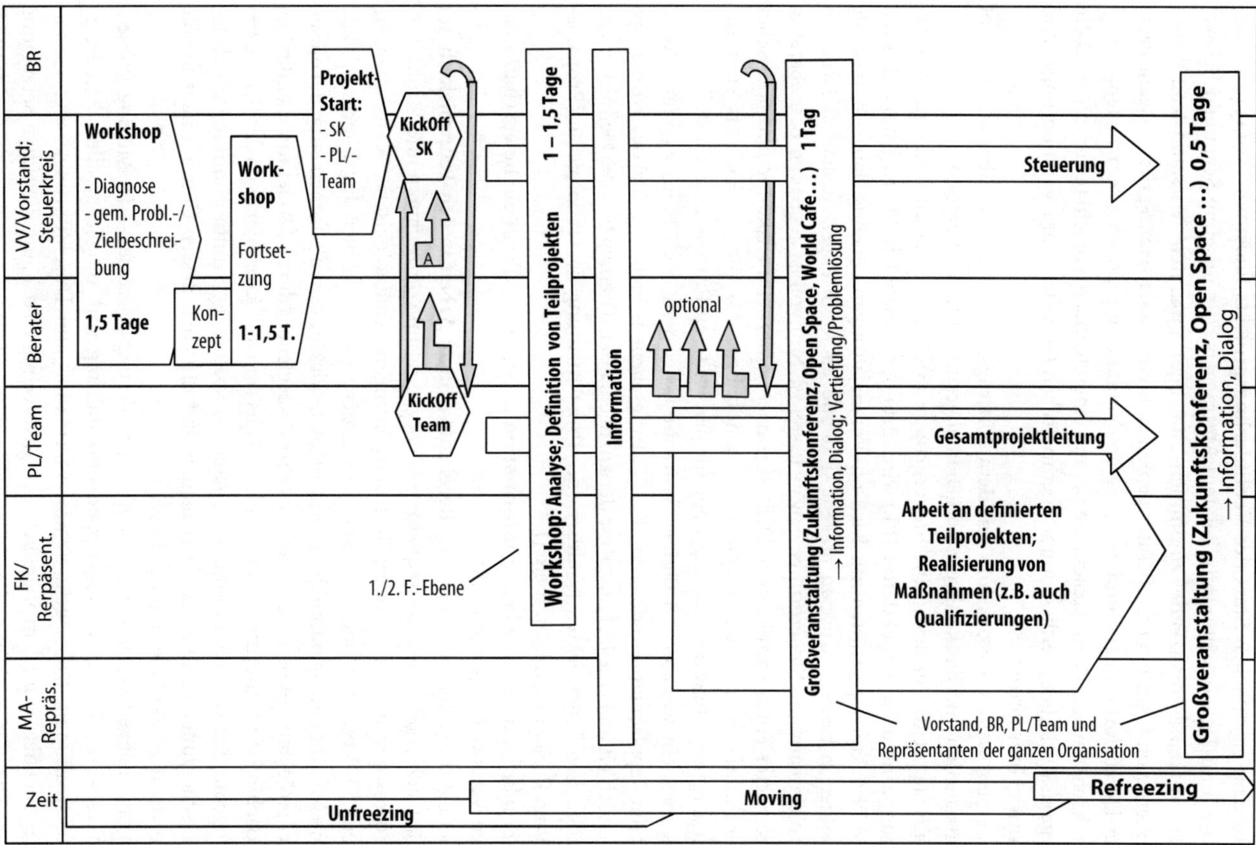

Abb. 51: Prozessarchitektur eines Veränderungsprozesses (Fritz, 2008)

Zu den Maßnahmen noch einmal im Einzelnen:

- Vor dem eigentlichen **Start des Veränderungsprojekts** findet ein 1,5-tägiger Diagnose- und Zielworkshop statt, bei dem Auftraggeber (in unserem Schaubild Beispiel der Vorstandsvorsitzende zusammen mit dem gesamten Vorstandsteam) und (externe und ggf. interne) Berater gemeinsam eine Beschreibung der Ausgangslage, der Herausforderungen und der Ziele des Veränderungsprojektes erarbeiten.
- Im nächsten Schritt entwickeln die Berater einen **Konzeptvorschlag** zur inhaltlichen, organisatorischen, zeitlichen und methodischen Gestaltung des Veränderungs- und Entwicklungsprozesses.
- In einem weiteren **Workshop mit dem Auftraggeber** wird dann über das Konzept entschieden und das konkrete Vorgehen abgestimmt und vereinbart.
- Nun startet das Projekt: Eine **Steuergruppe (SK)** wird benannt und eine Projektgruppe inklusive **Projektleiter (PL)** wird installiert. Sowohl die Steuergruppe als auch die Projektgruppe starten mit Kick-off-Veranstaltungen. Wichtig dabei ist, dass die Berater in beiden Gruppen präsent sind und auch ein enger Austausch zwischen Projektteam und Steuergruppe gewährleistet ist. Sinnvoll ist auch, den Betriebsrat in geeigneter Form einzubinden. Dies ist je nach Unternehmenskultur und politischer Sensibilität sehr unterschiedlich zu handhaben. Ab diesem Kick-off sind die Steuergruppe und die Projektgruppe für den weiteren Prozessverlauf installiert.
- Es folgt ein weiterer **1,5-tägiger Workshop**, bei dem auch Führungskräfte (bzw. deren Repräsentanten) der 1. und 2. Führungsebene teilnehmen. Ziel des Workshops ist noch einmal eine Detailanalyse der anzugehenden Themen und die Definition von möglichen Teilprojekten (inklusive der Projektplanung der Teilprojekte [Projektleitung, Projektorganisation etc.]).
- Abschließend soll eine **breite Information** in geeigneter Form die **Belegschaft** über den Veränderungsprozess informieren.
- Es folgt die (intensive und in der Regel aufwendige) **Arbeit in den Teilprojekten** mit allen sich ergebenden Konsequenzen (Reorganisation von Abläufen und Strukturen, Prozessoptimierungen oder Restrukturierungen, technologische Konsequenzen, neue IT-Konzepte und -Systeme, Qualifizierungsmaßnahmen für Führungskräfte und Mitarbeiter, Teambuilding- und Teamentwicklungsmaßnahmen etc.). Bei diesen Teilprojekten können die Berater als Prozessbegleiter (durch Moderation, Reflexion, Coaching etc.) auf Anfrage unterstützen. Falls sinnvoll, kann hier auch der Betriebsrat eingebunden werden, um die Akzeptanz für spätere, ggf. mitbestimmungspflichtige Entscheidungen frühzeitig zu erreichen und um auch dessen Commitment für die notwendige Veränderung zu erhalten.
- In der Halbzeit dieser Kernphase des Veränderungsprozesses – der Moving-Phase – ist es sinnvoll eine **Großgruppenveranstaltung** mit möglichst allen Beteiligten durchzuführen. Dabei geht es um Information, um Durchführungs- und Gestaltungsdetails – vor allem aber auch um »Involvement«, d. h. um die aktive Beteiligung der Betroffenen. Wenn die Teilprojekte dann insgesamt erfolgreich fertiggestellt wurden und die Integration aller Veränderungsthemen durch Steuergruppe und Projektteam gestaltet wurde und die neuen Strukturen und Prozesse etabliert sind,

kann bei einer abschließenden Großgruppenveranstaltung eine letzte Information mit einem Auswertungsdialog mit den Beteiligten stattfinden.

Dieses Beispiel einer Prozessarchitektur kann natürlich nicht im Detail vollständig sein, jedoch sollte die Grundlogik der chronologischen Dramaturgie und der projektorganisatorischen Verzahnung verdeutlicht werden.

Nachdem nun die Makroebene der Prozessarchitektur umfassend beschrieben wurde, sollen nun auch noch konkrete Ausführungen zu möglichen methodischen Gestaltungsformaten auf der Meso-Ebene folgen.

In der Literatur gibt es zahlreiche Klassifizierungsmöglichkeiten der OE-Interventionen. Es wird nach unterschiedlichen Kriterien unterteilt, so zum Beispiel, ob die Intervention Aspekte des individuellen Lernens oder Gruppenlernen betont, sich auf Inhalts- oder Prozessaspekte richtet oder als personaler oder eher strukturaler Ansatz gesehen wird. Eine häufige Unterteilung ist die von Kieser et al., die sich wiederum an Porter, Lawler und Hackman anlehnt. Sie unterscheiden in Ansätze beim Individuum, bei der organisatorischen und technischen Struktur und bei den sozialen Beziehungen der Organisationsmitglieder (► Abb. 52).

Bezugsebenen für Änderungen	Typische Interventionstechniken	Unmittelbar angestrebte Ergebnisse	Annahmen über Verhalten in Organisationen
Individuum	Laboratoriumstraining	Steigerung sozialer Geschicklichkeit und psychischer Belastbarkeit	Im wesentlichen bestimmt durch Eigenschaften der Menschen, die die Organisation bilden
Organisatorische und technische Struktur	Änderung von solchen organisatorischen Regelungen und technologischen Bedingungen, die auf das Arbeitsverhalten der Menschen Einfluss nehmen	Schaffen von (dauerhaften) Bedingungen, in denen funktionales Verhalten honoriert wird und individuelle Bedürfnisse berücksichtigt werden	Im wesentlichen bestimmt durch die organisationale Situation, in der Menschen tätig sind
Soziale Beziehungen der Organisationsmitglieder	Survey-Feedback-Methode, Lab-Training für Arbeitsgruppen, Prozessberatung, Konfrontationssitzungen	Vertrauen und Offenheit der Organisationsmitglieder untereinander, Abbau dysfunktionalen Konflikts und Wettbewerbs	Im wesentlichen bestimmt durch das Klima in den Beziehungen der Organisationsmitglieder untereinander

Abb. 52: Überblick über OE-Interventionstechniken nach Porter, Lawler, Hackman (Kieser et al., 1979, S. 153)

Aus der Vielzahl von konkreten OE-Maßnahmen auf der Meso-Ebene – also von methodischen Plattformen oder Settings der Veränderungsarbeit – sollen im Folgenden einige ausgewählte methodische Formate zur Intervention im Rahmen von Veränderungsprozessen vorgestellt werden. Die Auswahl beschreibt nur wenige, jedoch die zentralen methodischen Settings: Kick-off, Workshop (und Workshopmoderation), Teamentwicklung, Coaching und Großgruppenveranstaltungen.

Diese Formate sind sowohl für Interventionen geeignet, die vorwiegend technisch-organisatorische Themen umfassen, aber auch die sozio-kommunikative Themen im individuellen, im Teambereich und schließlich im Bereich der gesamten Organisation adressieren.[41] Der technisch-organisatorische Bereich ist heute überwiegend der Fokus von Veränderungsprojekten, weshalb die Dominanz von sozialen, kommunikativen und verhaltensorientierten Maßnahmen eine etwas unrunde Schräglage darstellt.[42] Der Doyen der deutschen OE-Szene Karsten Trebesch hat dies bereits in den 1990er Jahre erkannt und dafür plädiert, OE in Unternehmensentwicklung umzubenennen und den technischen, strukturellen und betriebswirtschaftlichen Dimensionen damit mehr Bedeutung zu geben (Trebesch, 1994, S. 76). Umgekehrt verkennt eine einseitig nur auf Technologien, IT oder betriebswirtschaftliche Prozesse begrenzte Beratungsarbeit die Notwendigkeit der Beachtung sozio-emotionaler menschlicher Interessen und ignoriert damit die Erkenntnis, dass Organisationen soziale Systeme sind und auch entsprechend behandelt werden müssen. Was sich zumeist dann bitter rächt, wenn die Menschen die technischen und/oder betriebswirtschaftlichen Veränderungen mit ihrem Verhalten nicht mittragen.

Zur Diagnose, zur Veränderung und zur Umsetzung technischer und betriebswirtschaftlicher Prozesse eignet sich deshalb neben oder zusätzlich zu einschlägigen Ausarbeitungen und Vorschlägen von Experten die Bearbeitung solcher strukturelleren Themen zusammen mit den Betroffenen. Die Arbeitsplattform dafür und auch für viele andere in einem Veränderungsprozess relevante Themen ist das methodische Format des Workshops.

Workshops

Workshops sind zentrale methodische Bausteine in Veränderungsprozessen, sofern die Einbeziehung der Mitarbeiter als notwendige Voraussetzung für das Gelingen des

41 Die methodischen Maßnahmen im technisch-organisatorischen Bereich werden in der klassischen OE eher etwas vernachlässigt. Dort liegt der Schwerpunkt eindeutig auf den sozialen und kommunikativen Aspekten der OE (Comelli, 1985, S. 346 ff.).

42 Eine böse Berater-Bauernregel lautet in diesem Zusammenhang: »Wer nur einen Hammer als Werkzeug hat, sieht überall nur Nägel«. Will heißen: Das Repertoire an Interventions- und Lösungsinstrumenten eines Beraters determiniert häufig auch dessen Problemanalyse. Sozialpsychologisch fokussierte Berater sehen vor allem soziale, individuelle und kommunikative Handlungsfelder. Technisch orientierte Berater sehen nur technologisch-prozessuale Handlungsfelder. Betriebswirtschaftlich fokussierte Berater sehen nur die wirtschaftliche Erschöpfung. Die angemessen ganzheitliche Betrachtung einer sozio-technischen Systementwicklung ist damit oft interessengeleitet oder wird durch eine limitierende Expertise reduziert.

Wandels betrachtet wird. »Ein Workshop ist eine Veranstaltung, in der eine kleinere Gruppe (<18 Teilnehmer) mit begrenzter Zeitdauer intensiv und in der Regel außerhalb des Arbeitsalltags an einem Thema arbeitet. Kennzeichnend für einen Workshop ist das gemeinsame Erarbeiten von Ergebnissen in einem Team von Menschen, deren hierarchische Position während des Arbeitsprozesses keine Rolle spielt« (Kellner, 1995, S. 36). Ein Kennzeichen ist demnach die kooperative und moderierte Arbeitsweise hin zu einem gemeinsamen Ziel.Von Seminaren und anderen gesteuerten Trainingsmaßnahmen unterscheiden sich Workshops durch einen methodisch offenen Prozess, der nicht durch definierte Zielvorgaben und exakte Lern- und Arbeitsschritte strukturiert und durchgeplant ist. Deshalb benötigt ein Moderator andere Fähigkeiten als ein Trainer. Er kann sich nicht auf ein durchgetaktetes Programm verlassen, das stringent einem Stoffvermittlungsplan folgt. Moderationsprozesse sind vielmehr fließende Prozesse, deren Verlauf nie im Vorhinein exakt bestimmt werden können. Deshalb ist es für einen Moderator notwendig, situativ angemessen einen Workshop-/Gruppenprozess durch Interventionen und Moderation zu gestalten. Dazu bedarf es neben einem hohen Maß an Prozesskompetenz, der Kenntnis von Gruppenprozessen, dem Wissen um sozialpsychologische Gesetzmäßigkeiten sowie der menschlichen Kommunikation auch einer äußerst exakten und sensiblen Wahrnehmung und feinfühligen Reflexion der eigenen Person.

Insbesondere sind Workshops Arbeitssitzungen, die die Expertise der Teilnehmer bewusst und zielgerichtet in den Ablauf integrieren und an realen Arbeitsthemen arbeiten.

Je nach Situation dienen Workshops

- der Selbstdiagnose
- der Entwicklung einer gemeinsamen Strategie
- der Bearbeitung von Teamkonflikten
- insgesamt der Entwicklung einer angemessenen Organisationskultur und
- einer verbesserten Kommunikation.

Aber auch die Planung und Gestaltung »harter« Organisationsthemen, wie z. B. technologische Entwicklungen, Logistik, Organisationsstruktur, Berichtswege, Geschäftsprozessverbesserungen, Arbeitsabläufe usw. können in Workshops bearbeitet werden.

Zentrale Regeln für die Durchführung eines Workshops sind:

- Die gemeinsame Arbeit muss zu einem definierten Ergebnis führen.
- Die Erarbeitung der Ergebnisse findet innerhalb des Workshops statt.
- Die Erarbeitung eines gemeinsamen Ergebnisses muss durch geeignete Techniken, Verfahren und Medien möglich gemacht werden.

Die Teilnehmer sind mit der notwendigen Information, dem Fachwissen und der Kompetenz ausgestattet, um zu sinnvollen Ergebnissen zu kommen (Kellner, 1995, S. 36).

Workshops sollten von einem Moderator (oder mehreren Moderatoren) begleitet werden. Die Moderation von Workshops ist eine typische Aufgabe für einen OE-Berater als Experte für Gesprächsführung, Steuerung von Gruppenprozessen und falls notwendig als Experte zur Lösung von Konflikten.

Für Arbeits- und Teamprozesse sind anderthalb- bis zweitägige Workshops ein sinnvoller Zeitraum, da in dieser Zeit auch gruppendynamische Entwicklungen möglich sind, die ein Lernen im Verhaltens- und Kommunikationsbereich erst ermöglichen. Der gemeinsame Abend und die Übernachtung ermöglichen zudem informelle Begegnungen und einen Gruppenprozess, der auch an tieferliegende Gruppenthemen gelangt. Moderation hilft, effektiv und systematisch in einer Gruppe Themen zu bearbeiten, Konflikte anzugehen, Problemursachen und Lösungen zu finden.

Dabei ist es besonders zu betonen, dass die Verantwortung für das Ergebnis bei der Gruppe liegt. Der Moderator hat Prozessverantwortung – nicht Inhaltsverantwortung: Er ist Experte für die Methode, nicht für den Inhalt der gemeinsamen Arbeit, verantwortlich für die Arbeitsfähigkeit der Gruppe, nicht für die inhaltliche Qualität.

Der Moderator fragt nach, um die Gruppe zu aktivieren, hält sich inhaltlich zurück und äußert keine eigene Meinung zum Thema. Der Moderator fördert die zielgerichtete Arbeit der Gruppe und den Prozess durch systematische, methodisch klare Vorgehensweise, die der Gruppensituation angemessen ist, durch aktivierende Fragen und durch Visalisierung der Gedanken (Lipp/Will, 2008; Seifert, 2012).

Teamentwicklung

Teammaßnahmen dienen dazu, die verschiedenen Gruppen in einer Organisation leistungsfähiger zu machen. Diese Aktivitäten sind sicher eine der wichtigsten im Kontext von OE, da sich ein Großteil der betrieblichen Arbeitsprozesse in Gruppen abspielt und den Teams immer mehr an Bedeutung zukommt.

Der Zusammenhang zwischen Teamentwicklung und OE ist wichtig: Teamentwicklungen sind wesentliche, flankierende Bausteine in einem OE-Prozess. Jedoch ist es irrig anzunehmen, dass die Summe vieler Teamentwicklungsmaßnahmen bereits OE sei.[43] Im Mittelpunkt stehen dabei Teamentwicklungsinterventionen.

Unter Teamentwicklung versteht man Maßnahmen, die sich auf bestehende Arbeitsgruppen oder auf neu gebildete Teams und auch Projektgruppen beziehen können. Der Schwerpunkt liegt heutzutage auf der Förderung der permanenten Arbeitsgruppen mit den Zielsetzungen, das Verständnis für die Stellung des Teams in der Gesamtorgani-

---

43 Sowohl bei OE als auch bei der sogenannten »lernenden Organisation« geht es immer um das Lernen und die Entwicklung von Individuen, Gruppen und die Organisation als Gesamtsystem. Es geht um das Lernen von Menschen und Systemen. Und das bedeutet, »dass einerseits Organisationen als soziale Systeme nicht durch eine bloße Veränderung der personalen Systeme ihrer Mitglieder veränderbar sind, und dass andererseits gelernte Verhaltensweisen, die sich für Individuen und Kleingruppen als funktional und adäquat erweisen mögen, zur Realisierung von Organisationszielen häufig dysfunktional sein können. Über die Veränderung und das Lernen personaler Systeme hinaus bedarf es vielmehr eines nachhaltigen Wandels der jeweiligen Organisationskultur, der ihr zugrundeliegenden Erwartungen, Ideologien und Werte sowie der daraus abgeleiteten Strategien der Zielverwirklichung« (Sievers, 1977b, S. 11).

sation zu verbessern, die Rolle eines jeden Teammitgliedes zu reflektieren und die Kommunikation und Konfliktfähigkeit innerhalb der Gruppe weiter zu entwickeln (Comelli, 1985, S. 365, Schiersmann/Thiel 2014a, S.223 ff.).

Die Beteiligten für einen Teamentwicklungsprozess sind der Moderator/Berater, der Vorgesetzte einer Gruppe und die Mitglieder, wobei eine Teamintervention auf Anregung des Vorgesetzten oder der Mitglieder veranlasst werden kann. Im Falle des Anstoßes durch die Mitarbeiter muss die Vorbereitung des Beraters berücksichtigen, dass es den persönlichen Widerstand des Gruppenleiters erst zu überwinden gilt, da er sein Verhalten und seine Führung in Frage stellen lassen muss. Die Vorbereitung für den Einstieg in ein Teamentwicklungsprogramm ist insgesamt sehr wichtig für alle Beteiligten. Der Berater muss gut informiert sein über die derzeitige Situation der Gruppe und ihre Vorgeschichte. Dies geschieht häufig durch Interviews. Genauso muss der Vorgesetzte exakt über die Vorgehensweise und das gesamte Konzept Bescheid wissen (Comelli, 1985, S. 370).

Die Durchführung und der Verlauf eines Teamentwicklungsprojektes erstrecken sich dann in verschiedenen Bausteinen, die als Seminare oder Workshops von unterschiedlich langer Dauer stattfinden, sich aber im Grundmuster ähneln. French/Bell nennen zwei inhaltlich typische Workshops: Den Teamdiagnoseworkshop und den Teamentwicklungsworkshop (French/Bell 1990, S. 142 ff.) (► Abb.). Im Teamdiagnoseworkshop werden die Stärken und Schwächen der Leistung der Gruppe kritisch reflektiert und die Gruppenmitglieder bestimmen aufgrund ihrer identifizierten Problembereiche und Stärken ihre weitere Richtung und ihre Ziele. Durch Sammeln von Kritikpunkten und Problemfeldern in kleinen Untergruppen und anschließenden Besprechungen in der ganzen Gruppe ist die Basis für weitere Maßnahmen geschaffen, die zur Lösung dieser Schwachstellen dienen sollen.

Coaching

Unter Coaching im Wirtschaftskontext ist die professionelle Beratung, Begleitung von Personen mit Führungs- und Steuerungsfunktionen […] in Leistungsprozessen und primär beruflichen Anliegen zu verstehen […] Coaching ist dementsprechend ein Reflexionsvorgang mit mindestens zwei Personen im Modus von Kommunikation« (DBVC 2007, zitiert nach Schwertl, 2016, S.1). Es handelt sich bei Coaching demnach um ein Beratungsangebot für beruflich bedingte Aufgaben im Zusammenhang mit hohen Leistungsanforderungen. Die Geschichte von Coaching zeigt, dass solche Anforderungen auch aus dem Sport, der Kunst, der Musik oder auch anderen Bereichen kommen können; sie sind nicht zwingend mit Führungsaufgaben in Wirtschaftsunternehmen oder Organisationen verbunden. Coaching ist ein Beratungsansatz, der viele Parallelen zu anderen Unterstützungsformaten hat. Es gibt jedoch – wenngleich nicht immer trennscharf – Grenzen zu anderen Beratungsformaten. Coaching ist weder Psychotherapie, noch Supervision, Training, oder Mentoring. In der Regel ist Coaching als eine Einzelberatung eines Mitarbeiters zu verstehen, der sich aufgrund von aktuellen Herausforderungen im Alltag, wegen akuten Problemen oder eventuell wegen Karriereberatung einen Berater sucht. Diese personenzentrierte Arbeit braucht professionell ausgebildete – zumeist unternehmensexterne – Berater, die meist über den Bereich Personalentwicklung einer Organisation vermittelt werden.

Bezeichnung und Dauer	Ausgangslage/Anlass	Ziel	Fokus auf
»Team-Kick-off« oder »Start up«	Start eines neuen Teams	Kennenlernen und Orientierung in der Organisation und Aufgabe unterstützen; guten Start sichern	Orientierung (Personen, Aufgaben, Rollen, Prozesse, Organisation)
«Team-Check« (reguläre Standortbestimmung)	Reguläre ausführliche Auswertung der Teamarbeit (Aufgabenebene, Konzeptionsebene)	Gesicherte Reflexion der relevanten Ebenen von Teamarbeit (Aufgabenerfüllung – Kooperation, Kohäsion) und Erkennen von Ansatzpunkten für Verbesserung	Bewertung von Zielerreichung und Aufgabenerfüllung; Reflexion über Zufriedenheit mit Arbeit, Klima, Unterstützung, Rollen, Prozesse, Führung
Diagnose-Workshop	Leistung und/oder Klima haben sich verschlechtert; Unzufriedenheiten häufen sich bzw. Klärungs- und Unterstützungsbedarf wird deklariert	Herausfinden, was problematisch ist, wo Verbesserungsbedarf liegt	Situationsreflexion – befriedigende und unbefriedigende Faktoren hinsichtlich der Aufgabe und Zusammenarbeit
Problemlösungs-Workshop	Herausforderung/Problem in der Aufgabenerfüllung oder Kooperationsbeziehung ist erkannt und soll aufgrund benötigter Zeit und erhoffter Atmosphäre außerhalb alltäglicher Kommunikationsstrukturen behandelt werden	Problem mit geeigneten Maßnahmen lösen bzw. die gegebene Aufgabenstellung abarbeiten	Je nach Anlass: Klärung oder Entwicklung auf der Ebene Aufgaben- und Selbstverständnis, Strategie, Ziele, Rollen, Abläufe, Umgangsweise, Regelungen und Qualitäten

Abb.53: Formen von Teamentwicklungsmaßnahmen (Werkmann-Karcher/Rietiker, 2010, S. 409)

Interventionen auf der Organisationsebene stehen ganz häufig vor dem schlichten Praxisdilemma, dass (zu) viele Teilnehmer eingebunden werden müssen. Das ist zum einen eine Ressourcenfrage, zum anderen aber auch eine ganz pragmatisch-organisatorische Frage. Wie bekommt man viele Menschen (zwischen 30 und mehreren tausend) in einen Raum und wie schafft man dann auch noch eine sinnvolle und konstruktive Arbeitssituation.

Im Prinzip können die Interventionen aus der Teamebene auch hier angewandt werden, jedoch sind dann einige organisatorische und methodische Rahmenbedingungen zu beachten. Deshalb spielen bei den sogenannten Großgruppenveranstaltungen erfahrene Moderatoren eine ganz bedeutende Rolle. Und ganz besonders empfiehlt es sich hier, dass sich die Gruppen außerhalb der gewohnten Arbeitsstätte treffen sollten, um das Setting von vornherein anders zu gestalten.

Großgruppenverfahren

Das sind Arbeitsformate im Rahmen von Veränderungsprozessen, die es einer großen Anzahl von Menschen in einen direkten interaktiven Kommunikationsprozess miteinander bringen (Dittrich-Brauner et al., 2013, S. 2 ff.). Solche Formate werden genutzt, wenn die Beteiligung von Betroffenen in Veränderungsprozessen bewusst und aktiv gestaltet werden soll, damit auch selbstorgansiertes und selbstverantwortliches Lernen ermöglicht werden kann.

Folgende sechs Verfahren der Großgruppenmoderation werden in der Literatur aufgelistet
(Dittrich-Brauner et al., 2013; Weber, 2009):[44]

- World Café (Brown et al., 2007)
- Appreciative Inquiry (AI), (Cooperrider et al., 1999; Zur Bonsen/Maleh, 2012)
- Real Time Strategie Change (RTSC) (Albert, 1994)
- Zukunftswerkstatt, Zukunftskonferenz (Weisbord/Janoff, 1995),
- Open Space Technology (OST) (Owen, 1995).

Auch Kick-off-Veranstaltungen sind häufig Großgruppenveranstaltungen, wenn es darum geht, eine möglichst umfangreiche Anzahl an Mitarbeitern zum Start eines Veränderungsprozesses zu informieren und einzubinden. Thematisch geht es jedoch bei Kick-offs um sehr spezifische Inhalte.

»Kick-off« kommt aus dem Englischen und bedeutet wörtlich übersetzt »Anstoß«. Ein guter Start ist eine wichtige Weichenstellung für einen OE-Prozess und auch eine erfolgreiche Projektarbeit. Deshalb ist die methodische Gestaltung der ersten Sitzung besonders wichtig. Weil im Rahmen eines Veränderungsprozesses das einzelne Projekt von zentraler Bedeutung für die Organisation ist, sollten in dem Kick-off-Meeting auch »wichtige« Personen den Rahmen vorstellen und so das »Commitment« erhöhen (z. B. Auftraggeber, Vorstand, Geschäftsführer) (Schiersmann/Thiel 2014b). Beim Kick-off-Meeting geht es darum, allen, die von den formulierten Zielen betroffen sind und die bei der Umsetzung mitarbeiten sollen, den gesetzten Rahmen und den Projektauftrag vorzustellen (Königswieser/Exner, 2004, S. 120 ff.).

Themen und Funktionen eines Kick-off-Meeting können sein(Schiersmann/Thiel 2014a): Die Vermittlung übergeordneter Ziele und die Darstellung der strategischen Bedeutung, z. B. eines Themas

---

44 Da im Rahmen dieses Bandes hier nicht weiter detailliert auf die methodischen Besonderheiten eingegangen werden kann, verweise ich auf die einschlägige Literatur (Dittrich-Brauner et al., 2013; Weber, 2009).

- Vermittlung des konkreten Projektziels und Klärung der Aufgabenstellung.
- Darstellung der Rahmenbedingungen bzw. Projektorganisation hinsichtlich der Ressourcen und Verantwortlichkeiten.
- Vorstellung und Kennenlernen der Projektmitglieder des Teams, der Motivation und Erwartungen der Beteiligten.
- Klärung der Rollen und Spielregeln der Zusammenarbeit
- Klärung des weiteren Vorgehens.

Die Ansprache einer wichtigen Führungsperson ist ganz häufig ein zentraler Teil einer Kick-off-Veranstaltung; dies hat vor allem auch eine symbolische Signalfunktion gegenüber den unmittelbar Beteiligten: Das Management steht hinter der geplanten Veränderung und hinter dem dazu anberaumten Veränderungsprozess.

Die Beschreibung der vielen Interventionstechniken zeigt, dass der OE-Berater auf einen umfangreichen »Instrumentenkasten« zurückgreifen muss, um die vielfältigen Organisationsprobleme zu bearbeiten. Dabei erscheint es sehr wichtig, dass er mit gutem »Gespür« die richtige Methode zur richtigen Zeit einsetzt und die Methode zum verfolgten Ziel des OE-Prozesses und seiner jeweiligen Phase passt (Becker/Langosch, 1984, S. 54).

4.11 Transfer und Evaluation

Das Wichtigste bei einem Veränderungsprozess geschieht weder in Workshops noch in Projektgruppen – sondern danach. Das zentrale Erfolgskriterium eines Veränderungsprozesses sind die in der Alltagspraxis gelebten Veränderungen bezogen auf strategische, strukturell-prozessuale und auch organisationskulturelle Dimensionen. Am Ende eines Veränderungsprozesses geht es darum, die Ergebnisse in den Alltag zu transferieren, und zwar so, dass sie möglichst stabil und wirksam eingesetzt werden. Zudem ist es wichtig, den Veränderungsprozess zu evaluieren. Der Transfer der erarbeiteten und entwickelten Veränderungen in die Alltagspraxis ist deshalb von entscheidender Bedeutung. Letztlich ist dann auch die Frage, ob sich die Anstrengungen für die Veränderungen gelohnt haben: finanziell, ressourcenmäßig und ideell. Leider sind Konzepte für die Evaluation von Veränderungsprozessen noch sehr rudimentär ausgeprägt (Radel, 2011; Kraus/Rost, 2012, S. 18). Es fehlen sowohl präzise Evaluationsinstrumente als auch eine eingeübte und wertgeschätzte Praxis. Zumeist sind Unternehmen nach einem anstrengenden und aufreibenden Veränderungsprozess froh, dass es vorbei ist. Mit letzter Kraft gelingt noch eine wertschätzende und bilanzierende Abschlussveranstaltung. Für eine – noch einmal aufwendige – substanzielle Evaluation der Ergebnisse gibt es jedoch häufig wenig Begeisterung und noch weniger Bereitschaft, Energie und Ressourcen zu investieren. Und deshalb fällt die Evaluation auch meist aus.

Beim Transfer in die Praxis ist darauf zu achten, dass neben den individuellen Verhaltensweisen WOLLEN und KÖNNEN der relevanten Mitarbeiter auch die organisationalen Rahmenbedingungen DÜRFEN/SOLLEN und ERMÖGLICHUNG angemessen mitverändert werden. Sonst besteht die Gefahr, dass die Menschen zwar neue Motivation und auch Qualifikationen erlernt haben, diese jedoch durch mangelnde Unterstützung ihrer Umgebungskultur (DÜRFEN/SOLLEN) und auch durch mangelnde Infrastruktur und fehlende Ressourcen (ERMÖGLICHUNG) nicht in die Praxis umsetzen können (► Abb. 54).

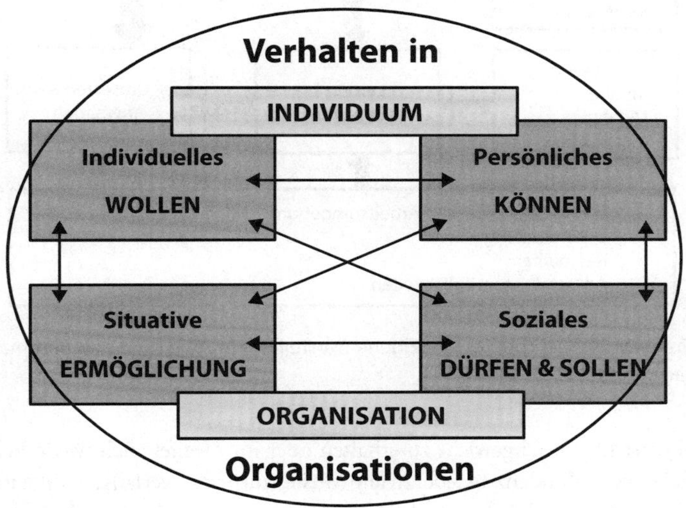

Abb. 54: Verhalten in Organisationen (Eigene Darstellung in Anlehnung an Rosenstiel, 2007, S. 57)

Die Bedeutung des Transfers und das dazu notwendige konstruktive Zusammenspiel von individueller Entwicklung und adäquater Entwicklung des Arbeitskontextes zeigt auch das nachfolgende Schaubild noch einmal genauer (► Abb. 55). Die Entwicklung und das Lernen von Mitarbeitern im Rahmen von Veränderungsprozessen ist geprägt durch die persönliche Disposition des Mitarbeiters (Fähigkeiten, Motivation, Persönlichkeit) und durch die Qualität des erlebten Lernprozesses[45] (Reflektieren, Lernen, Behalten). Ob die Umsetzung des Gelernten in der Praxis jedoch tatsächlich gelingt, hängt in ganz entscheidender Form von den Bedingungen der Arbeitsumgebung ab.

Vor diesem Hintergrund ist der Transfer und die stabile und dauerhafte Implementierung von neuen Prozessen, Strukturen und dem ausführenden menschlichen Verhalten eine ganz neuralgische Dimension für den Erfolg eines Veränderungsprozesses, zumal soziale Systeme dazu neigen, immer wieder in alte Standards zurückzufallen. In der systemischen Beratungstheorie wird dieses Phänomen »Homöostase« bezeichnet, das für alle sozialen Systeme geltende Prinzip gegenüber sich verändernden Lebensbedingungen,

---

45 Eine umfassende Beschreibung der vielschichtigen Dimensionen des Lernens im Rahmen von OE-Prozessen habe ich in meinem Buch »Organisationsentwicklung als Lernprozess von Menschen und Systemen« ausführlich beschrieben (Gairing, 2008).

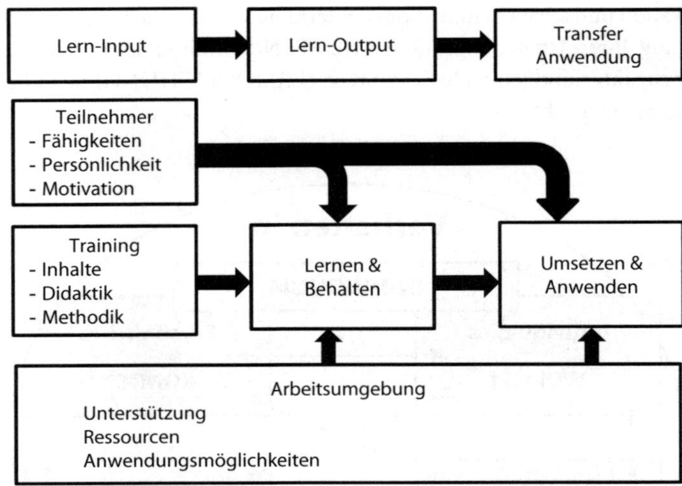

Abb. 55: Transfer von Lernprozessen (Eigene Darstellung in Anlehnung an Bergmann/Sonntag, 2006, S. 359)

das einmal erreichte Gleichgewicht zu erhalten oder im Zweifel auch wiederherzustellen. Auf das Risiko dieser Tendenz »wieder in alte Muster zurück zu verfallen« sollte im Rahmen des Transfers und der Stabilisierung der Veränderungen unbedingt geachtet werden.

Dazu kann auch eine kritische Evaluation eines Veränderungsprozesses beitragen. Evaluation ist die explizite und systematische Verwendung wissenschaftlicher Forschungsmethoden zur Beschreibung und Bewertung der Konzeption, des Designs, der Implementation und des Nutzens bestimmter Gegenstände, z. B. sozialer Interventionsmaßnahmen (Westermann, 2002, S. 5 f.). Evaluation erfüllt dabei (in Anlehnung an Stockmann/Meyer, 2014) fünf grundsätzliche Funktionen:

- Evaluation dient der Gewinnung von Erkenntnissen über die Maßnahme.
- Sie soll eine selbstkritische Reflexion dieser Erkenntnisse und einen Dialog darüber anregen.
- Dadurch gibt sie Impulse für die Planung und Steuerung und kann die weitere Projektarbeit im Sinne einer Qualitätsentwicklung positiv beeinflussen.
- Und schließlich soll sie als Erfolgskontrolle die Ergebnisse der Intervention nach vorher festgelegten Maßstäben überprüfen.
- Hierdurch wird im Unternehmen Akzeptanz geschaffen und die Maßnahme wird legitimiert.

Sowohl die kritische Bilanz der Ergebnisse als auch eine methodische Prozessreflexion sind deshalb zentrale Aufgaben, um im Sinne von »close the loop«, einen Veränderungsprozess systematisch abzuschließen. Man unterscheidet bei Evaluation grundsätzlich zwischen formativer und summativer Evaluation. Unter formativer Evaluation wird die Bewertung und Verbesserung eines Prozesses verstanden. Die summative

Evaluation wird nach der Durchführung eines Prozesses angewandt. Ziel ist die abschließende Bewertung oder Überprüfung des Erfüllungsgrads der Ergebnisse. Im Rahmen der Evaluation von Veränderungsprozessen sind beide Evaluationsformen bedeutsam: Die summative Evaluation bilanziert die Erfüllung der angestrebten Ziele. Die formative Evaluation untersucht die Qualität des dazu eingesetzten Prozesses und der methodischen Instrumente.

Bei einem Veränderungsprozess ist im Hinblick auf das erarbeitete *Ergebnis* zu prüfen, in welchem Umfang es gelungen ist, die zu Beginn formulierten Ziele zu erreichen *(Effektivität)*. Je präziser und konkreter diese zu Beginn definiert wurden, desto leichter fällt am Ende die Feststellung des Erreichten. Dabei ist beim Grad der Zielerreichung auch die Frage der Qualität der Ergebnisse entscheidend. Bei besonders umfangreichen bzw. komplexen Vorhaben bietet es sich an, die inhaltliche Feststellung und Bewertung des Erfolgs noch einmal in Bezug auf Teilprodukte bzw. Teilziele auszudifferenzieren. Da es sich bei OE-Prozessen um einen zeitlich und in Bezug auf die Ressourcen begrenzten Arbeitsauftrag handelt, ist neben der Frage des Grades der inhaltlichen Zielerreichung auch zu prüfen, ob die veranschlagten Kosten und die vorgegebenen Termine eingehalten bzw. unterschritten wurde. Letzteres berührt Fragen der *Effizienz* (Schiersmann/Thiel 2014a). Die Klärung von Kriterien und Verfahren der Evaluation sollte möglichst schon zu Beginn des Prozesses erfolgen, damit am Ende nicht Missverständnisse darüber entstehen, was man eigentlich erreichen wollte.

Wird ein Veränderungsprozess nicht oder nur halbherzig evaluiert, besteht die Gefahr, dass schwache oder gar kontraproduktive Ergebnisse bei der Zielerreichung nicht entdeckt werden und zu einer Verschlechterung und Frustrationen führen. Zum anderen besteht aber auch die Gefahr, dass gute Ergebnisse nicht angemessen gewürdigt werden und ein berechtigter Stolz auf die erreichten Ziele ungehört verpufft. Zudem ist es wichtig, dass unpassende und nicht hilfreiche methodische Vorgehensweisen erkannt werden, damit sie sich bei einem neuen Projekt nicht wiederholen.

5 Herausforderungen

Ich denke, es gibt gute Gründe für die Annahme,
dass das moderne Zeitalter zu Ende geht.
Es gibt heutzutage viele Hinweise darauf,
dass wir uns in einem Übergangsstadium befinden,
es sieht so aus, als ob etwas auf dem Weg hinaus ist
und als ob etwas Anderes unter Schmerzen geboren wird.
Es ist so, als ob etwas taumelt, schwankt, schwindet und sich selbst erschöpft
– während sich etwas anderes, noch Unbestimmtes,
langsam beginnt aus den Trümmern zu erheben.

Vaclav Havel

5.1 Die Welt im Wandel

VUCA

Dem amerikanischen Organisationswissenschaftler Peter Senge wird die Parabel vom »Boiling frog« zugeschrieben (Senge/Klostermann, 2011). Sie geht folgendermaßen: Taucht man einen Frosch in einen Topf mit heißem Wasser, wird er sofort aus dem Gefäß springen. Setzt man ihn jedoch in kaltes Wasser, das langsam erhitzt wird, passiert etwas Überraschendes. Während die Temperatur steigt, bewegt sich der Frosch kaum, er zeigt vielmehr sogar Anzeichen von Wohlbehagen. Nimmt die Hitze nach und nach zu, wird der Frosch immer schlapper und schlapper, bis er unfähig ist, aus dem Topf herauszuklettern. Obwohl der Frosch den Topf rechtzeitig hätte verlassen können, bleibt er sitzen, bis er kocht. Die Moral? Der Frosch fühlt sich wohl in einer Umgebung, die warm und wohlig ist. Die schleichende Veränderung spürt er nicht. Ebenso wenig die existenzielle Gefahr. Am Schluss ist er tot. Parallelen zur aktuellen Situation der digitalen Revolution? Durchaus!

Die Industriegesellschaft steht wieder einmal an einem Scheideweg. Daran besteht kein Zweifel. Ob die Parabel vom gekochten Frosch eine passende Metapher für die aktuelle Situation ist, werden wohl die Wirtschaftshistoriker in den nächsten Jahren im Rückblick entscheiden müssen. Trotz schleichender Entwicklung und schillernder Warnzeichen scheinen die aktuellen Entwicklungen im Bereich der Digitalisierung und der Industrie 4.0 zwar nicht unerwartet, in ihrer Wucht jedoch überraschend konkret aufgeschlagen zu haben. Etliche Unternehmen haben sich verhalten wie der wechselwarme Frosch und die schleichende habituelle Anpassung im Zusammenspiel zwischen strukturellen Veränderungen, technischen Entwicklungen und disruptiven Innovationen hat sie blind gemacht für Warnsignale und für unbequeme Wahrheiten. Die spannende Frage ist, ob die Protagonisten die Zeichen der Zeit erkennen und verstehen und ob sie aus den köchelnden Töpfen herausspringen und neue lebens- und zukunftstauglichere Behausungen suchen.

Wandel begleitet Unternehmen seit Beginn der Industrialisierung. Und seit dem Change-Boom Mitte der 1980er Jahre gibt es kaum ein deutsches Unternehmen, das nicht mindestens einen tiefgreifenden Veränderungs-, Entwicklungs- oder Reorganisationsprozess absolviert hätte. Reorganisation, Kostensenkung, Personalreduzierung, Prozessoptimierung, Total-Qualitiy-Management, ISO 9000 ff., Lean-Production usw. Die Anzahl und die Namen der Veränderungsprozesse sind Legion. Zumeist war es nicht nur ein einzelner Change-Prozess, sondern eine ganze Reihe sich teilweise gegenseitig überholender Change- und Optimierungskampagnen. Vielen Mitarbeiten und auch Führungskräften ist diese Change-Inflation nicht nur wegen der damit verbundenen veränderten Anforderungen gehörig auf die Nerven gegangen. So überrascht es auch nicht, dass in vielen Unternehmen eine ernstzunehmende Change-Müdigkeit wahrzunehmen ist (Bruch/Vogel, 2005, S. 80). Gustav Greve beschreibt in seinem gleichlautenden Buch sogar das Phänomen des »Organizational Burnout« (Greve, 2015).[46] Vor diesem Hintergrund klingt die aktuelle Diagnose, dass erneut ein vermutlich noch viel tiefer greifender Wandel notwendig sei – aus Sicht der Betroffenen – fast schon zynisch, mindestens jedoch fragwürdig. Und doch ist wohl trotz all der mehr oder weniger heftigen Veränderungs- und Optimierungsprozesse der letzten Jahre ein aktueller radikaler Wandel in vielen Wirtschaftsbereichen unumgänglich. Die Alternative wäre ökonomischer Suizid sehenden Auges. Was diesen anstehenden Wandel von bisherigen Veränderungsprozessen unterscheidet, sind nach meiner Einschätzung die Dimensionen. Es wird etwas Anderes notwendig sein, als nur schnell die drängendsten Probleme zu lösen, um möglichst rasch wieder den alten Zustand wiederherzustellen. Es braucht heute ein noch beherzteres Umdenken in weit grundsätzlicherem Ausmaß als jemals zuvor. Nicht periphere Produktivitätskuren, sondern radikale Transformation ist die Herausforderung im Kontext einer sich radikal ändernden Welt – »neudeutsch« auch »VUCA-World« genannt. Das Akronym VUCA (kurz für volatility, uncertainty, complexity, ambiguity – auf Deutsch: Volatilität,

46 Ein Organizational Burnout liegt vor, »wenn sich ein aktives Organisationssystem in einem erschöpften und paralysierten Zustand befindet und mit eigenen Ressourcen diesen, als unerwünscht erkannten, Zustand nicht mehr positiv verändern kann.« (Gabler Wirtschaftslexikon, 2017).

Unsicherheit, Komplexität und Ambiguität) beschreibt dabei die grundsätzlich geänderten Rahmenbedingungen von Gesellschaft und Wirtschaft in unserer Zeit. Dabei haben sich nicht nur die Einflussgrößen des gesamten sozio-ökonomischen Systems verändert, sondern vor allem die Beziehungen zwischen diesen Elementen. Während bei der bewährten PEST-Analyse[47] die vier Dimensionen Politik, Wirtschaft, Gesellschaft und Technik Einflussfaktoren als Basis für strategische Entwicklungen und Entscheidungen herangezogen wurden, muss man heute neben der Entwicklung dieser wesentlichen Rahmenfaktoren aber insbesondere auch die Dynamik und die Komplexität, die sich aus der Interdependenz dieser entscheidungsrelevanten Variablen ergibt, als Grundlage der aktuellen radikalen Veränderungen realisieren (▶ Abb. 56).

Volatilität	**Unsicherheit**
Unbeständigkeit, hohe Schwankungsbreite, Veränderungsgeschwindigkeit hat sich noch weiter erhöht. Preisschwankungen an der Börse, schnelle Markteintritte und -verluste	Unkenntnis über die Variablen und die kausalen Beziehungen zwischen ihnen. Disruptionen. Veränderungen scheinbar aus dem Nichts. Ganze Märkte entstehen neu.
Ambiguität	**Komplexität**
Viel-, Mehrdeutigkeit, Informationen sind nicht eindeutig interpretierbar. Missverständnisse aus der Vielzahl der Rollen, Aufträge und Schnittstellen hat sich erhöht. Interessenkoalitionen werden vielschichtiger.	Viele, teilweise unbekannte Variablen mit vielfältigen Wirkungen aufeinander. Eine Aktion hat Wirkungen auf sehr viele Variablen. Projekte lassen sich nicht berechnen und vorplanen.

Abb. 56: Die vier Dimensionen der VUCA-World (Grannemann, 2017)

Von zentraler Bedeutung ist in diesem Zusammenhang die Diskussion um die sogenannte vierte industrielle Revolution.

»Der Begriff Industrie 4.0 steht für die vierte industrielle Revolution, eine neue Stufe der Organisation und Steuerung der gesamten Wertschöpfungskette über den Lebenszyklus von Produkten. Dieser Zyklus orientiert sich an den zunehmend individualisierten Kundenwünschen und erstreckt sich von der Idee, dem Auftrag über die Entwicklung und Fertigung, die Auslieferung eines Produkts an den Endkunden bis hin zum Recycling, einschließlich der damit verbundenen Dienstleistungen. Basis ist die Verfügbarkeit aller relevanten Informationen in Echtzeit durch Vernetzung aller an der Wertschöpfung beteiligten Instanzen sowie die Fähigkeit, aus den Daten den zu jedem Zeitpunkt optimalen Wertschöpfungsfluss abzuleiten. Durch die Verbindung von Menschen, Objekten und Systemen entstehen dynamische, echtzeitoptimierte und selbst

47 Die PEST-Analyse ist eine Managementmethode, die eine Analyse der vier Einflussfaktoren – politische, wirtschaftliche, soziokulturelle und technologische Einflussfaktoren – auf die Leistung eines Unternehmens ermöglicht.

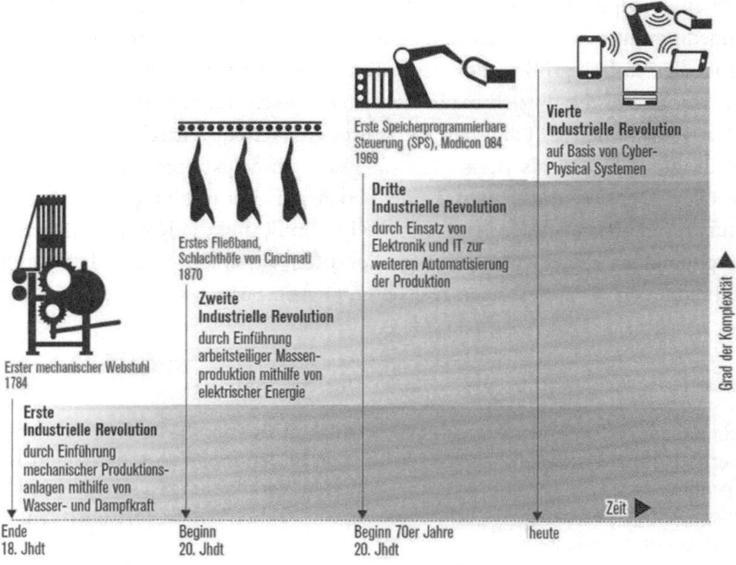

Abb. 57: Von »Industrie 1.0« bis »Industrie 4.0« (Kagermann et al., 2012, S. 13)

organisierende, unternehmensübergreifende Wertschöpfungsnetzwerke, die sich nach unterschiedlichen Kriterien wie bspw. Kosten, Verfügbarkeit und Ressourcenverbrauch optimieren lassen« (Memorandum Plattform Industrie 4.0). Insgesamt sehen Industrie 4.0-Forscher acht strategische Handlungsfelder, die in diesem Zusammenhang wesentlich sind: Standardisierung und Referenzarchitektur, Beherrschung komplexer Systeme, flächendeckende Breitbandinfrastruktur für die Industrie, Sicherheit, Arbeitsorganisation und -gestaltung, Aus- und Weiterbildung, rechtliche Rahmenbedingungen und Ressourceneffizienz (Forschungsunion, 2013, S. 6).

Disruptive Innovationen und Entwicklungen

Der Harvard-Professor Clayton Christensen hat mit seiner Theorie der disruptiven Innovationen (Christensen/Matzler, 2013) das Dilemma bislang erfolgsverwöhnter Industrien beschrieben. Für Christensen und Johnson bedeuten disruptive Innovationen ein großes Risiko für etablierte Unternehmen, denn mangelnde Innovationsfähigkeit im bestehenden Geschäftsmodell sind nach ihrer Meinung der Hauptgrund, warum die führenden etablierten Unternehmen in den meisten Branchen in der Regel scheitern, wenn sie mit »disruptiven Wettbewerbern« konfrontiert werden (Christensen/Johnson, 2009).

Hintergrund dieses Phänomens ist, dass aktuell an vielen Orten der Welt innovative *Geschäftsmodelle entwickelt und ausprobiert werden*, die sowohl auf digital vernetzten Geschäftsprozessen als auch auf digital vernetzten Produkten basieren. Solche Modelle besitzen disruptives Potential, wenn sie in der Lage sind, etablierte Produkte und Dienste zu verdrängen. Der Mechanismus einer solchen disruptiven Innovation besteht dann häufig darin, dass etablierte Unternehmen diese Innovationen zunächst unterschätzen. Oft entfernen sich jedoch etablierte Produkte mit der Zeit von den Kundenerwartungen oder die Kundenerwartungen entfernen sich von etablierten Produkten und plötzlich sind die vermeintlich »exotischen« Lösungen im Zentrum der Kundenerwartungen (Christensen/Matzler, 2013) (▶ Abb. 58).

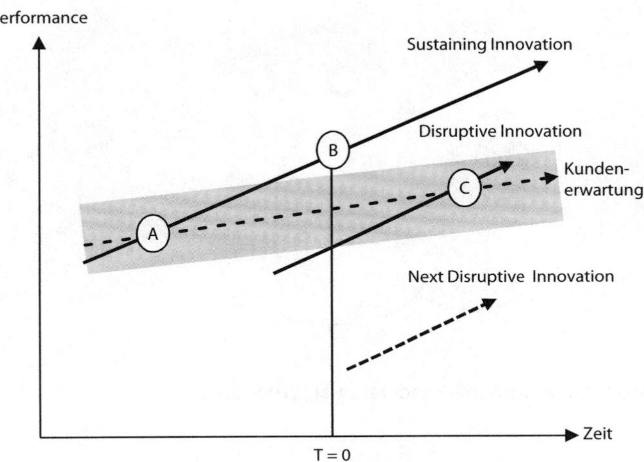

Abb. 58: Disruptive Innovationen (Obermaier, 2016, S. 30)

Ein besonders augenscheinliches Beispiel hierfür ist das Thema Mobilität. Neben der Entwicklung von elektrischen Antriebssystemen, autonom fahrenden Autos und digitalisierten globalen Produktionsprozessen wird heute zunehmend von »neuen Mobilitätskonzepten« gesprochen (Hinderer et al., 2016). Das bedeutet, dass nicht der Besitz eines Autos wichtig ist, sondern dass allein der Zugang zu Mobilität im Vordergrund steht. Im Zentrum der Dienstleistung »Mobilität« steht dann nicht mehr wie bisher das »Ökosystem Automobil« (▶ Abb. 59).

Das heißt: Nicht mehr das Produkt Auto steht im Mittelpunkt, um den sich viele weitere Nutzerinteressen, Rahmenbedingungen und Gestaltungsdetails gruppieren (Zubehör, Energie, Parkmöglichkeiten, Versicherungen, Image, Design etc.), sondern im Fokus steht der Nutzer, der über völlig unterschiedliche Formate, Produkte und Dienstleistungen seinen Mobilitätswunsch befriedigt (▶ Abb. 60). So verkauft beispielsweise Uber keine Autos, sondern Mobilität von A nach B. Und auch Airbnb besitzt kein einziges Hotel, nicht einmal ein Bett und verkauft dennoch mehr Reiseübernachtungen als die großen internationalen Hotelketten. Diese radikalen Brüche zwischen »neuen« Kundenerwartungen und etablierten Produkten bringen neue »Spieler« in das Geschäft und verdrängen im Zweifel langjährig erfolgsverwöhnte Unternehmen aus dem Markt. Nokia, Polaroid, Kodak, Grundig und viele andere Unternehmen sind beredte Zeugen dieses Mechanismus.

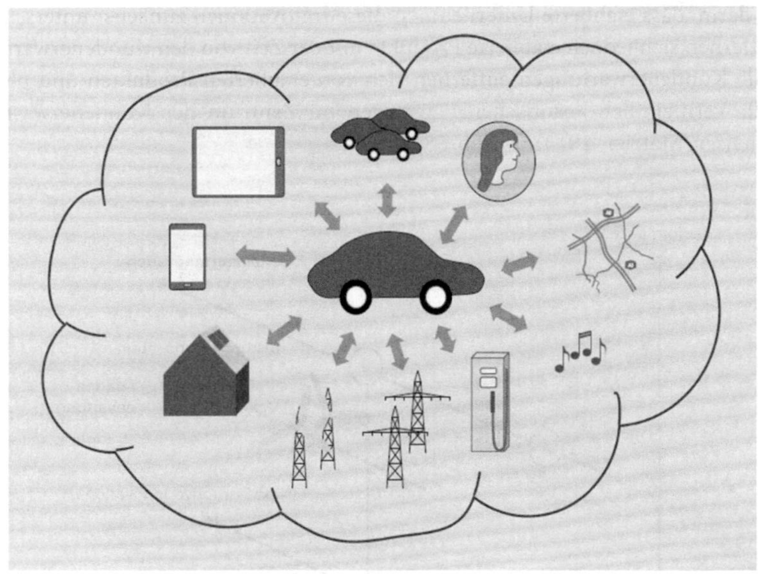

Abb. 59: Ökosystem Automobil (Hinderer et al., 2016, S. 46)

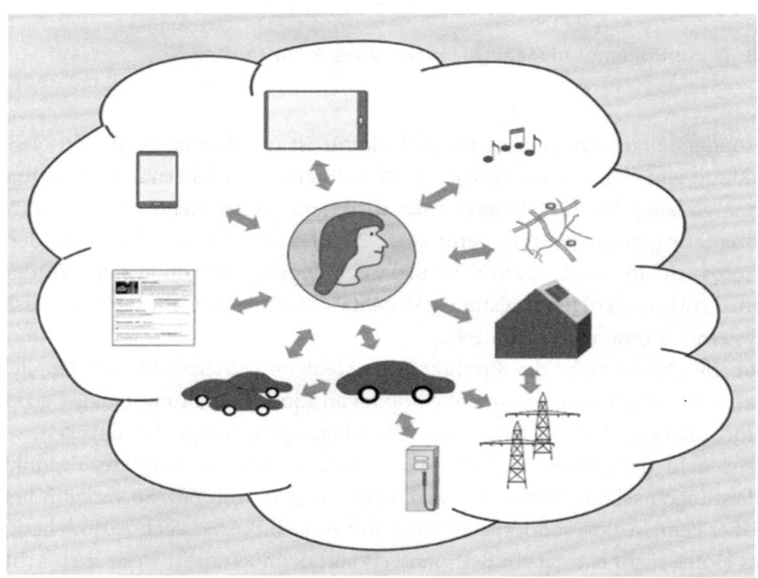

Abb. 60: Kunden- und nutzerorientiertes Ökosystem (Hinderer et al., 2016, S. 53)

Big Data

Ein weiterer Treiber der digitalen Revolution ist das Thema Big Data. »Big Data bezeichnet den Einsatz großer Datenmengen aus vielfältigen Quellen mit einer hohen Verarbeitungsgeschwindigkeit zur Erzeugung wirtschaftlichen Nutzens« (BITKOM 2012, S. 21). Der Bundesverband Informationswirtschaft, Telekommunikation und neue Medien charakterisiert Big Data durch drei zentrale Kriterien: Datensätze im Sinne der BITKOM-Definition von Big Data müssen demnach über die Eigenschaften »volume«, »velocity« und »variety« (also: Volumen, Geschwindigkeit und Vielfalt) verfügen (Laney, 2001, S. 1). »Volume«, das Datenvolumen, steht für die stetig wachsende Menge der für Analysen verfügbaren Daten. So wird beispielsweise prognostiziert, dass die Datenmenge von 4,4 Zettabyte (ZB) im Jahr 2005 bis 2020 auf ein Volumen von 44 ZB steigen wird. Würde man diese Datenmenge auf I-Pads speichern und diese stapeln, ergäbe dies 6,6 Stapel aufeinandergeschichteter I-Pads, die von der Erde bis zum Mond reichten. Die regelmäßigen Verdopplungen, die nach dem berühmten Moore'schen Gesetz für integrierte Schaltkreise gelten, gelten auch für andere Bereiche der Informationstechnologie (Matzler et al., 2016, S. 31). Damit ist klar, dass die exponentielle Dynamik der zur Verfügung stehenden Daten noch weiter den Big-Data-Strom füttern wird.

»Variety«, also die Datenvielfalt bedeutet, dass immer mehr und verschiedene Datenquellen zur Verfügung stehen. Diese unterschiedlichen Datenquellen generieren nicht nur inhaltlich vielfältige Daten, sie können sich auch in Bezug auf ihre Art und ihre Struktur unterscheiden. Dadurch kommt es zu einer starken Heterogenität von Big Data, besonders nach den Gesichtspunkten der Datenherkunft und des Datenformates.

»Velocity« beschreibt die Geschwindigkeit, mit der Daten generiert, ausgewertet und verwertet werden können. Besonders die Schnelligkeit in der Entstehung von neuen Daten verdeutlicht, dass Analysen nicht nur mit schon erhobenen, stabilen Daten durchgeführt werden, sondern dass auch aktuelle Veränderungen in die Datenanalyse einbezogen werden können (Zikopoulos et al., 2012, S. 9). Große Datenmengen haben jedoch in »Rohform« keinen großen Nutzwert. Erst die intelligente Datenanalyse macht Daten bedeutsam. BITKOM nennt deshalb die Datenanalyse eine weitere wesentliche Dimension von Big Data. Ohne erkennbare Zusammenhänge oder verfügbare Muster, die eine Bedeutung für Entscheidungen haben können, sind Big Data nach dieser Einschätzung nutzlos (BITKOM, 2012). »Big Data Analytics« machen den Einsatz von Big Data nützlich. Erst durch sie bekommt Big Data Bedeutung, weil aus diesen Analysen ein wirtschaftlicher Nutzen gezogen werden kann. In diesem Zusammenhang wird häufig auch der Begriff »Business Intelligence« gebraucht. Ziel von Busisness-Intelligence-Systemen ist es, Daten so auszuwerten, dass sie die unternehmerischen Entscheidungen zielführend unterstützen. Während Big-Data-Analysen auch unstrukturierte, variable Daten aus verschiedenen externen Quellen miteinbeziehen, arbeiten Business-Intelligence-Systeme vor allem mit dem Nutzenziel entsprechend strukturierter Daten.

Arbeit 4.0

Aktuell wird heftig darüber spekuliert, welche Auswirklungen diese vierte industrielle Revolution auf den Arbeitsmarkt haben wird. Carl Frey und Michael Osborne prognostizieren in ihrer Studie (Frey/Osborne, 2013), dass 47 Prozent aller Jobs in den USA in den kommenden 10 bis 20 Jahren von intelligenten Robotern oder Software ersetzt werden könnten. Das Zentrum für Europäische Wirtschaftsforschung ZEW) in Mannheim kam zu dem Ergebnis, dass in Deutschland 42 Prozent der Erwerbstätigen in Berufen arbeiten, die automatisierbar und damit ersetzbar sind. Das würde 18 Millionen gefährdeten Jobs entsprechen. Aktuell sehen die ZEW-Forscher etwa 5 Millionen Jobs ernsthaft in Gefahr (ZEW, 2015). Dies macht deutlich, welch grundsätzliche strukturelle Entwicklungen durch die veränderten Rahmenbedingungen der Industrie 4.0 auf uns zukommen werden. Und dass diese Veränderungen weit mehr umfassen als nur technologisch-strukturelle Dimensionen.

Müller-Jentsch weist zu Recht darauf hin (2007, 81 f.), dass sich industrielle Revolutionen nicht auf technische Umwälzungen oder Revolutionen der Energiebasis (Dampf, Elektrizität, Atomkraft etc.) reduzieren lassen. Vielmehr bedeuten sie immer Umbrüche des gesamten Produktionssystems, zu denen neben der Technik auch die Arbeitskräfte und ihre Qualifikationen sowie die Organisationsformen der Arbeit zählen: »Sie wälzen [...] nicht nur technische Verfahren und den Charakter der produktiven sondern auch soziale Verhältnisse um« (Müller-Jentsch, 2007, S. 82). Die sogenannte »soziale Frage« der ersten industriellen Revolution oder auch die aktuellen Diskussionen um Leistungsverdichtung, mentale Belastungen und Entgrenzungsprozesse im Zuge der digitalen Revolution belegen dies eindrücklich. Auch die Industrie 4.0 determiniert das gesamte sozio-technische System. Die soziale und humane Dimension der Thematik bleiben in den gegenwärtigen Debatten zur Industrie 4.0 jedoch bislang eher im Hintergrund. Weit mehr finden technische, strukturelle und IT-Themen Beachtung (Ittermann/Niehaus, 2015, S.6 f.). Sattelberger bringt diesen Mangel auf den Punkt: »Wir haben vor dem Hintergrund des Themas der Digitalisierung – Smart Services wie Industrie 4.0 – eine Fülle an disruptiven Entwicklungen, die auf uns zukommen. Die dazu passende Arbeitswelt wird heute ausschließlich von Ingenieuren, von Informatikern und Ökonomen entwickelt. Doch Technologie 4.0 ohne Arbeitswelt 4.0 wird ein Desaster« (Sattelberger et al., 2015a).

Einige Studien prognostizieren vielfältige Auswirkungen für die Arbeitswelt, die sich aus den Herausforderungen der Digitalisierung im Rahmen von Industrie 4.0 ergeben (Fischer/Häusling, 2017; Peissner et al., 2013; Obermaier, 2016). Konsequenzen für Arbeit 4.0 werden sich demnach vor allem in den Dimensionen Flexibilität, Vernetzung, Mobilität, aber auch Standardisierung zeigen (▸ Abb. 61).

Die notwendigen Entwicklungsszenarien müssen vor allem die Wechselwirkungen zwischen Technik, Mensch und Organisation berücksichtigen. Dies hat dann Entscheidungen auf unternehmensstrategischer sowie arbeits- und personalpolitischer Ebene zur Folge. Dabei wird auch die Personalentwicklung einen zentralen Stellenwert einnehmen, da neue Kompetenzen erforderlich sind: Zur Gestaltung und Anpassung von Produkten und Prozessen, aber auch zur Entwicklung neuer Geschäftsmodelle und für eine veränderte Arbeits- und Prozessorganisation (Acatech, 2016).

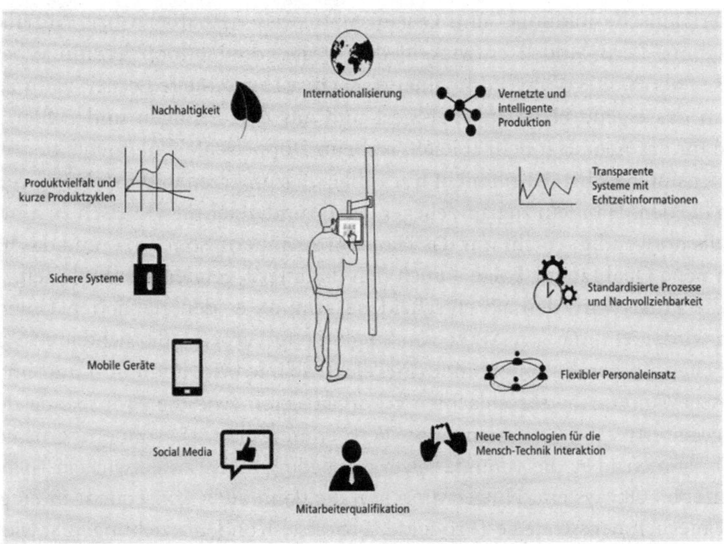

Abb. 61: Rahmenbedingungen der Produktionsarbeit in der »Industrie 4.0« (Peissner et al., 2013, S. 30)

5.2 OE im Kontext der digitalen Revolution

Insgesamt wird der disruptive Wandel durch die Digitalisierung der vierten industriellen Revolution eine immense Veränderung bezüglich Kundenwünschen, Kundenbeziehungen, Produktionsprozessen, Arbeitsformaten und -kulturen mit sich bringen. Unternehmen müssen dies vor dem Hintergrund von VUCA möglichst frühzeitig antizipieren und sich dann entsprechend anpassen, um zu überleben (Fischer/Häusling, 2017, S. 5). Die Herausforderungen an OE im Rahmen von Industrie 4.0 sind heute vor dem Hintergrund des »digitalen Tsunami« (Clasen, 2013) so groß wie selten in der Geschichte. Technologien, Märkte und Unternehmen stehen an einer ganz entscheidenden und letztlich existenziellen paradigmatischen Grenze. Der digitale Wandel folgt jedoch keinem schlichten deterministischen Muster, sondern muss aktiv gestaltet werden. Die zentrale Frage lautet: Wie kann es Unternehmen gelingen, die anstehende digitale Transformation proaktiv und erfolgreich zu gestalten? Und eine erfolgreiche Gestaltung und Steuerung würde bedeuten, dass nicht nur technologische, prozessuale, IT-relevante oder marktorientierte Dimensionen der Transformation bewältigt werden, sondern auch Fragen der Unternehmens- und Führungskultur sowie die Frage nach dem Konzept für die Gestaltung eines digitalen Change. Neben Industrie 4.0 mit all den dazu gehörenden technologischen Dimensionen muss es deshalb im Rahmen der digitalen Transformation vor allem auch um Arbeit 4.0 um Führung 4.0, um Unternehmenskultur 4.0 sowie um Change 4.0 gehen!

Der amerikanische Bildungs- und Organisationswissenschaftler Chris Argyris hat ein Organisations-Lern-Modell entwickelt, das er als »double-loop learning« bezeichnet (Argyris et al., 2008). Während in einer einfachen Lernschleife Lernen so funktioniert, dass man das eigene Handeln analysiert und aus den Erfolgen und Fehlern Konsequenzen für das neue Handeln ableitet, ist beim Doppelschleifenlernen eine weit tiefere Lerndimension berührt. Es gilt nicht nur Fehler auszumerzen und Erfolge zu verstärken, sondern die dem Handeln zugrundeliegenden Grundannahmen kritisch zu hinterfragen und – falls notwendig – nicht nur das Handeln zu ändern, sondern – und das hätte eine wirklich neue Qualität zur Folge – auch den dahinterliegenden Denkrahmen.

Für die Praxis wird deshalb entscheidend sein, ob es den etablierten Unternehmen gelingen wird, nicht nur – im Sinne von Single-Loop-Lernen – die sichtbaren Symptome zu bearbeiten (in der Automobilindustrie: elektrisch, hybrid, autonom) und im Übrigen rückwärtsgewandte Abwehrschlachten zu organisieren (wie die Propaganda der Auto-Lobby gegen Ausstiegsszenarien zum Verbrennungsmotor), sondern ernsthaft neue Grundannahmen über die veränderten Marktbedingungen zu entwickeln (neue Mobilitätskonzepte, Ökosystem, Nutzerwünsche), die dann auch konsequent in einer veränderten Unternehmensstrategie (Produkte, Prozesse, Kundenbeziehungen sowie auch in neuen Arbeitsformaten und einer neuen Unternehmenskultur) umgesetzt werden.

Manche Unternehmensentscheidungen erscheinen heute noch rückwärtsgewandt, verteidigend, kaschierend, aber es zeigt sich auch: Neben der Tendenz, die Zukunft eher als Fortschreibung der Vergangenheit zu zeichnen, gibt es in vielen Unternehmen Energien, Ideen und Mut, die Ansätze für den notwendigen grundlegenden Umbau der Unternehmen liefern könnten. Die Kunst wird sein, die Unternehmensentwicklung trotz Unsicherheit, Ambiguität und Komplexität, strategisch und operativ so zu gestalten, dass innovative Ideen und couragierte Energien eine Plattform für Innovation bekommen und eine gemeinsame Richtung finden.

Tiefgreifender Wandel setzt das Ent-lernen alter Muster und Routinen voraus. Und wenn die Prognosen zu den anstehenden radikalen Veränderungen nur halbwegs zutreffen, dann ist diese Qualität des Wandels wohl unzweifelhaft nötig. Die Frage ist jedoch, wohin sollen sich die Unternehmen verändern. Und noch mehr: Wie kann eine solche radikale Veränderung gestaltet werden? Taugen die bestehenden Change-Konzepte für diese neue Qualität der Veränderungen? Oder braucht es auch einen Wandel des Wandels? John McCann beschreibt drei Formate von Wandel (► Abb. 62):

Für *episodische Veränderungen* reicht es aus, den Wandel zu kontrollieren und möglichst schnell wieder einen funktionierenden Normalzustand herzustellen. Dieses Vorgehen entspricht der klassischen Problemlösetaktik, »die Kuh vom Eis« zu holen, d. h. eine Störung zu beseitigen, um dann möglichst rasch wieder im Normalbetrieb arbeiten zu können. *Kontinuierliche Veränderungen* fordern ein anderes Vorgehen. Der Wandel ist keine Episode und einmaliger Störfall, sondern eine permanente Herausforderung. McCann beschreibt das dazu entsprechende Wandelmanagement als Inkorporation des Wandels. Das bedeutet, der Wandel wird als ständige Aufgabe akzeptiert und kontinuierlich gestaltet. Die Konzepte des »Kaizen« (Imai/Nitsch, 1994) also eines kontinuierlichen Verbesserungsprozesses oder auch der »Lernenden Organisation« (Argyris et al., 2008) entsprechen dieser Konstellation und bieten passende Change- und

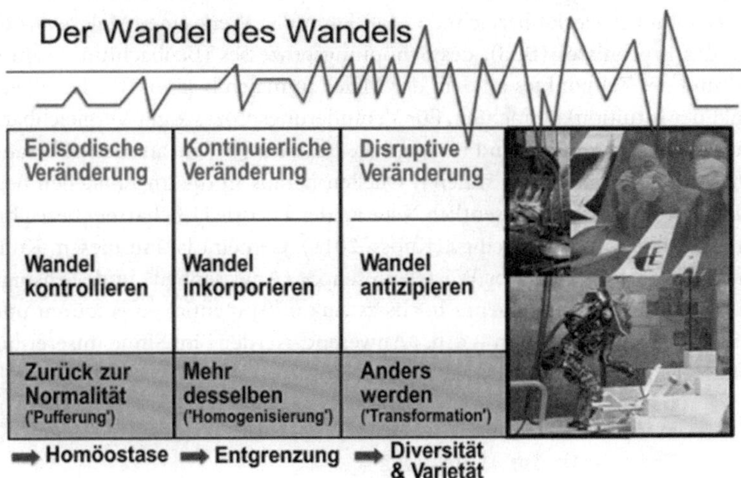

Abb. 62: Wandel des Wandels (McCann, 2004; Sattelberger, 2015b)

Entwicklungsinstrumente für stetigen Wandel. Heutige Wandelprozesse haben jedoch – wie zuvor gezeigt wurde – eine deutlich andere Dimension: *Disruptive Innovationen* verlangen adäquate Change-Konzepte und Instrumente, die des Wandels 4.0 bedürfen.

Hier geht es nicht mehr um die Herstellung einer alten »Normalität«. Es geht auch nicht um eine kontinuierliche Verbesserung der bisherigen Geschäftsmodelle, sondern es geht um eine radikale Transformation der Organisation, die nicht nur inkrementelle Veränderungen anpackt, sondern – im Sinne eines Double-Loop-Lernens – die bisherigen Grundannahmen der Geschäftsidee radikal hinterfragt.

5.3 Theorie U

Claus Otto Scharmer, Organisationforscher am MIT, hat mit seiner »Theorie U« (Scharmer, 2015) ein Modell zum Organisationswandel vorgelegt, dessen Grundidee davon ausgeht, dass, wer Neues schaffen will, sich nicht an der Optimierung des Alten orientieren sollte.

Scharmer beschreibt – ganz ähnlich wie McCann – drei fundamentale Herausforderungen der Gegenwart:

- Bewegung der ewig Gestrigen: Lasst uns zur Ordnung der Vergangenheit zurückkehren.
- Verteidiger des Status Quo: Macht einfach weiter so. Mehr vom selben.
- Vertreter der transformativen Veränderung: Beweg dich vorwärts, ins Offene, indem du dich intentional von dem alten Selbst verabschiedest und eine Erneuerung von innen suchst, von wo etwas Neues in die Welt kommen kann (Scharmer, 2015).

Scharmers Modell ist die Transformation. Ausgangspunkt seines Denkens ist dabei das, was er als »blinden Fleck« bezeichnet: Man kann das Werk eines Malers aus der Perspektive des Ergebnisses (Bild), des Schöpfungsprozesses (Beobachtung während des Malens) und des Zeitpunktes an dem der Maler zu malen beginnt (die leere Leinwand, Zeitpunkt der Intuition) betrachten. Für Veränderungsprozesse gilt Vergleichbares: Was ist zu tun? Wie ist es zu tun? Und was sind die inneren Quellen, aus denen heraus wir es tun? Die Idee, sich aus diesen inneren Quellen heraus in die im Entstehen begriffene Zukunft zu erfühlen, ist das wesentlich Neue an der Theorie U. Scharmer bezeichnet dies mit dem Kunstbegriff »Presencing« (Knöss, 2015). Gemeint ist mit diesem Kunstwort, das eine Zusammensetzung der Worte »presence« (Anwesenheit) und »sensing« (spüren) ist, die Fähigkeit, sein eigenes höchstes Zukunftspotential zu erspüren und dann von diesem Ort aus zu handeln – d. h. »Anwesend-werden« im Sinne unserer höchsten zukünftigen Möglichkeit (Scharmer, 2015: S. 30).

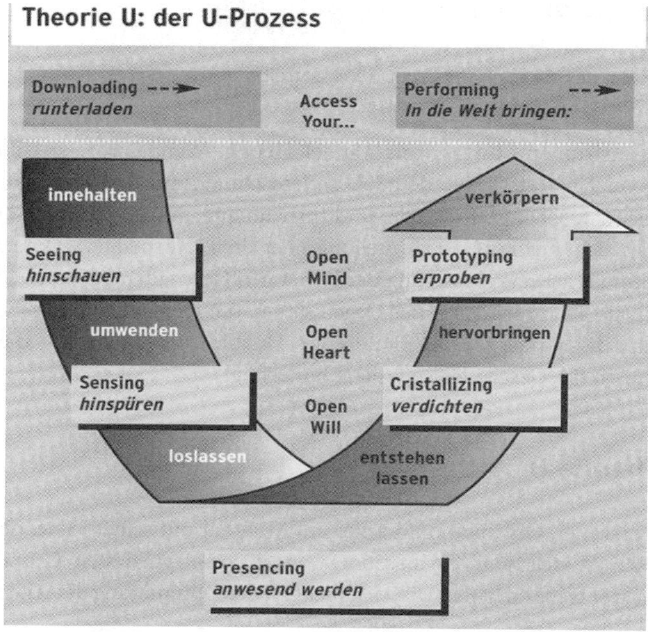

Abb. 63: Theorie U (Scharmer/Käufer, 2008, S. 10)

Scharmer geht bei seinem Konzept von fünf Ebenen von Veränderungen aus (► Abb. 64).

Der Inhalt der Theorie U und die optische Symbolik eines in ein U gegossenen Innovations- und Entwicklungsprozesses umfassen zwei Dimensionen: »Die horizontale Achse macht die Unterscheidung zwischen Wahrnehmung und Handeln, die den Weg von der Wahrnehmung oder dem Erspüren über den Entschluss zum In-die-Tat-Umsetzen beschreibt. Die vertikale Achse beschreibt die verschiedenen Ebenen von

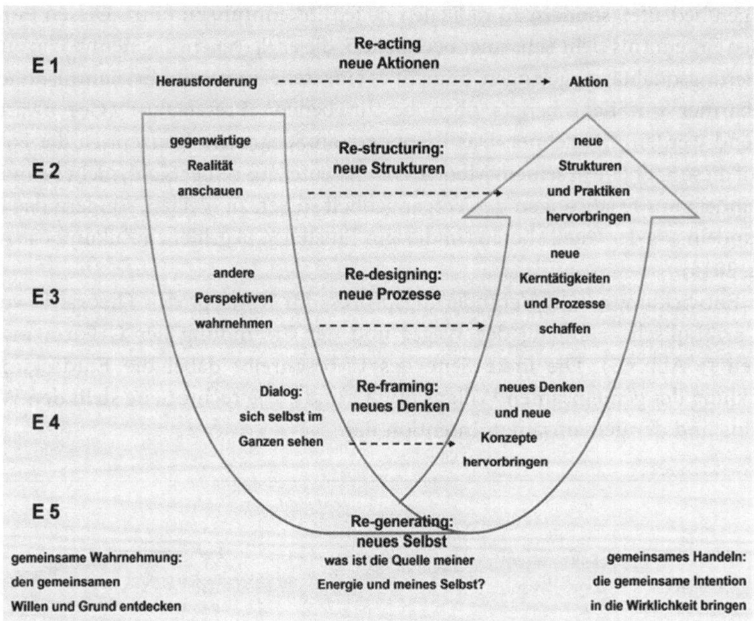

Abb. 64: Die fünf Ebenen von Veränderungen (Scharmer, 2015, S. 52)

Veränderungen: von der oberflächlichsten Antwort, der Reaktion, bis zum umfassenden Regenerieren« (Scharmer, 2015).

Die Ebene 1 bezeichnet Scharmer als *Re-acting*. Auf dieser Ebene geht es um Probleme, die durch schnelle Lösungen geklärt werden müssen. Das geschieht in der Regel durch Handlungen, die sich im Rahmen von bereits vertrauten Mustern vollziehen. Hier sind Lernprozesse nützlich, die sich aus geronnener Erfahrung speisen. Bei akuten Fällen und bei eher operativen Herausforderungen, ist dieses Vorgehen sicher sinnvoll. Auf den Ebenen 2 und 3 gibt es weitere horizontale »Re-Aktionsformen« (*Re-structuring* und *Re-designing*). Diese Formate beschreiben einen Veränderungsprozess, der die zu Grunde liegenden Strukturen und Prozesse miteinschließt. Damit sind sie Zwischenformate zwischen rein operativen Problemlösungen und einem radikalen tiefgreifenden Innovations- und Wandelprozess. Für inkrementelle oder auch kontinuierliche Veränderungsprozesse können solche Change-Formate sehr wohl passend und hilfreich sein. Ebene 4, Neuausrichten (*Re-framing*), zielt darauf ab, auch die den Prozessen und Strukturen zugrundeliegenden Denkmuster und Vorannahmen zu verändern. Doch je komplexer die Herausforderungen werden, je weniger helfen inkrementelle Lösungsansätze. Die meiste Zeit und die meisten Ressourcen werden häufig auf den Ebenen 1 und 2 eingesetzt, in Zeiten von VUCA, disruptiven Innovationen und digitaler Revolution sind grundlegendere Entwicklungs- und Innovationsprozesse angesagt. Diese neue Dimension der Entwicklung sieht Scharmer darin, dass eine Tiefendimension der Analyse, des Wollens und Veränderns erreicht wird, die nicht nur eine Fortschreibung oder Verbesserung des

Bisherigen bedeutet, sondern zu radikalen neuen Erkenntnissen führt. Diesen Punkt der radikalen Erkenntnis sieht Scharmer bei Ebene 5, die er *Re-generating* nennt. Um zu dieser Veränderungsqualität zu gelangen, braucht es eine Reflexions- und Erkenntnisdimension, die Scharmer mit dem bereits oben beschriebenen »Presencing« (Gegenwärtigung, Anwesend-werden) bezeichnet. Das Besondere an Scharmers Konzept ist die Fokussierung auf diese 5. Ebene in seinem Modell. Das bedeutet aus seiner Sicht, nicht beim Lernen und Handeln aus Erfahrungen der Vergangenheit stehen zu bleiben, sondern das Lernen und Handeln aus der Quelle heraus in die »im Entstehen begriffenen Zukunft« abzuleiten (Knöss, 2015).

Der Entwicklungs- und Veränderungsprozess im Konzept der Theorie U vollzieht sich – symbolisch – entlang des Weges und der Erkundung der U-Form in sieben Schritten (▸ Abb. 65). Die linke Seite des U beschreibt dabei die Entdeckung und Entwicklung des gemeinsamen Willens und Grunds. Die rechte Seite stellt den Weg des Handelns und der gemeinsamen Intention dar.

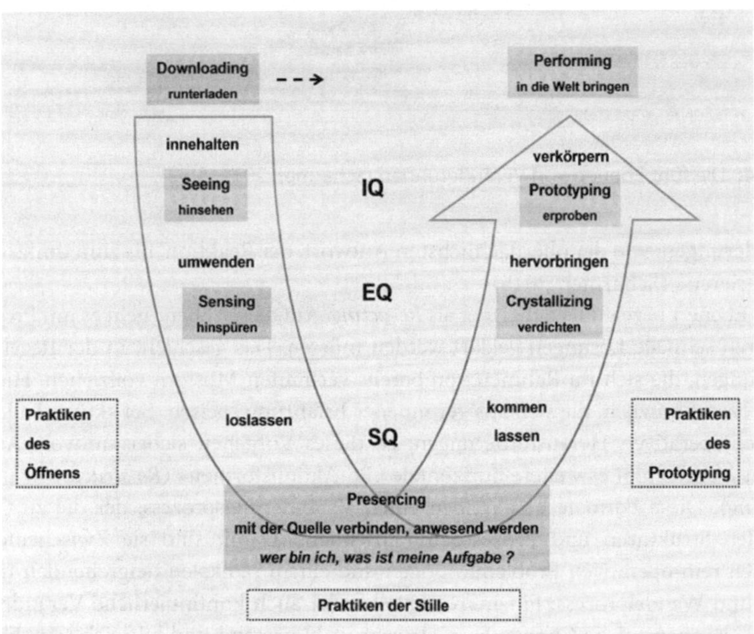

Abb. 65: Die sieben Schritte im U-Prozess (Scharmer, 2015, S. 69)

Die sieben Schritte, die – so Scharmer – immer wiederkehrende Grundmuster bei Innovations- und Veränderungsprozessen darstellen, beschreibt er folgendermaßen:

- »Runterladen: Muster der Vergangenheit wiederholen sich – die Welt wird mit den Augen des gewohnheitsmäßigen Denkens betrachtet.

- Hinschauen: Ein mitgebrachtes Urteil loslassen und die Realität mit frischem Blick betrachten – das beobachtete System wird als von dem Beobachter getrennt wahrgenommen.
- Hinspüren: Sich mit dem Feld verbinden, eintauchen und die Situation aus dem Ganzen heraus betrachten – die Grenze zwischen Beobachter und dem Beobachteten verschwimmt, das System nimmt sich selber wahr.
- Anwesend werden: sich mit dem Quellort – dem inneren Ort der Stille – verbinden, von dem aus die im Entstehen begriffene Zukunft wahrnehmbar werden kann.
- Verdichten der Vision und Intention: Kristallisieren und Bewusstmachen der Intention und Vision, die aus der Verbindung zu dem tieferen Quellort entstehen.
- Erproben des Neuen in Prototypen, in denen die Zukunft durch praktisches Tun gemeinsam erkundet und entwickelt wird.
- Das Neue praktisch anwenden und institutionell verkörpern: das Neue durch beispielsweise Infrastrukturen und Alltagspraktiken in eine Form bringen« (Scharmer, 2015, S. 62 f.).

Um zum jeweils nächsten Schritt zu gelangen, müssen Haltepunkte durchlaufen werden, die auf die nächsten Stufen vorbereitet. Diese Halte- oder Umschlagpunkte bezeichnet Scharmer als Schwellen. Um die Schritte des Öffnens auf der linken Seite des U umsetzen zu können, müssen Rahmenbedingungen für eine Arbeits- und Entwicklungskultur vorhanden sein oder geschaffen werden, die das kritische, tabulose und reflexive Erkunden aller relevanten Systemprozesse ermöglichen. Für die Praktiken des Prototyping auf der rechten Seite des U müssen Voraussetzungen geschaffen werden um die neuen Handlungsmöglichkeiten zu entwickeln, zu testen und letztlich umzusetzen (Knöss, 2015). Dabei geht es neben formalen und materiellen Voraussetzungen (Ressourcen, Strukturen, Technologien) bei der prototypischen Umsetzung vor allem auch um organisationskulturelle Rahmenbedingungen wie Fehlerkultur, Führungskultur oder Konfliktkultur. Ohne eine entsprechende »Kultur-Umgebung« werden »Out of the box«-Innovationsschritte kaum möglich sein, da Unsicherheit, Angst und mangelnde Unterstützung keine geeigneten Treiber für Innovationen sind.

Um den U-Prozess im Rahmen eines Entwicklungs- und Veränderungsprojektes komplett zu durchlaufen braucht es drei Kernkompetenzen, die die beteiligten Menschen sowie die beteiligten Organisationssysteme beherrschen oder aufbauen müssen (▶ Abb.):

Die erste Kernkompetenz »Intellektuelles Wissen« (IQ), die Fähigkeit zur Öffnung des Denkens, basiert auf unserem Vermögen, analytisch intellektuell sauber zu arbeiten. Sie ermöglicht es uns, mit Zahlen und Fakten umzugehen. Die zweite Kernkompetenz »Emotionales oder Beziehungswissen« (EQ) ist die Fähigkeit zur Öffnung des Herzdenkens oder auch der emotionalen Intelligenz. Emotionale Intelligenz beschreibt die Fähigkeit, mit anderen mit zu fühlen, sich in andere Kontexte einzufühlen und aus der Perspektive anderer Person wahrzunehmen. Die dritte Kernkompetenz »Selbsterkenntnis« (SQ), die Fähigkeit zur Öffnung des Willens beschreibt das Vermögen, das »alte Ich« und die alte Intention loszulassen und das neue, »werdende Ich« und die neue Intention anwesend zu werden zu lassen, kommen zu lassen. Diese Form der Intelligenz wird als »Sinn« oder auch als spirituelle Intelligenz bezeichnet (Scharmer, 2015, S. 64).

Scharmers Theorie U beschreibt ein Innovations- und Entwicklungskonzept, das weit über rationale und strukturelle Veränderungen hinausgeht. Sein Credo ist, dass radikale Innovations- und Entwicklungsprozesse, wie sie durch die digitale Revolution und disruptive Innovationen gefordert werden, ans »Herz« der Menschen und der Organisation gehen müssen. Dabei geht es ihm auch darum, das »eigene Herz zu öffnen« und hinzuspüren, auf das, was andere Menschen beschäftigt und wie sie wahrnehmen. Es geht ihm um empathisches Zuhören und sich Einlassen auf andere Interpretations- und Verständnismöglichkeiten. Das klingt im ersten Schritt vielleicht etwas esoterisch – ist es jedoch meines Erachtens in keinster Weise. Welche zentrale Bedeutung Emotionalität im Kontext von Management, Change und Strategie hat, ist nicht erst durch die Erkenntnisse der Neurowissenschaften (Damasio, 2013) belegt, sondern auch durch Golemans »Emotionale Intelligenz« (Goleman, 2004) sowie Csikszentmihalys »Flow« (Csikszentmihalyi, 2000) plausibel erörtert worden. In seinem vielbeachteten Buch »Reinventing Organizations« bringt Frederic Laloux dieses Faktum noch einmal auf den Punkt:

> »In der modernen Perspektive ist Rationalität der König und regiert unangefochten bei der Suche nach der Entscheidung, die die besten Resultate erzielen wird. Jede Quelle der Einsicht, die nicht auf Fakten und logische Überlegung beruht, ist ›irrational‹ und muss abgelehnt werden. Ironischerweise führt dieses Festhalten an der Rationalität oft dazu, dass die Fähigkeit, die Realität klar zu sehen, beeinträchtigt wird. Inmitten der Vielzahl von Informationen, die uns bei komplexen Entscheidung helfen sollen, kann es geschehen, dass wir Informationen übersehen, die nicht mit unserer Weltsicht übereinstimmen« (Laloux, 2015, S. 47).

Die Einschätzung, dass eine tabulose Wahrnehmung der Situation in den ersten Erkundungsphasen eines Veränderungsprozesses die besondere Aufmerksamkeit auch der emotionalen Dimensionen der Beteiligten bedarf, scheint deshalb ausgesprochen sinnvoll zu sein wie auch, dass neben der tabulosen rationalen Situationsdiagnose auch das Er-Spüren der Situation ein wesentlicher Diagnose-Sensus sein muss. Diese Qualität des Spürens und Ahnens überschreitet die Grenze klassischer Diagnoseinstrumente. »Jenseits von Fakten und Tabellen schöpft die Kognition [...] aus einem größeren Spektrum von Quellen, um die Entscheidungsfindung zu unterstützen [...]. Die Intuition würdigt die komplexe, vielschichtige, paradoxe, nicht-lineare Natur der Wirklichkeit. Unbewusst können wir Muster miteinander verbinden, wie es unserem rationalen Geist nicht möglich ist« (Laloux, 2015, S. 47). Genau diese Kraft der Intuition bietet die Möglichkeit, unverbrauchte, überraschende und wirklich innovative Erkenntnisse zu erlangen. Konkret würde das bedeuten, sich als Organisation und vor allem auch als handelnde Führungskraft in der Erkundungsphase des Veränderungsprozesses an oder über die Grenze des traditionellen Denk- und Handlungsrahmens zu bewegen. Und sich dabei von aufkeimendem Zynismus nicht beirren zu lassen.

Echte Innovation und konsequente Veränderung braucht neben Mut zu Intuition noch eine weitere entscheidende Rahmenbedingung: Innehalten und Entschleunigung.

Hektischer Aktionismus mit operativ-technischen Lösungsansätzen bedeutet in den allermeisten Fällen die Fortschreibung alter Muster – und die sind in aller Regel ursächlicher Teil des Problems. Letztendlich wird damit das Problem selbst fortgeschrieben. Und etliche Krisenüberwindungsszenarien der jüngsten Zeit versprühen die Aura der Fortschreibung alter Muster und alter Probleme: Weitestgehend etablierte Geschäftsmodelle mit im Grundsatz klassischen Marktstrategien in modisch aufpoliertem Jargon und Outfit und strukturell angepasst an die aktuellen ökonomischen und politischen Szenarien. Das zeigt, dass die vielen gärenden Innovationsideen im Spannungsfeld zwischen »Weiter-so« und »Es braucht radikale Neuerungen« noch nicht modellbildend greifen. Wenn es jedoch tatsächlich höchste Zeit dafür ist, dass sich Unternehmen im Angesicht der digitalen Herausforderungen radikal wandeln müssen, dann wird es notwendig sein, dass sie mit aller dazu notwendigen visionären Kraft »sich selbst neu erfinden« müssen. Dazu braucht es ein Strategie-, Innovations- und Change Management, das Zeit und Raum zum Innehalten, Muße und Kraft zum Erspüren der tatsächlichen Rahmen- und Einflussfaktoren sowie Courage und Einsicht zum Loslassen ermöglicht.

Für diejenigen, die in verantwortlicher Position diese Aufgabe der Transformation zu meistern haben, bedeutet dies eine Strategiereise an die Grenze. Die Grenze herkömmlicher managerialer Logik, die Grenze etablierter strategischer Konzepte und die Grenze des jeweils persönlichen Denkrahmens. Nicht zufällig vermeiden wir Menschen der Moderne die Auseinandersetzung mit Stille und Leere. In der Leere werden wir mit uns selbst und mit Sinnfragen in einer Tiefendimension konfrontiert, die uns den Atem rauben und Angst machen kann. Deshalb haben wir als Vermeidungsstrategie durchaus solide Fertigkeiten entwickelt, Stille und Leere mit Wortrauschen und Projektaktionismus zuzukleistern.

Damit der Veränderungsprozess des digitalen Wandels vor dem Hintergrund von VUCA gelingen kann, ist es notwendig, vom Getriebe der kurzhubigen »Kuh-vom-Eis«-Lösungen Abschied zu nehmen. Dazu wäre es zwingend notwendig, den »blinden Fleck« der eigenen Wahrnehmung zu überwinden. Die von Otto Scharmer beschriebene Theorie U könnte als Wandelprozess 2. Ordnung dabei hilfreich sein.

5.4 Agility

Ein weiterer Ansatz zum Umgang mit disruptivem Wandel und der Gestaltung digitaler Transformationsprozesse ist das Konzept der Agilität (Anderson/Uhlig, 2015; Kienbaum Management Consultants, 2014; Fischer/Häusling, 2017). »Agility – überlebensnotwendig für Unternehmen in unsicheren und dynamischen Zeiten« – so lautete der Titel der Change-Management-Studie 2014/2015 von Kienbaum Consulting (Kienbaum Management Consultants, 2014). Agilität ist demnach die Fähigkeit einer Organisation, flexibel, aktiv, anpassungsfähig und mit Initiative in Zeiten des Wandels und Unsicherheit zu agieren. Richard Pascale, der als einer der ersten Organisationsforscher das Thema in seiner »Honda-Studie« benannte (Pascale/Athos, 1981), sieht den Schlüssel für Agilität im Wesen der Organisation und nicht so sehr in dem, was sie tut. Agilität entstand als Reaktion auf langsame, bürokratische Organisationen, um veränderten

Marktbedingungen zu begegnen. Aufbau und Nutzung von Agilität in einem Unternehmen bedarf jedoch immer auch einer Reflexion der »Agilitätsbedarfe«. Ohne diese Agilitätsbedarfe entsteht das Risiko, dass Agilität nur als Trend gesehen wird, dem Unternehmen hinterherlaufen, ohne das Thema in seiner Bedeutung zu erkennen und entsprechend auch in der Praxis umzusetzen (Häusling/Fischer, 2016, S. 30). Agilität ist damit auch keine neue Heilslehre und auch kein neues Patentrezept für das Management im digitalen Zeitalter. Vielmehr geht es darum, in einer angemessenen Form agile und traditionelle Formen der Unternehmensgestaltung und -steuerung zusammenzubringen und sinnvoll zu verzahnen (Kotter, 2014). Erfolgreich den anstehenden Wandel gestalten werden vermutlich nur diejenigen Unternehmen, denen es gelingt, diese Mischung aus trägen und agilen Strukturen adäquat angesichts der Herausforderungen zu konfigurieren.

Das Konzept der Agilität stammt ursprünglich aus der Softwareentwicklung und hat inzwischen in der Scrum-Projektmanagementmethode eine breite Wirkung entfaltet. Scrum bezeichnet ein Vorgehensmodell des Projekt- und Produktmanagements, insbesondere zur agilen Softwareentwicklung. Es besteht aus nur wenigen Regeln. Der Ansatz von Scrum beruht auf der Erfahrung, dass viele (Entwicklungs-) Projekte zu komplex sind, um in einem vollständigen Plan umfassend gefasst werden zu können. Ein großer Teil der Anforderungen und der Lösungsansätze ist zu Beginn unklar. Diese Unklarheit lässt sich beseitigen, indem Zwischenergebnisse geschaffen werden und Anforderungen ergänzt oder auch entfernt werden. Anhand dieser Zwischenergebnisse lassen sich die fehlenden Anforderungen und Lösungstechniken effizienter finden als durch eine abstrakte Planungsphase. In Scrum wird neben dem Produkt auch die Planung iterativ und inkrementell entwickelt. Der langfristige Plan (das Product Backlog) wird kontinuierlich verfeinert und verbessert. Der Detailplan (das Sprint Backlog) wird nur für den jeweils nächsten Zyklus (den Sprint) erstellt. Damit wird die Projektplanung auf das Wesentliche fokussiert (Gabler-Wirtschafts-Lexikon) (▸ Abb. 66).

Eine aktuelle Position zum Thema Führung und Zusammenarbeit in agilen Organisationen kommt von Robertson (2016). Sein Holacracy-Modell beschreibt ein neues Managementkonzept, das unter anderem Macht und Autorität im Unternehmen teilt und so die Selbstorganisation fördern soll. Robertson sieht in der Holacracy die notwendige und angemessene Form der agilen Organisations-Gestaltung, um auf die Herausforderungen des digitalen Wandels in der »VUCA-World« zu reagieren und damit auch einen nächsten Evolutionsschritt von Organisationen (Fischer/Häusling, 2017). Und Frederic Laloux rückt – ähnlich wie Scharmer – die emotionale und spirituelle Dimension in den Fokus seiner These von der »Neuerfindung der Organisation«. Er spricht dazu von Notwendigkeit, »Weisheit jenseits von Rationalität« zu schaffen (Laloux, 2015, S. 47). Für Laloux kann die digitale Transformation nur dann gelingen, wenn sich Organisationen nach evolutionär-integrativen Prinzipien ausrichten. Tiefe Sinnhaftigkeit und echte positive Energien – organisational und individuell – sind seines erachtens zentrale Bedingungen um die Herausforderungen der digitalen Revolution im Kontext von Agilität zu meistern. Nimmt man diese Positionen ernst, dann hat dies weitreichende Konsequenzen für die Ziele und auch die Gestaltung von OE-Prozessen – organisatonal wie auch individuell.

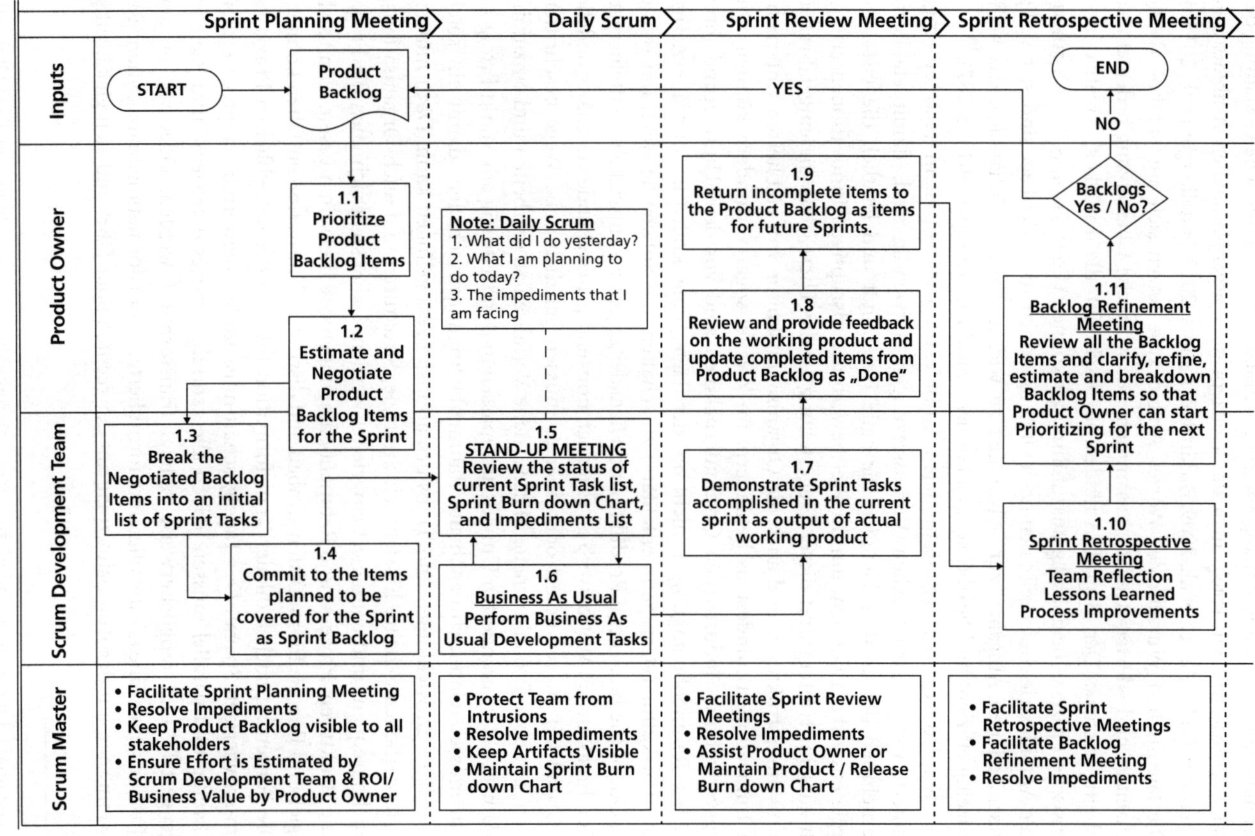

Abb. 66: Scrum Projektmanagement – Überblick (Madhu Laulin, 2013)

5.5 Ambidextre Organisation und der Wandel des Wandels

In der aktuellen Diskussion um angemessene Ansätze für die strategische Gestaltung der digitalen Transformation spielt auch das Konzept der »organisationalen Ambidextrie« eine zentrale Rolle (Raisch et al., 2009; Birkinshaw/Gupta, 2013; Sattelberger et al., 2015b).

Die lateinischen Wurzeln des Wortes Ambidextrie setzen sich aus »ambo« (beide gleichzeitig« und »dexter« (rechts) zusammen. Die wörtliche Übersetzung bedeutet also »beidseitig rechts«. Der Begriff Ambidextrie beschreibt die Fähigkeit, kreative und intrinsische Prozesse beidhändig auszuführen zu können (Eder, 2014, S. 3). »Organisationale Ambidextrie« beschreibt demnach Organisationen, die in der Lage sind, sich völlig unterschiedlichen Aufgaben zur selben Zeit zu widmen, also »beidhändig«, das heißt gleichzeitig effizient und flexibel sein zu können (Birkinshaw/Gupta, 2013, S. 287).[48]

Bei dem Konzept der organisationalen Ambidextrie wird vor allem auch die Frage diskutiert, welche strukturellen Voraussetzungen notwendig sind, damit etablierte Unternehmen die kreative Neugier, die agile Flexibilität und letztlich die visionäre Energie entwickeln können, um im Wettbewerb der disruptiven Innovationen erfolgreich zu sein. Hintergrund dieser Fragestellung ist die These, dass die eingefahrenen Organisationsstrukturen und auch die Organisationskultur von etablierten Unternehmen Innovationen mindestens behindern, im Zweifel sogar verhindern können. Die erfolgsverwöhnten industriellen Großunternehmen sind vor dem Hintergrund ihrer aktuellen Rahmenbedingungen nicht in der Lage, eine kraftvolle und neugierige Innovationskultur (»Garagenmentalität«) zu schaffen, die notwendig wäre, um mutig und »Out of the box« neue Produkte und Dienstleitungen zu entwickeln (Sattelberger, 2015c). Im aktuellen Wettbewerb ist es jedoch notwendig, bestehende Geschäftsmodelle von Grund auf zu verändern oder aber es müssen gänzlich neue Wege beschritten werden, um neue Produkte, neue Märkte, neue Verfahren zu erarbeiten und einzuführen. Um sich der veränderten Umwelt anzupassen und mittelfristig am Markt Erfolg zu haben, müssen Unternehmen heute Rahmenbedingungen schaffen, damit ein solch notwendiger Entwicklungs- und Transformationsprozess gelingen kann. Dazu müssen die erforderlichen Schritte hinsichtlich Strategie, Strukturen und auch Organisationskultur konsequent und couragiert eingeleitet werden. Dabei stellt sich auch die Frage, *wie* die Strukturen, Prozesse und Rahmenbedingungen gestaltet sein müssen, damit sich Neugier und Energie für radikalen Umbau und disruptive Innovation entfalten können.

Die Forderung nach radikaler Transformation führt in der betrieblichen Praxis zu einem schwierigen Spagat. Das Tagesgeschäft muss im Wettbewerb behauptet werden, gleichzeitig und parallel müssen jedoch alle zentralen Prozesse, Systeme und Ziele in Frage gestellt und möglicherweise radikal transformiert werden. Oder wie es der Produktionsleiter eines Autozulieferers formulierte: »Transformationsmanagement ist, wie wenn man auf der Autobahn zügig auf der rechten Spur fährt und sich gleichzeitig

48 »The original meaning of ambidexterity was an individual's capacity to be equally skillful with both hands. This has been adapted to mean an organization's capacity to do two different things equally well« (Birkinshaw/Gupta, 2013, S. 287).

selbst links überholen muss.« Die Idee der ambidextren Organisation fokussiert genau dieses Dilemma und schlägt vor, die doppelte Herausforderung mit einer »beidhändigen« Strategie zu beantworten.

Ein Unternehmen, das den Herausforderungen der digitalen Revolution aktiv begegnen will, muss demnach »beidhändig« arbeiten: Die »rechte Hand« betreibt das Tagesgeschäft und kümmert sich auch um operative Verbesserungen (z. B. KVP, Qualitätsmanagement etc.). Die »linke Hand« muss währenddessen gleichzeitig strategische Erneuerung anstreben und gestalten. Dies allerdings in abgestimmter Weise, damit die rechte weiß, was die linke tut (Krüger/Bach, 2014, S. 2 f.).

Die Fähigkeit, organisationale Ambidextrie zu managen – also die »Beidhändigkeit« von Effizienz und Innovation zu gestalten –, gilt als essentielle Kompetenz zur Sicherung des Unternehmenserfolgs. Dazu ist eine kluge Balance zwischen diesen beiden unterschiedlichen Anforderungen von besonderer Bedeutung: Die Suche nach Neuem und Stabilität der etablierten Prozesse und Aufgaben. March (1991, S.71) beschreibt diese Dichotomie mit den Begriffen Exploration und Exploitation. Exploration beschreibt er mit den Worten Suche, Variation, Risiko, Experiment, Spiel, Flexibilität, Entdeckung, Innovation und Exploitation als Verbesserung, Veredelung, Auswahl, Produktion, Effizienz, Durchführung, Ausführung. Kurz: Exploration meint die Suche nach neuem Wissen und Exploitation die Verwendung und Entwicklung von Bekanntem (Levinthal/March, 1993, S. 105). Beide scheinbar gegensätzlichen Anforderungen muss modernes Management »beidhändig« steuern. Die notwendige Balance zu halten gelingt dann, wenn klar ist, an welchen Stellen im Unternehmen Stabilität und Effizienz auf der einen sowie Innovation und Erneuerung auf der anderen Seite verortet werden. Dementsprechend müssen Strukturen und Prozesse installiert werden, damit die notwendigen Ressourcen und auch die Kompetenzen der Mitarbeiter an den richtigen Stellen für die jeweilige strategische Stoßrichtung eingesetzt werden können.

Sattelberger (2015a, S. 24) propagiert als Plattform für Exploration sogenannte Transformationslabore,[49] in denen Mitarbeiter jenseits des Tagesgeschäfts als »freie Radikale« ohne Zwänge und ohne Verwertungsdruck innovative Perspektiven entwickeln können. »Es geht darum, den Stein ins Wasser zu werfen und in der Praxis etwas zu tun und nicht darum, lange Konzeptdiskussionen zu führen. Kreative Start-up-Ökologien sind durch ihren experimentellen Charakter erfolgreich. Ingenieure haben Prüfstände, Wissenschaftler haben Labore, Transformatoren arbeiten in Social Labs« (Sattelberger, 2015c). Die grundsätzliche Idee hinter Sattelberges Vorschlag ist, dass Innovation und Erneuerung Freiräume brauchen, um außerhalb der Mechanismen und Kulturen des Alltaggeschäfts wirklich neue und im besten Fall bahnbrechende Prozess-, Produkt- und Dienstleistungsideen entwickeln können: »Garagenpionier-

49 Die von Sattelberger geplante, jedoch nach seinem Weggang nicht umgesetzte »Telekom School of Transformation« sollte »hierarchiearm [...] alte Geschäftsmodelle radikal hinterfragen und helfen, neue Geschäftsmodelle zu entwickeln und damit neue Einnahmequellen für die Zukunft erschließen, um disruptivem Wandel angemessen begegnen zu können« (Sattelberger, 2015a, S. 24).

und Erfindergeist« jenseits des eingefahrenen, satten und trägen Unternehmensestablishments. Des Weiteren wirbt Sattelberger auch für mehr Demokratisierung in den Unternehmen:

> »Wenn die deutschen Unternehmen den Weg zur Demokratisierung und des Kulturwandels gehen, können sie wieder innovationsfähiger werden, jenseits von Effizienz- und Rationalisierungsinnovationen. Ein demokratisches Unternehmen gewinnt an technologischer und sozialer Innovationskraft, weil technologische und soziale Innovationen wie Zwillinge sind« (Sattelberger, 2015c).

Ein demokratisches Unternehmen braucht eine Dialogkultur »auf Augenhöhe« mit Mitarbeitern, Management, Kunden und Partnern. Und erst eine solche Kultur ermöglicht Kollaboration und agile Methoden, die den Kundennutzen und die Innovationsenergie in den Mittelpunkt stellen (Scrum, Kanban, Design Thinking,[50] Lean Start-up, Business Model Generation, Visual Facilitating, Barcamps usw.).

»Innovationslabore« als Plattformen für Exploration können entweder integriert in die bestehende Organisation (z. B. als School of Transformation) mit (teilweise) freigestellten Innovationsagenten installiert werden oder auch in einem ausgegründeten Start-up-Unternehmen arbeiten.

Viele Konzerne versuchen daher, inzwischen nicht nur Start-ups in ihrem Umfeld mit Startkapital und Startgrundausstattung zu fördern, sondern auch von deren Arbeitsweise zu lernen. Der Softwarekonzern SAP hat an verschiedenen Orten der Welt Labore eingerichtet, in denen SAP zusammen mit Kunden Produkte nach neuen Ansätzen weiterentwickelt, und Daimler betreibt unter dem Etikett »Business Innovations« eine Art Think Tank, in dem Ideen außerhalb des klassischen Geschäftsmodells entwickelt werden (Wirtschaftswoche, 2015).

Dietmar Denner, Vorsitzender der Bosch-Gruppe, beschreibt die konkrete und praktische Umsetzung der ambidextren Organisation bei Bosch in einer Pressemitteilung:

> »Um mehr Raum für diese Arbeit zu schaffen, agieren wir mit zwei Geschwindigkeiten: Entwicklung in Einklang mit traditionellen Prozessen bleibt in den Bereichen von grundlegender Bedeutung, in denen absolute Zuverlässigkeit und Sicherheit gefordert sind. Überall dort, wo Agilität und Flexibilität gefragt sind, setzen wir aber

---

50 Design Thinking ist ein Ansatz zur Problemlösung und zur Entwicklung neuer Ideen in einem interdisziplinären Team und in kreativem Ambiente. Ziel ist dabei, Lösungen zu finden, die aus Nutzersicht überzeugend sind. Das Konzept basiert auf der Annahme, dass Probleme besser gelöst werden können, wenn Menschen unterschiedlicher Disziplinen in einem kreativitätsfördernden Umfeld zusammenarbeiten, gemeinsam eine Aufgabenstellung entwickeln, die Bedürfnisse und Motivationen von möglichen Kunden beachten und dann Lösungskonzepte entwickeln. Das Verfahren kombiniert Verstehen, Beobachtung, Ideenfindung, Verfeinerung, Ausführung und Lernen (Grots/Pratschke, 2009).

auf schnellere Ansätze wie die Scrum-Methode. Diesen Verfahrensrahmen, der sich in der Softwareentwicklung schon längst bewährt hat, setzen wir zunehmend auch im Hardware-Kontext ein [...]. Es bleibt abzuwarten, ob sich das Geschäft evolutionär oder disruptiv entwickeln wird [...]. Mit diesem Wissen im Hinterkopf fördern wir unternehmerisches Denken in unserem Unternehmen. Vor zwei Jahren haben wir beispielsweise unsere eigene Start-up-Plattform gegründet, um Forschungsergebnisse außerhalb des Kerngeschäfts zügig in den Markt zu überführen« (Denner, 2016).

Die Robert Bosch Start-up GmbH hat die Aufgabe Bosch-Forscher dabei unterstützen, sich auf dem Markt zu etablieren. Dabei kümmert sie sich beispielsweise um Räume, Finanzierung und andere administrative Aufgaben. So können sich die Jungunternehmer komplett auf ihr Produkt und dessen Markteinführung konzentrieren (Guhlich, 2017).

Die Idee einer Organisation mit »zwei Betriebssystemen« (Sattelberger, 2015b) bringt auch andere Anforderungen an das Veränderungsmanagement ins Spiel. Auch der Wandel muss sich wandeln (► Abb. 67).

Abb. 67: Vier Strategien der Veränderung (Sattelberger, 2015b)

Im Sinne einer organisationalen Ambidextrie muss OE und Wandelmanagement nicht mehr mit dem grandiosen Anspruch antreten, die gesamte Organisation in einem flächendeckenden OE-Prozess zu restrukturieren. Vielmehr gibt es nach diesem Modell eine beidhändige Wandelstrategie: Auf der einen Seite – dem Feld der Exploitation – die kontinuierliche Verbesserung der bestehenden Prozesse und Strukturen des bisherigen Geschäfts und auf der anderen Seite – dem Feld der Exploration (»Labore« intern oder »Start-ups« extern) sollen disruptive Innovationen in und durch kleine, agile und schlagkräftige Inkubatoren[51] entwickelt und eingeführt werden, die dann schnelle und konkrete Erfolge vorzeigen können. Über den Erfahrungsrückfluss dieser organisatorisch eigenständigen Inkubatoren kann sich dann mittelfristig das gesamte Unternehmen ändern. Mit einer doppelgleisigen Strategie eines Veränderungsmanagements entfällt der grandiose Druck von den Change-Akteuren, riesige Organisationsgebilde in der Gänze zu erneuern. Die zweigleisige Wandelstrategie macht es damit möglich, das bestehende Geschäft weiter zu treiben und parallel innovative Produkte und Dienstleistungen zu entwickeln. Das Veränderungsmanagement müsste sich mit dieser Vorgehensweise zum einen konsequent auf die Schaffung und Begleitung von Innovationslaboren bzw. Start-ups fokussieren und könnte damit wesentlich dazu beitragen, dass kritische Faktoren für den Unternehmenserfolg hinsichtlich Agilität und Innovationskraft gestärkt würden. Zum anderen müssten im Sinne der ambidextren Organisation jedoch auch die klassischen Geschäftsprozesse gepflegt und weiterentwickelt werden. Über allem schwebt zudem auch die Idee, dass die positiven und innovativen Neuerungen, die sich im Zusammenhang mit den Laboren/Start-ups entwickeln – sowohl hinsichtlich ihres eigenen Geschäftsentwicklungsprozesses als auch in Bezug auf die generierten Geschäftsmodelle und Produkte – dann im Rückfluss an das »Mutter«-Unternehmen als »role models« auch in den etablierten Strukturen des »Mutter«-Unternehmens zu Veränderungen inspirieren – oder aber sich als »Auslaufmodell« organisch überflüssig machen. Auf diese Weise wäre Neustrukturierung und Auslaufen ein zweigleisger und im besten Falle organischer Prozess, der jedoch gezielt und aktiv gesteuert würde. Im Sinne dieser »Beidhändigkeit« der Unternehmensteuerung und auch des Veränderungsmanagements wäre es demnach notwendig, konkrete Veränderungsformate und -methoden sowohl für die Begleitung des laufenden Geschäfts aktiv bereitzustellen, um die aktuellen Abläufe, Strukturen und Prozesse auch weiterhin im Sinne der Wettbewerbsfähigkeit zu verbessern. Zudem müssen jedoch auch Change-Formate entwickelt und angewandt werden, die dynamische und unkonventionelle Start-ups und Labore bei ihrer Innovationsarbeit begleiten und die dazu notwendigen organisatorischen Rahmenbedingungen iterativ unterstützen. Dies muss jedoch so gestaltet werden, dass ein Rückfall in eine »bewährte Arbeitskultur« oder ein Zurechtschneiden auf »alte Organisationsmuster« ausgeschlossen wird. Sonst bestünde die Gefahr, dass das Wandelmanagement durch die Hintertür die Renaissance der alten Kultur beförderte. Schon deshalb werden In Zukunft tatsächlich neue Wandelmanagementformate gebraucht werden, die unterstützend aber nicht normierend agieren. Der Ansatz der Theorie U mit der Idee eines radikalen Bruchs mit der Vergangenheit und

51 Der Begriff Inkubator stammt ursprünglich aus der Medizintechnik, wo der so genannte »Brutkasten« kontrollierte Bedingungen für Entwicklungs- und Wachstumsprozesse schafft. Im Unternehmensbereich wird ein Inkubator daher als eine Art »Geburtsstätte« für Start-up-Ideen und ihre Gründer gesehen (Gründerszene-Lexikon, 2016).

einer konsequenten Orientierung auf das »Neue« könnte hier hilfreich sein. Die größte Herausforderung sehe ich jedoch in der Frage, ob und wie der Pionierspirit, die Agilität und die Innovationsfreude der explorativen Organisationseinheiten mit neuen Organisations-, Arbeits- und Managementformen auf die »Mutter«-Organisation übertragen werden kann. Im Grundsatz bedeutet das: Prägen die explorativen Ausgründungen und Labore die »Mutter«-Organisation – oder umgekehrt? Und vor allem die entscheidende Frage: Wer setzt sich durch? Und: Welches Geschäftsmodell überlebt?

Die Bedeutung von professioneller OE und leistungsfähigem Wandelmanagement wird angesichts der großen wirtschaftlichen, sozialen und technologischen Herausforderungen ganz sicher nicht schwinden. Im Gegenteil!

Literaturverzeichnis

Acatech (Hrsg.). (2016). Kompetenzen für die Industrie 4.0. Qualifizierungsbedarfe und Lösungsansätze. München: Herbert Utz Verlag.
Adorno, T. W. (1971). Erziehung zur Mündigkeit. Frankfurt a. M.: Suhrkamp.
Albert, R. L. (1994). Real-time strategic change. A consultant guide to large-scale meetings. Ann Arbor, Michigan: Dannemiller Tyson Associates.
Alderfer, C. P. (1989). Tavistock Conferences. In: W. L. French, & C. W. Bell jr., R. A. Zawacki (Hrsg.). Organization development. New York: Irwin Professional Publishing.
Alter, U. (2016). Teamidentität, Teamentwicklung und Führung. Wir-Gefühl am Arbeitsplatz ermöglichen – das Potenzial des Teams nutzen. Wiesbaden: Springer Fachmedien Wiesbaden.
Anderson, K. & Uhlig, J. (2015). Das agile Unternehmen. Wie Organisationen sich neu erfinden, Frankfurt a. M., New York.: Campus.
Argyris, C. (1970). Die Zukunft des gruppendynamischen Laboratoriums. Gruppendynamik, 1. S. 20-40.
Argyris, C, & Schön, D., Riehl, W. (2008). Die lernende Organisation. Grundlagen, Methode, Praxis. (3. Aufl.). Stuttgart: Schäffer-Poeschel.
Arnold, Al. (1997). Kommunikation und unternehmerischer Wandel. Wiesbaden: Deutscher Universitätsverlag.
Baecker, D. (1994). Postheroisches Management. Ein Vademecum. Berlin: Merve.
Baecker, D. (1999). Organisation als System. Aufsätze. Frankfurt a. M.: Suhrkamp.
Baecker, D. (2000). Zur Theorieform des Systems. Soziale Systeme. Zeitschrift für soziologische Theorie 6 (6), 213-236
Baecker, D. (2003). Organisation und Management. Frankfurt a. M.: Suhrkamp
Baecker, D. (2008). Wozu Systeme? Berlin: Kulturverlag Kadmos.
Ballreich, R. & Fröse, M., Piber, H. (Hrsg.). (2007). Organisationsentwicklung und Konfliktmanagement. Innovative Konzepte und Methoden. Bern: Haupt.
Banthien, H. & Senff, D. (2016). Plattform Industrie 4.0. Ein Schulterschluss von Politik, Wirtschaft, Gewerkschaften und Wissenschaft. In: Industrie 4.0 im internationalen Kontext. Kernkonzepte, Ergebnisse, Trends (S. 134-137). Berlin: VDE-Verlag.
Bartscher, T. & Stöckl, J. (2011). Veränderungen erfolgreich managen. Ein Handbuch für interne Prozessberater. München: Haufe Lexware.
Bateson, G., & Bateson M. C (1993). Wo Engel zögern. Unterwegs zu einer Epistemologie des Heiligen. Frankfurt a. M.: Suhrkamp.
Bateson, G., & Jackson, D. D., Haley, J., Weakland, J. H. (1956). Vorstudien zu einer Theorie der Schizophrenie 1956. In: G. Bateson, Ökologie des Geistes (S. 270-301). (2. Aufl.). Frankfurt a. M.: Suhrkamp.
Bateson, G. (1988). Ökologie des Geistes. (2. Aufl.). Frankfurt a. M.: Suhrkamp.
Bateson, G. (1987). Geist und Natur. Frankfurt a. M.: Suhrkamp.
Bateson, M. C. (1986). Mit den Augen einer Tochter. Meine Erinnerungen an Margaret Mead und Gregory Bateson. Reinbek: Rowohlt.
Baur, M. (2015). Stakeholder Management in der Restrukturierung. Perspektiven und Handlungsfelder in der Praxis. (2., überarb. Aufl.). Wiesbaden: Gabler.

Becker, F. (2016). Teamarbeit, Teampsychologie, Teamentwicklung. So führen Sie Teams! Berlin, Heidelberg: Springer.
Becker, H., & Langosch, I. (1995). Produktivität und Menschlichkeit. Organisationsentwicklung und ihre Anwendung in der Praxis. (4. Aufl.). Stuttgart: Enke.
Beckhard, R. (1977) Strategien zur Veränderung großer Systeme. In: B. Sievers (Hrsg.). Organisationsentwicklung als Problem. Stuttgart: Klett-Cotta.
Bennett, N., & Lemoine, G. J. (2014). What a difference a word makes. Understanding threats to performance in a VUCA world. Business Horizons 57 (3), S. 311-317.
Bennis, W. G., & Benne, K. H. D., Chin, R. (1975). Änderungen des Sozialverhaltens. Stuttgart: Klett (Konzepte der Humanwissenschaften).
Bennis, W. G., & Riley, P. (2008). Organization redevelopment. Chichester. Pfeiffer Wiley.
Bergmann, B., & Sonntag, K. (2006). Transfer. Die Umsetzung und Generalisierung erworbener Kenntnisse in den Arbeitsalltag. In: K. Sonntag (Hrsg.). Personalentwicklung in Organisationen. (3. Aufl.)., Göttingen u. a. 2006.
Bertalanffy, L. von (1968). General systems theory. (14. Aufl.). New York: Braziller.
Berthel, J. (1997). Personal-Management. Grundzüge für Konzeptionen betrieblicher Personalarbeit. (5. Aufl.). Stuttgart: Schäffer-Poeschel.
Bhambri, A., & Sinatra, A. (1997). Corporate transformation. Norwell, Massachusetts: Kluwer.
Biderman, A. D., & Zimmer, H. (Hrsg.). (1961). The manipulation of human behavior. The manipulation of human behavior. Wiley. Oxford.
Birkinshaw, J., & Gupta, K. (2013). Clarifying the Distinctive Contribution of Ambidexterity to the Field of Organization Studies. Academy of Management Perspectives 27 (4), S. 287-298.
Bitkom (2012). Big Data im Praxiseinsatz – Szenarien, Beispiele, Effekte. Berlin: Selbstverlag.
Bleicher, K. (1972). Organisation als System. Wiesbaden: Gabler.
Bleicher, K. (1979). Unternehmungsentwicklung und organisatorische Gestaltung. Stuttgart, New York: Fischer.
Bleicher, K. (2011). Das Konzept Integriertes Management. Visionen – Missionen – Programme. (8. Aufl.). Frankfurt a. M.: Campus.
Böhm, M. (2016). Intuitiver Methodeneinsatz in Coaching-Prozessen. Grundlagen und Praxisbeispiele. Wiesbaden: Springer Fachmedien Wiesbaden.
Zur Bonsen, Matthias (2010). Leading with Life. Lebendigkeit im Unternehmen freisetzen und nutzen. (2. Aufl.). Wiesbaden: Gabler.
Zur Bonsen, M., & Bauer, P. (2000). Die Großgruppen-Moderation. Strategischer Wandel in Echtzeit. Künzell: Neuland Verl. für Lebendiges Lernen.
Zur Bonsen, M., & Maleh, C. (2012). Appreciative inquiry (AI). der Weg zu Spitzenleistungen. Eine Einführung für Anwender, Entscheider und Berater. (2. Aufl.). Weinheim: Beltz.
Boos, F., & Baecker, D. (2004). Veränderung – systemisch. Management des Wandels. Praxis Konzept und Zukunft. Stuttgart: Klett-Cotta.
Bradford, L. P., & Gibb, J. R., Benne K. D. (Hrsg.). (1972). T-Gruppentheorie und Laboratoriumsmethode. Stuttgart: Ernst Klett.
Braun, T., & Zeichhardt, R. (2011). Zur Bedeutung von Kurt Lewin in Managementforschung, Managementlehre und Praxis des Change-Managements. Gestalt Theory 33 (2), S. 145-162.
Bräutigam, W. (1991) 40 Jahre Freundschaft mit einem unruhigen Geist. Helm Stierlin zum 65. Geburtstag. Familiendynamik 2, S. 121-125.
Brich, S. (Hrsg.). (2014). Gabler Wirtschaftslexikon. (18. Aufl.). Wiesbaden: Springer Gabler.
Brink, A., & Heintel, P. (2006). Beratung und Ethik. Zeitschrift für Wirtschafts- und Unternehmensethik 7 (2), S. 273-276.
Brocher, T. (1967). Gruppendynamik und Erwachsenenbildung. Braunschweig: Westermann.
Brocher, T. (1971). Methodische Entwicklungsprobleme der Gruppendynamik. Gruppendynamik 2, S. 128-141.

Brown, J., & Isaacs, D., (2007). Das World-Café. Kreative Zukunftsgestaltung in Organisationen und Gesellschaft. Heidelberg: Carl-Auer.

Bruch, H. (Hrsg.). (2012). Leadership – Best Practices und Trends. Wiesbaden: Springer Gabler.

Bruch, H., & Vogel, B. (2005). Organisationale Energie. Wie Sie das Potenzial Ihres Unternehmens ausschöpfen. Wiesbaden: Gabler.

Bruch, H., & Vogel, B. (2012). Organisationale Energie. Wie Führungskräfte das Potenzial ihres Unternehmens ausschöpfen können. In: H. Bruch (Hrsg.). Leadership. Best Practices und Trends (S. 181-191). Wiesbaden: Springer Gabler.

Buchanan, D., & Boody, D. (1992). The expertise of the change agent. New York: Prentice-Hall

Bundesministerium für Arbeit und Soziales (2016). Wertestudie Arbeiten 4.0 – Zwischenbericht. Berlin. Selbstverlag.

Bünnagel, W. (2012). Selbstorganisiertes Lernen im Unternehmen. Motivation freisetzen, Potenziale entfalten, Zukunft sichern. Wiesbaden: Gabler Verlag.

Burkart, C. (2014). Begleitung von organisationalen Veränderungsprozessen. Empirische Befunde zu einem Projekt der Organisationskulturentwicklung eines Großunternehmens. München: Hampp.

Cameron, K. S., & Quinn, R. E. (2006). Diagnosing and changing organizational culture. Based on the competing values framework. (Rev. ed.) San Francisco, Calif. Jossey-Bass.

Capgemini (2015). Superkräfte oder Superteam – Changemanagementstudie 2015.

Caprano, C. (2007). Geschäftsprozessoptimierung und Change Management als Erfolgsfaktoren bei der Einführung von Customer Relationship Management. München: GRIN.

Cherns, A. (1989). Die Tavistock-Untersuchungen und ihre Auswirkungen. In: S. Greif, & H. Holling, N. NicholsonArbeits- und Organisationspsychologie (S. 483-488). Weinheim: Psychologie Verlags Union.

Christensen, C., & Johnson, M. (2009). What Are Business Models, and How Are They Built? Harvard Business School Module Note. Harvard Business School, Cambridge Massachusetts.

Christensen, C. M., & Matzler, K. (2013). The innovator's dilemma. Warum etablierte Unternehmen den Wettbewerb um bahnbrechende Innovationen verlieren. (Nachdr.) München: Vahlen.

Clasen, N. (2013). Der digitale Tsunami. Das Innovators Dilemma der traditionellen Medienunternehmen oder wie Google, Amazon, Apple & Co. den Medienmarkt auf den Kopf stellen. Leipzig. Amazon Distribution.

Cole, D., & Preston, J. C., Finlay, J. S. (Hrsg.). (1994). What is new in organization development? Chesterland.

Comelli, G. (1985). Training als Beitrag zur Organisationsentwicklung. München, Wien: Hanser (Handbuch der Weiterbildung für die Praxis in Wirtschaft und Verwaltung, Bd. 4).

Comelli, G. (1999). Qualifikationen für Gruppenarbeit. Teamentwicklungstraining. In: Führung von Mitarbeitern. Handbuch für erfolgreiches Personalmanagement (S. 405-427). Stuttgart: Schäffer-Poeschel.

Cooperrider, D. L., & Whitney, D. K., Devan, T., Holman, P. (1999). Collaborating for change. Appreciative inquiry. San Francisco: Berrett Koehler Communications (Collaborating for change).

Creasey, T. J., & Taylor, T., Hiatt, J., Boyle, R. (2014). Best practices in change management. 822 participants share lessons and best practices in change management. Loveland, CO: Prosci.

Csikszentmihalyi, M. (2000). Das Flow-Erlebnis. Stuttgart: Klett-Cotta.

Cummings, S., & Bridgman, T., Brown, K. G. (2015). Unfreezing change as three steps. Rethinking Kurt Lewin's legacy for change management. London: SAGE.

Cummings, S., & Bridgman, T., Brown, K. G. (2016). Unfreezing change as three steps. Rethinking Kurt Lewin's legacy for change management. Human Relations 69 (1), S. 33-60.

Cummings, T. G. (2008). Handbook of organization development. Los Angeles. Sage.

Damasio, A. (2013). Selbst ist der Mensch. Körper, Geist und die Entstehung des menschlichen Bewusstseins. München: Pantheon.

Dannemiller Tyson Associates (2000). Whole-Scale Change. Unleashing the Magic in Organizations. San Francisco: Berrett-Koehler.

DBVC – Deutscher Bundesverband Coaching e. V. (2007). Coaching als Profession. Osnabrück. Selbstverlag.

Declaration Of The American Society For Cybernetics (1983) – verfasst von Ernst von Glasersfeld im September 1983. In: C.V. Negiota (Hrsg.). Cybernetics and applied systems (S. 1-5). New York: Marcel Decker 1992. Abgerufen von http://www.univie.ac.at/constructivism/EvG/papers/065.pdf. Datum des Zugriffs 6. Januar 2017.

Denner, V. Technik fürs Leben. Bosch-Pressekonferenz anlässlich der CES. http://videoportal.¬bosch-presse.de/clip/_/-/-/CES-2016-Bosch-Pressekonferenz-mit-Dr-Volkmar-Denner?category=¬Bilanz-Pressekonferenz-2016. Datum des Zugriffs 5. Januar 2016.

DeRoos, D., & Zikopoulos, P., Brown, B., Coss, R., Melnyk, R. B. (2014). Hadoop for dummies. Hoboken, N. J.: John Wiley & Sons, Inc.

Deutinger, G. (2013). Kommunikation im Change. Erfolgreich kommunizieren in Veränderungsprozessen. Berlin, Heidelberg: Springer Gabler.

Dickson, W. J., & Roethlisberger, F. J. (1966). Counseling in an organization. A sequel to the Hawthorne researches. Boston. Division of Research, Graduate School of Business Administration, Harvard University.

Diethelm, G. (2000). Projektmanagement. Herne. Neue Wirtschaftsbriefe.

Dittrich-Brauner, K., & Dittmann, E., List, V., Windisch, C. (2013). Interaktive Großgruppen. Change-Prozesse in Organisationen gestalten. (2., überarb. Aufl.). Berlin, Heidelberg: Springer.

Dolata, U. (2011). Soziotechnischer Wandel als graduelle Transformation. Berliner Journal für Soziologie 21 (2), S. 265-294.

Doppler, K. (1985). Zur Zusammenarbeit zwischen Betriebsrat und Management. Einige persönliche Anmerkungen und Perspektiven. Organisationsentwicklung. Zeitschrift der Gesellschaft für Organisationsentwicklung 4 (2), S. 57-62.

Doppler, K. (1986). Organisationsentwicklung als Führungsaufgabe. Eine kritische Bestandsaufnahme, Anregungen und Perspektiven. Organisationsentwicklung. Zeitschrift der Gesellschaft für Organisationsentwicklung 5 (2), S. 1-14.

Doppler, K. (1992). Kommunikation als Schlüsselfaktor der Unternehmensentwicklung. Organisationsentwicklung 11 (3), S. 40-56.

Doppler, K., & Fröhlich, S., Hinst, K., Lauterburg, C. (1982) Orientierungsrahmen für die Qualifizierung in Organisationsentwicklung. Organisationsentwicklung. Zeitschrift der Gesellschaft für Organisationsentwicklung 1 (4), S. 31-41.

Doppler, K., & Lauterburg, C. (2014). Change Management. Wiesbaden: Campus.

Doppler, K., & Voigt, B. (1977). Entwicklung und Tendenzen angewandter Gruppendynamik in Deutschland. Gruppenpsychotherapie und Gruppendynamik 12, S. 34-48.

Dorst, W. (Hrsg.). (2015). Umsetzungsstrategie Industrie 4.0. Ergebnisbericht der Plattform Industrie 4.0. With assistance of A. Scheibe, & C. Glohr, T. Hahn, F. Knafla, U. Loewen. Bitkom Research, Verband Deutscher Maschinen- und Anlagenbau, Zentralverband Elektrotechnik- und Elektronikindustrie. Berlin: Bitkom Research GmbH.

Drucker, P. F. (1969). Die ideale Führungskraft. Düsseldorf: Econ.

Dubs, R., & Euler, D., Rüegg-Stürm, J. (2002). Einführung in die Managementlehre. Pilotversion. Bern: Haupt.

Duhl, L. (2016). Agiles Projektmanagement. Unveröff. Manuskript.

Eder, M. (2014). Organisationale Ambidextrie. Conference Paper.

Ellebracht, H., & Lenz, G., Osterhold, G. (2009). Systemische Organisations- und Unternehmensberatung. Praxishandbuch für Berater und Führungskräfte. (3. Aufl.). Wiesbaden: Gabler.

Erbsen, A. (2012). Krankheit im Zentrum. Gestaltung von krankheitsorientierten Spitalstrukturen aus kybernetisch-konstruktivistischer Sicht. Wiesbaden: Gabler Springer.

Erickson, M. H., & Rossi, E., Rossi, S. (1978). Hypnose. Induktion – Psychotherapeutische Anwendung – Beispiele. München: Pfeiffer.

Erickson, M. H., & Rossi, E. (1981). Hypnotherapie. Aufbau – Beispiele – Forschungen. München: Pfeiffer.

Fahey, L., & Randall, R. M. (Hrsg.) (1998). Learning from the future. Competitive foresight scenarios. New York: Wiley.

Falkenberg, G., & Weber, M. (2014). Big-Data-Technologien – Wissen für Entscheider. Leitfaden. Berlin, Hannover. Technische Informationsbibliothek und Universitätsbibliothek.

Fatzer, G. (1983). Organisationsentwicklung in den USA. Neue Tendenzen. Gruppendynamik 14 (4), S. 345.

Fatzer, G. (Hrsg.). (1996). Organisationsentwicklung und Supervision. Erfolgsfaktoren bei Veränderungsprozessen. Köln: Edition Humanistische Psychologie.

Fatzer, G. (Hrsg.). (1993). Organisationsentwicklung für die Zukunft. Köln: Edition Humanistische Psychologie.

Fengler, J. (1978). Die Geschichte der Gruppendynamik in Deutschland. In: Heigl-Evers, & Streck (Hrsg.). Die Psychologie des Jahrhunderts Bd. VII. (S. 625-634). München: Kindler.

Fink, D., & Knoblach, B. (2008). Managementmoden im Spiegel des Konstruktivismus. Schmalenbachs Zeitschrift für betriebswirtschaftliche Forschung 60 (5), S. 459-478.

Fischer, H. R., & Retzer, A., Schweitzer, J. (Hrsg.). (1992). Das Ende der großen Entwürfe. Frankfurt a. M.: Suhrkamp.

Fischer, S., & Häusling, A. (2017). Agilität und Arbeit 4.0. In: Werther, S., & Bruckner, L. (Hrsg.). Arbeit 4.0 aktiv – Die Zukunft der Arbeit zwischen Agilität, People Analytics und Digitalisierung (S. 221-234). Berlin, New York: Springer.

Flick, U., & Kardorff, E. von, Keupp, H., Rosenstiel, L. von, Wolff, S. (1995). Handbuch Qualitative Sozialforschung. Grundlagen, Konzepte, Methoden und Anwendungen. (2. Aufl.). Weinheim: Beltz.

Foerster, H. von (1985). Das Konstruieren einer Wirklichkeit. In: P. Watzlawick (Hrsg.). Die erfundene Wirklichkeit. Wie wissen wir, was wir zu wissen glauben? Beiträge zum Konstruktivismus (S. 39-60). München, Zürich: Piper.

Foerster, H. von (1985). Sicht und Einsicht. Braunschweig: Vieweg und Teubner.

Foerster, H. von (1988a). Abbau und Aufbau. In: F. Simon (Hrsg.). Lebende Systeme. Wirklichkeitskonstruktionen in der systemischen Therapie (S. 19-33). Berlin, New York: Springer.

Foerster, H. von (1988b). Konstruktivismus versus Solipsismus – Fragen an Heinz von Foerster. In: F. Simon (Hrsg.). Lebende Systeme. Wirklichkeitskonstruktionen in der systemischen Therapie (S. 121-123). Berlin, New York: Springer.

Foerster, H. von (1992). Kybernetische Reflexionen. In: H. R. Fischer, & A. Retzer, J. Schweitzer (Hrsg.). Das Ende der großen Entwürfe (S. 132-139). Frankfurt a. M.: Suhrkamp.

Foerster, H. von (1993). Wissen und Gewissen. Frankfurt a. M.: Suhrkamp.

Forschungsunion (2013). Umsetzungsempfehlungen für das Zukunftsprojekt Industrie 4.0. Abschlussbericht des Arbeitskreises Industrie 4.0. Selbstverlag.

Freitag, M. (2016). Kommunikation im Projektmanagement. Aufgabenfelder und Funktionen der Projektkommunikation. Wiesbaden: Springer VS.

French W. L., & Bell jr. C. H. (1990). Organisationsentwicklung. (3. Aufl.). Stuttgart, Bern: Haupt.

French W. L., & Bell jr. C. H., Zawacki, R. A. (1989). Organization development. New York: Irwin Professional Publishing.

French, W. L., & Bell, Cecil H. (1977). Zur Geschichte der Organisationsentwicklung. In: B. Sievers (Hrsg.). Organisationsentwicklung als Problem (S. 33-42). Stuttgart: Klett-Cotta.

Frerichs, M. (2014). Innovationsprozesse und organisationaler Wandel in der Automobilindustrie. Eine prozesssoziologische Analyse betrieblicher Machtproben. Wiesbaden: Springer.

Frey, C., & Osborne, M. (2013). The future of employment. How susceptible are jobs to computerization? http.//www.futuretech.ox.ac.uk, sites, futuretech.ox.ac.uk, fles, The_Futur. Datum des Zugriffs 3. Januar 2017.

Fritz, H. (2008). Prozessarchitektur eines Veränderungsprozesses. Seminar-Skript, Seminar Organisationsentwicklung, SS 2008. Hochschule, Pforzheim. Studiengang Personalmanagement.

Fürstenau, P. (1970). Institutionsberatung. Gruppendynamik 3, S. 219-233.

Fürstenau, P. (1992). Warum braucht der Organisationsberater eine mit der systemischen kompatible ich-psychologische Orientierung? In: R. Wimmer (Hrsg.). Organisationsberatung. Neue Wege und Konzepte (S.43-58). Wiesbaden 1992.

Gairing, F. (1994). Leittext bei Mercedes-Benz. In: K. Lumma (Hrsg.). Teamfibel oder Das Einmaleins der Team- & Gruppenqualifizierung im sozialen und betrieblichen Bereich. Ein Lehrbuch zum lebendigen Lernen (S. 146-153). Hamburg: Windmühle.

Gairing, F. (2003). Methodische Grundlagen für die Gestaltung von Fusionsprozessen. In: M.-O. Schwaab, & H.-G. Dahl (Hrsg.). Fusionen. Herausforderungen für das Personalmanagement (S. 214-227). Heidelberg: Verlag Recht und Wirtschaft.

Gairing, F., & Götz, K. (2003). Human resource development. (2. Aufl.). München: Hampp.

Gairing, F. (2008). Organisationsentwicklung als Lernprozess von Menschen und Systemen. Zur Rekonstruktion eines Forschungs- und Beratungsansatzes und seiner metadidaktischen Relevanz. (4. Aufl.). Weinheim: Beltz.

Gairing, F. (2010). Sich selbst führen?! Denkansätze zum Selbstmanagement. In: M.-O. Schwaab, & G. Bergmann, F. Gairing, M. Kolb (Hrsg.). Führen mit Zielen. Konzepte – Erfahrungen – Erfolgsfaktoren (S.129-150). (3. Aufl.). Wiesbaden: Gabler.

Gebauer, A. (2006). Einführung von corporate universities. Rekonstruktion der Entwicklungsverläufe in Deutschland. Heidelberg: Carl-Auer.

Gebert, D., & Rosenstiel, L. (2002). Organisationspsychologie. Person und Organisation. (5. Aufl.). Stuttgart: Kohlhammer.

Gester, P., & Schmitz, C., Heitger, B. (1993). Managerie. Systemisches Denken und Handel um Management. Heidelberg: Carl-Auer-Systeme Verlag.

Glasersfeld, E. von (1983). Declaration Of The American Society For Cybernetics. In: C.V. Negiota (Hrsg.). Cybernetics and applied systems (S. 1-5). New York: Marcel Decker 1992. Abgerufen von http://www.univie.ac.at/constructivism/EvG/papers/065.pdf. Datum des Zugriffs 6. Januar 2017.

Glasersfeld, E. von (1985). Einführung in den radikalen Konstruktivismus. In: P. Watzlawick (Hrsg.). Die erfundene Wirklichkeit. Wie wissen wir, was wir zu wissen glauben? Beiträge zum Konstruktivismus (S. 16-38). München und Zürich. Piper.

Glasl, F., & LaHoussaye, L. de (1975). Organisationsentwicklung. Das Modell des Niederländischen Instituts für Organisationsentwicklung und seine praktische Bewährung. Bern: Haupt.

Glasl, F. (1999). Organisationsentwicklung in der Praxis. (6. Aufl.). Bern: Haupt.

Glasl, F. (2014). Die sieben Basisprozesse der Organisationsentwicklung. In: F. Glasl, & T. Kalcher, H. Piber (Hrsg.). Professionelle Prozessberatung. Das Trigon-Modell der sieben OE-Basisprozesse (S. 103-146). 3. Aufl. Bern: Haupt.

Glasl, Fr., & Kalcher, T., Piber, H. (Hrsg.). (2014). Professionelle Prozessberatung. Das Trigon-Modell der sieben OE-Basisprozesse. (3. Aufl.). Bern: Haupt.

Glasl, F. (2015). Konfliktinterventionen. Dynamische Balance der Polaritäten. Workshop, Trigon – Symposion zum Umgang mit Spannungsfeldern, 02.-04. März 2015, Salzburg. Müllheim, Baden: Auditorium Netzwerk (Geist in Bewegung).

Glasl, F., & Lievegoed, B. (2016). Dynamische Unternehmensentwicklung. Grundlagen für nachhaltiges Change Management. (4. Aufl.). Bern: Haupt.

Glatz, H., & Graf-Götz, F. (2011). Handbuch Organisation gestalten. Für Praktiker aus Profit- und Non-Profit-Unternehmen, Trainer und Berater. (2. Aufl.). Weinheim: Beltz (Weiterbildung und Qualifikation).

GOE (1980). Gesellschaft für Organisationsentwicklung (GOE) e. V., Satzung, Köln 1980.

Göhnermeier, L. (2015). Praxishandbuch Präsentation und Veranstaltungsmoderation. Wie Sie mit Persönlichkeit überzeugen. Wiesbaden: Springer VS.

Goleman, D. (2004). Emotionale Intelligenz – zum Führen unerlässlich. Hamburg: Manager-Magazin-Verl.-Gesellschaft.

Gomez, P., & Zimmermann, T. (1993). Unternehmensorganisation. Frankfurt, New York: Springer.

Gomez, P., & Müller-Stewens, Günter, Rüegg-Stürm, Johannes (1999). Entwicklungsperspektiven einer integrierten Managementlehre. Forschungsgespräche aus Anlass der 100-Jahr-Feier der Universität St. Gallen, 18-19. Juni 1998. Bern: Haupt.

Goshal, S., & Bruch, H. (2002). Winning the princess. In: economic times. Abgerufen von http.//¬articles.economictimes.indiatimes.com/2002-11-29/news/27365514_1_dragon-caterpillar-strategy. Datum des Zugriffs 15. September 2016.

Götz, K., & Brunner, P., Gairing, F., Schuh, S. (Hrsg.). (1994). Umbrüche – Aufbrüche. Menschen und Organisationen im Wandel. Würzburg. Ergon.

Götz, K., & Gairing, F., Schuh, S. (Hrsg.). (1995). Krise – Welche Krise? Herausforderungen für Menschen und Organisationen. Würzburg. Ergon.

Götz, K., & Gairing, F. (2003). Vom Trainer zum Prozessberater. Wandel im Profil betrieblicher Weiterbildung. In K. J. Zink (Hrsg.), Handbuch Organisation und Personalführung. Human Resource Management für zukunftsorientierte Unternehmen (S. 9-32). Neuwied, Kriftel, Berlin: Luchterhand.

Grannemann, U. (2015). »Wir alle leben in der VUCA-Welt«. Abgerufen am 1. März 2017 von http.//www.leadion.de/2015/08/31/wir-alle-leben-in-der-vuca-welt. Datum des Zugriffs 3. Januar 2017.

Grannemann, U., & Seele, H. (2016). Führungsaufgabe Change. Eine Roadmap für Führungskräfte in Veränderungsprozessen. Wiesbaden: Gabler.

Greif, S., & Holling, H., Nicholson, N. (1989). Arbeits- und Organisationspsychologie. Weinheim: Psychologie Verlags Union.

Greif, S., & Runde, B., Seeberg, I. (2004). Erfolge und Misserfolge beim Change Management. Göttingen: Hogrefe.

Greve, G. (2015). Organizational Burnout. Das versteckte Phänomen ausgebrannter Organisationen. (3. Aufl.). Wiesbaden: Gabler Verlag.

Grinin, L., & Korotaev, A. V., Tausch, A., Thompson, W. R. (2016). Economic cycles, crises, and the global periphery. Heidelberg: Springer.

Grolman, F. (o. J.) Change Management Veränderungen wirkungsvoll gestalten. Abgerufen von http://docplayer.org/41461985-Initio-books-change-management-veraenderung-wirkungs¬voll-gestalten.html. Datum des Zugriffs 23. März 2017.

Grossmann, R., & Bauer, G., Scala, K. (2015). Einführung in die systemische Organisationsentwicklung. Heidelberg: Carl-Auer.

Groth, A. (2013). Führungsstark im Wandel. Change Leadership für das mittlere Management. (2. Aufl.). Frankfurt, New York: Campus.

Grots, A., & Pratschke, M.e (2009). Design Thinking – Kreativität als Methode. Marketing Review St. Gallen 26 (2), S. 18-23.

Grubendorfer, C. (2016). Einführung in systemische Konzepte der Unternehmenskultur. Heidelberg: Carl Auer.

Guhlich, A. (3. Januar 2017). Bosch Start-up kündigt Heimroboter an. Stuttgarter Zeitung.

Guntern, G. (1987). Panta Rhei, aber nicht immer richtig. Unveröff. Vortrag am 4.9.1987 bei der OGA in Brig.

Guntern, G., & Capra, F. (Hrsg.). (1987). Der blinde Tanz zur lautlosen Musik. Die Auto-Organisation von Systemen. Institut für Systemwissenschaft Oberwallis, Internationales ISO-Symposium.

Hammer, M., & Champy, J. (2003). Business reengineering. Die Radikalkur für das Unternehmen. (7. Aufl.). Frankfurt a. M.: Campus Verlag.

Handy, C. (1993). Im Bauch der Organisation. Frankfurt a. M., New York: Springer.

Hansjosten, H. (2000). Lohnt sich die betriebliche Ausbildung? Eine Studie am Beispiel der DaimlerChrysler AG. München: Hampp (Managementkonzepte, Bd. 14).

Harari, Y. N., & Neubauer, J. (2015). Eine kurze Geschichte der Menschheit. (4. Aufl.). München: Pantheon.

Heimerl, P. (2009). Zur expeditionalen Organisationsentwicklung. Bern: Haupt. Zugleich Habilitationsschrift UMIT - Private Universität für Medizinische Informatik und Technik Hall in Tirol 2009.

Heintel, P., & Huber, J. (1978). Aktionsforschung - Theorieaspekte und Anwendungsprobleme. Gruppendynamik.

Heintel, P. (1992). Personalentwicklung in der Spannung von Organisation, Funktion und Person. Eine Skizze. Klagenfurt. IFF, Arbeitsbereich Technik- und Forschung

Heintel, P. (2012). Eigenzeit von Mensch und Organisation - Grenzen der Beschleunigung. In: Borst, U., & Hildenbrand, B. (Hrsg.) Zeit essen Seele auf. Der Faktor Zeit in Therapie und Beratung (S. 204-220). Heidelberg: Carl Auer.

Heintel, P. (Hrsg.). (2006). Beratung und Ethik. Praxis, Modelle, Dimensionen. Berlin: Leutner.

Heintel, P. (1995). Beschleunigung und Verzögerung. Positionspapier. Alpen-Adria Universität Klagenfurt.

Heintel, P. (1979). Institutions- und Organisationsberatung. In: Heigl-Ewers, A. (Hrsg.). Die Psychologie des 20. Jahrhunderts, Band VIII: Lewin und die Folgen (S. 956-965). München: Kindler 1979.

Heintel, P. (1992). Läßt sich Beratung erlernen? Perspektiven für die Aus- und Weiterbildung von Organisationsberatern. In: Wimmer, R. (Hrsg.). Organisationsberatung - Neue Wege und Konzepte. (S. 345-378) Wiesbaden: Gabler.

Heintel, P., & Ameln, F. (2016). Macht in Organisationen. Stuttgart: Schäffer-Poeschel.

Heintel, P., & Krainz, E. E. (1999). Führungsprobleme im Projektmanagement. In: von Rosenstiel, L. (Hrsg.). Führung von Mitarbeitern. Handbuch für erfolgreiches Personalmanagement (S. 455-464). Stuttgart: Schäffer-Poeschel.

Heintel, P., & Krainz, E. E. (2015). Projektmanagement. Hierarchiekrise, Systemabwehr, Komplexitätsbewältigung. (6. Aufl.). 2015. Wiesbaden: Gabler.

Hillebrand, M., Sonuç, E., Königswieser, R. (Hrsg.). (2011). Essenzen der systemischen Organisationsberatung - Konzepte, Kontexte und Kommentare. Heidelberg: Carl Auer.

Hinderer, H., & Pflugfelder, T., Kehle, F. (2016). Elektromobilität. Chancen für Zulieferer und Hersteller. München: Springer.

Hirsch-Kreinsen, H. (Hrsg.). (2015). Digitalisierung industrieller Arbeit. Die Vision Industrie 4.0 und ihre sozialen Herausforderungen. With assistance of P. Ittermann. [Elektronische Ressource]. Berlin: Nomos.

Hofmann, L. (1982). Grundlagen der Familientherapie. Hamburg: ISKO Press.

Hofmann, M., & Rosenstiel, L. von, Zapotoczky, K. (1991). Die sozio-kulturellen Rahmenbedingungen für Unternehmensberater. Stuttgart: Kohlhammer.

Holbeche, L. (2015). The Agile Organization. How to Build an Innovative, Sustainable and Resilient Business. London: Kogan Page.

Holl, H.-G. (1990a). Batesons Theorie des Lernens und der wissenschaftlichen Erkenntnis. In: 2. Theorieforum »Systemtheorien und Systemisches Denken« des Zentralen Bildungswesens der Mercedes-Benz AG. Forums-Reader (S. 96-112). Stuttgart: Mercedes-Benz/ unternehmensinterner Tagungsband.

Holl, H.-G. (1990b) Über Gregory Bateson. Aufzeichnung und Redeskript eines Vortrags beim 2. Theorieforum »Systemtheorien und Systemisches Denken« des Zentralen Bildungswesens der

Mercedes- Benz AG. Forums-Reader (S. 115-134). Stuttgart: Mercedes-Benz: unternehmensinterner Tagungsband.

Homma, N., & Bauschke, R. (2010). Unternehmenskultur und Führung. Den Wandel gestalten – Methoden, Prozesse, Tools. Wiesbaden: Springer.

Hookway, Christopher, »Pragmatism«, *The Stanford Encyclopedia of Philosophy* (Summer 2016 Edition), Edward N. Zalta (ed.), https://plato.stanford.edu/archives/sum2016/entries/pragmatism/. Datum des Zugriffs 10. Mai 2017.

Hörmann, G., & Langer, K. (1987). Psychodrama. In: H. Zygowski (Hrsg.). Psychotherapie und Gesellschaft (S. 182-204). Reinbek: Rowohlt.

Hughes, M. (2015). Leading changes. Why transformation explanations fail. Leadership 12 (4), S. 449-469.

Illig, W. (2015). Führung bei Veränderungsprozessen. Die Realisation eines Führungssystems fragmentierter Wissenselemente in Banken. Wiesbaden: Gabler.

Imai, M., & Nitsch, F. (1994). Kaizen. Der Schlüssel zum Erfolg der Japaner im Wettbewerb. (12. Aufl.). München: Wirtschaftsverlag Langen Müller, Herbig.

InFormation (1999). Unternehmensinterne Fachzeitschrift. Die Plattform für Bildungsaktivitäten im Daimler-Benz Konzern.

Ittermann, P., & Niehaus, J. (2015). Industrie 4.0 und Wandel von Industriearbeit. Überblick über Forschungsstand und Trendbestimmungen. In: H. Hirsch-Kreinsen (Hrsg.). Digitalisierung industrieller Arbeit. Die Vision Industrie 4.0 und ihre sozialen Herausforderungen (S. 33-54). Berlin: Nomos.

Jochmann, W., & Belch, T. (2016). Die HR-Funktion in derdigitalen Transformation. Personalwirtschaft 12, 16-18. Abgerufen von http://www.kienbauminstitut-ism.de/fileadmin/user_data/veroeffentlichungen/Die-HR-Funktion-in-der-digitalen-Transformation_Walter-Jochmann_Theresa-Belch_Personalwirtschaft_2016.pdf. Datum des Zugriffs 6. Januar 2017.

Kagermann, H., & Wahlster, W., Helbig, J. (2012). Im Fokus. Das Zukunftsprojekt Industrie 4.0. Bericht der Promotorengruppe Kommunikation. Berlin.

Kahn, R. L. (1977). Organisationsentwicklung. Einige Probleme und Vorschläge. In: B Sievers (Hrsg.). Organisationsentwicklung als Problem (S. 281-301). Stuttgart: Klett-Cotta.

Kaiser, S. (Hrsg.). (2014). Zukunftsfähige Unternehmensführung zwischen Stabilität und Wandel. Schmalenbach-Gesellschaft für Betriebswirtschaft. Düsseldorf: Handelsblatt Fachmedien GmbH.

Kanning, U. P. (2005). Soziale Kompetenzen. Entstehung, Diagnose und Förderung. Göttingen: Hogrefe.

Kanning, U. P. (2010). Von Schädeldeutern und anderen Scharlatanen. Unseriöse Methoden der Psychodiagnostik. Lengerich. Pabst.

Kanning, U. P. (2012). Organisationsentwicklung. In: Kanning, U.P, & Staufenbiel, T. Organisationspsychologie (S. 291-312). Göttingen [u. a.]. Hogrefe.

Kanning, U. P. (2013). Wenn Manager auf Bäume klettern. Mythen der Personalentwicklung und Weiterbildung. Lengerich: Pabst

Kauffeld, S., & Schneider, H. (2011). Organisationsentwicklung und -beratung. In: Kauffeld, S. (Hrsg.). Arbeits-, Organisations- und Personalpsychologie. (S. 51-66). Berlin: Springer.

Keeney, B. F. (1982), What is an epistemology of family therapy? Family Process 21, S. 153-168.

Keller, T. (2012). Verhalten zwischen Exploration und Exploition. Ein Beitrag zur Ambidextrieforschung auf der organisationalen Mikroebene. FernUniversität Hagen. Hagen. Available online at https://ub-deposit.fernuni-hagen.de/receive/mir_mods_00000129.

Kellner, H. (1995). Konferenzen, Sitzungen, Workshops effizient gestalten. München: Hanser.

Kienbaum Management Consultants (Hrsg.). (2014). Agility – überlebensnotwendig für Unternehmen in unsicheren und dynamischen Zeiten. Change Management Studie 2014. Köln.

Kieser, A. (1989). Organisationen und Organisationsgestaltung. In: S. Greif, & H. Holling, N. Nicholson (Hrsg.). Arbeits- und Organisations-psychologie (S. 327-349). Weinheim: Psychologie Verlags Union.

Kieser, A., & Walgenbach, P. (2010). Organisation. Stuttgart: Schäffer Poeschel.

Klein, L. (2002). Corporate consulting. Eine systemische Evaluation interner Beratung. Heidelberg: Auer. Zugleich Dissertation Universität Bielefeld 2002.

Knöss, K.-H. (2015). Von der Zukunft her führen mit Hilfe von Otto Scharmers »Theorie U«. Abgerufen von http.//www.futur2.org, article/von-der-zukunft-her-fuehren-mit-hilfe-von-otto-scharmers-theorie-u. Datum des Zugriffs 5. Januar 2017.

Kolb, M., & Burkart, B., Zundel, F. (2010). Personalmanagement. Grundlagen und Praxis des Human Resources Managements. (2. Aufl.). Wiesbaden: Gabler.

Königswieser, R., & Pelikan, J. (1990). Anders- gleich – beides zugleich. Unterschiede und Gemeinsamkeiten in Gruppendynamik und Systemansatz. Gruppendynamik 1, S. 69-94.

Königswieser, R., & Capra, F. (Hrsg.) (1992). Das systemisch evolutionäre Management. Der neue Horizont für Unternehmer. (2. Aufl.). Wien: Orac.

Königswieser, R., & Exner, A. (2004). Systemische Intervention. Architekturen und Designs für Berater und Veränderungsmanager. (8. Aufl.). Stuttgart: Klett-Cotta.

Königswieser, R., & Hillebrand, M., Ortner, J. (2005). Einführung in die systemische Organisationsberatung. (2., überarb. Aufl.). Heidelberg: Carl Auer.

Königswieser, R., & Sonuç, E., Gebhardt, J. (2005). Integrierte Fach- und Prozessberatung. In: M. Mohe (Hrsg.). Innovative Beratungskonzepte. Ansätze, Fallbeispiele, Reflexionen (S. 71-92). Leonberg. Rosenberger.

Königswieser, R., & Jochum, G. (Hrsg.). (2006). Komplementärberatung. Das Zusammenspiel von Fach- und Prozess-Know-how. Stuttgart: Klett-Cotta.

Königswieser, R., & Lang, E., Wimmer, R. (2009). Komplementärberatung. Quantensprung oder Übergangsphänomen? Organisationsentwicklung 28 (1), S. 46-53.

Königswieser, R. (2013a). Komplementärberatung. Das Zusammenspiel von Fach- und Prozess-Know-how. Schäffer-Poeschel.

Königswieser, R. (2013b). Systemische Intervention. Architekturen und Designs für Berater und Veränderungsmanager. Stuttgart: Schäffer-Poeschel.

Königswieser, R., & Hillebrand, M., Ortner, J. (2015). Einführung in die systemische Organisationsberatung. (8. Aufl.). Heidelberg: Carl Auer.

Kotter, J. P. (1995). Leading change. Why transformation efforts fail. In: Harvard Business Review. 73, S. 59-67

Kotter, J. P. (1996). Leading change. Boston, Mass. Harvard Business School Press.

Kotter, J. P., & Cohen, D. S. (2002). Creative ways to empower action to change the organization. Cases in point. Journal of Organizational Excellence. 22 (1), S. 73-82.

Kotter, J. P. (2014). Accelerate. Building strategic agility for a faster-moving world. Boston, *Massachusetts* Harvard Business Review Press.

Kotter, J. P. (2014). Capturing The Opportunities And Avoiding The Threats Of Rapid Change. In: Leader to Leader 74, S. 32-37.

Kotter, J. P. (2016). Unternehmen brauchen zwei Betriebssysteme. Abgerufen von https.//www.¬haufe.de, personal, hr-management, john-kotter-ueber-agilitaet-unternehmen-brauchen-2-betriebssystem_80_362438.html. Datum des Zugriffs 3. Januar 2017.

Krainz, E. (1990). Alter Wein in neuen Schläuchen. Zum Verhältnis von Gruppendynamik und Systemtheorie. Gruppendynamik. Zeitschrift für angewandte Sozialpsychologie 21 (1), S. 29-44.

Kranz, O. (2009). Interaktion und Organisationsberatung. Interaktionstheoretische Beiträge zu Profession, Organisation und Beratung. Wiesbaden: VS Verlag.

Kraus, R., & Woschée, R. (2009). Commitment und Identifikation mit Projekten. In: Wastian, M., & Braumandl, I., & von Rosenstiel, L. (Hrsg.) Angewandte Psychologie für Projektmanager (S. 187-206). Berlin, Heidelberg: Springer.

Kraus, R., & Rost, M. (2012). Evaluation groß angelegter Veränderungsprojekte. In: l. von Rosenstiel, & E. von Hornstein, S. Augustin (Hrsg.). Change Management Praxisfälle. Veränderungsschwerpunkte Organisation, Team, Individuum (S. 13-28). Berlin, Heidelberg: Springer.

Krizanits, J. (2009). Die systemische Organisationsberatung. Wie sie wurde, was sie wird, eine Einführung in das Professionsfeld. Wien: Facultas.

Krizanits, J. (2015). Einführung in die Methoden der systemischen Organisationsberatung. (2., überarb. Aufl.). Heidelberg: Carl Auer.

Krüger, W., & Bach, N. (Hrsg.). (2014). Excellence in Change. Wege zur strategischen Erneuerung. (5., überarb. u. erw. Aufl.). 2014. Wiesbaden: Gabler.

Kruse, P., & Stadler, M. Wahrnehmen, Verstehen, Erinnern. Der Aufbau des psychischen Apparates. In: DIFF (Hrsg.). Konstruktionen von Wirklichkeit. Funkkolleg Studienbrief 2 (S. 19-30). Weinheim, Basel 1990.

Kühl, S. (2015). Die fast unvermeidliche Trivialisierung der Systemtheorie in der Praxis. Gruppendynamik und Organisationsberatung 46 (3-4), S. 327-339.

Kühl, S., & Strodtholz, P., Taffertshofer, A. (2009). Handbuch Methoden der Organisationsforschung. Quantitative und qualitative Methoden. Wiesbaden: VS Verlag.

Laloux, F. (2015). Reinventing Organizations. München: Franz Vahlen.

Landes, M., & Steiner, E. (2013). Psychologie der Wirtschaft. Wiesbaden: Springer VS.

Laney, D. (2001). 3D Data Management. Controlling data volume, velocity and variety. In: Application Delivery Strategies by META Group Inc., 6. Februar 2001, File 949. Abgerufen von http.//blogs.gartner.com/doug-laney/files/2012/01/ad949-3D-Data-Management-Controlling-¬Data-Volume-Velocity-and-Variety.pdf. Datum des Zugriffs 17. Dezember 2016.

Lang, A. (1979). Die Feldtheorie von Kurt Lewin. In: Heigl-Evers, A. (Hrsg.). Die Psychologie des 20. Jahrhunderts. Bd. VII: Lewin und die Folgen (S. 51-57). München: Kindler.

Lau, V. (2013). Schwarzbuch Personalentwicklung. Spinner in Nadelstreifen. Stuttgart: Steinbeis.

Lauer, T. (2014). Change Management. Grundlagen und Erfolgsfaktoren. (2. Aufl.). 2014. Berlin, Heidelberg: Springer Gabler.

Laulin, M. (2013). The Scrum Framework in a SIPOC Nutshell. Scrum Alliance. San Diego. Abgerufen von https.//www.scrumalliance.org – resource_download, 2378. Datum des Zugriffs 17. Dezember 2016.

Lauterburg, C. (1980a). Organisationsentwicklung in einer zentralen Dienstleistungsabteilung. Protokoll einer Reorganisation. Zeitschrift für Organisation 2/1980.

Lauterburg, C. (1980b). Vor dem Ende der Hierarchie. (2. Aufl.). Düsseldorf: Econ.

Leutz, G. A., & Engelke, E. (1983). Psychodrama. In: R. J. Corsini (Hrsg.). Handbuch der Psychotherapie (S. 1008-1031). Weinheim: Beltz.

Leutz, G. A. (1978). Das Triadische System von J. L. Moreno. In: Heigl-Evers, A. (Hrsg.). Die Psychologie des Jahrhunderts. Bd. VII. (S. 830-839). München: Kindler.

Leutz, G. A. (1974). Das klassische Psychodrama nach J. L. Moreno. Berlin: Springer

Levinthal, D. A., & James, G. M. (1993). The Myopia of Learning. Strategic Management Journal 14, S. 95-112.

Lewin, K. (1916). Die psychische Tätigkeit bei der Hemmung von Willensvorgängen und das Grundgesetz der Assoziation. Leipzig: J. A. Barth

Lewin, K. (1926). Vorsatz, Wille und Bedürfnis. Mit Vorbemerkungen über die psychischen Kräfte und Energien und die Struktur der Seele. Psychologische Forschung 7 (4), S. 294-399.

Lewin, K., & Adams, Donald K. (1935). A dynamic theory of personality. Selected papers. New York, NY: McGraw-Hill.

Lewin, K. (1936). Principles of topological psychology. New York: MacGraw-Hill.

Lewin, K., & Lippitt, Ronald (1939). Field Theory and Experiment in Social Psychology. Concepts and Methods. In: American Journal of Sociology 44 (6), S. 868-896.

Lewin, K. (1943). Defining the »field at a given time«. Psychological Review 50 (3), S. 292-310.

Lewin, K. (1945). Das Forschungszentrum für Gruppendynamik am Institut für Technologie von Massachusetts. Gestalt Theory 31 (2009) 3/4, S. 437-448.

Lewin, K. (1947). Frontiers in Group Dynamics. Concept, Method and Reality in Social Science, Social Equilibria and Social Change. Human Relations 1 (1), 5-41. DOI. 10.1177, 001872674700100103.

Lewin, K. (1963). Feldtheorie in den Sozialwissenschaften. Bern: Huber.

Lewin, K. (1968). Die Lösung sozialer Konflikte. Bad Nauheim: Christian Verlag.

Lewin, K. (1969). Grundzüge der topologischen Psychologie. Bern: Huber.

Lewin, K. (1981a). Der Begriff der Genese in Physik, Biologie und Entwicklungsgeschichte (1922). In: Kurt Lewin Werkausgabe, Bd. II (S. 47-318). Stuttgart: Klett.

Lewin, K. (1981b). Die Erziehung der Versuchsperson zur richtigen Selbstbeobachtung und die Kontrolle psychologischer Beschreibungsangaben. In: Kurt Lewin Werkausgabe, Bd. I (S. 153-212). Stuttgart: Klett.

Lewin, K. (1989a). Changing as three steps. Unfreezing, moving, and freezing of group standards. In: W. L. French, & C. W. Bell jr., R. A. Zawacki (Eds.), Organization development. New York: Irwin.

Lewin, K. (1989b). The field approach. Culture and group life as quasi-stationary processes. In: W. L. French, & C. W. Bell jr., R. A. Zawacki (Eds.), Organization development. New York: Irwin.

Lewin, K. (2010). Group decision and social change. In: Understanding and researching in organization development (S. 3-23). Los Angeles]: Sage.

Lewin, K. (2012). Feldtheorie in den Sozialwissenschaften. Ausgewählte theoretische Schriften. Bern: Huber.

Lindner, T. (1981). Organisationsentwicklung. Gruppendynamik 4, S. 283-284.

Lipp, U., & Will, H. (2008). Das große Workshop-Buch. Konzeption, Inszenierung und Moderation von Klausuren, Besprechungen und Seminaren. (8. Aufl.). Weinheim, Basel: Beltz.

Lippitt, R., & Lippitt G. (1977). Der Beratungsprozeß in der Praxis. Untersuchung zur Dynamik der Arbeitsbeziehung zwischen Klient und Berater. In: B. Sievers (Hrsg.). Organisationsentwicklung als Problem (S.93-115). Stuttgart: Klett-Cotta.

Lippitt, R. (1974) Von der T-Gruppe zur Organisationsentwicklung oder wie verändert die Mikrodynamik die Makrostruktur? Gruppendynamik 4, S. 270-282.

Lobnig, H., & Ernst, M. (2013). Organisationsentwicklung und Qualitätsmanagement. In: R. Grossmann (Hrsg.). Organisationsentwicklung im Krankenhaus (S. 141-168). Berlin: Med.-Wiss. Verl.-Ges.

Löcher, A. (2014). Mikropolitische Dynamik im Innovationsprozess. IT-gestütztes Berichtswesen in der sächsischen Ministerialverwaltung. Wiesbaden: Springer VS.

Looss, W. (1998). Interne Beratung – die alltägliche Paradoxie. InFormation. Die Plattform für Bildungsaktivitäten im Daimler-Benz Konzern 2, S. 6.

Luhmann, N. (1972). Funktionen und Folgen formaler Organisation. (2. Aufl.). Berlin: Duncker und Humblot.

Luhmann, N. (1984a). Soziale Systeme – Grundriß einer allgemeinen Theorie. Frankfurt a. M.: Suhrkamp.

Luhmann, N. (1984b). Die Wirtschaft der Gesellschaft als autopoietisches System. Zeitschrift für Soziologie 13 (4), S. 308-327.

Luhmann, N. (1987). Autopoiesis als soziologischer Begriff. In: Haferkamp, H. & Schmid, M. (Hrsg.). Sinn, Kommunikation und soziale Differenzierung (S. 307-324). Frankfurt a. M.: Suhrkamp.

Luhmann, N. (1988). Macht. (2. Aufl.). Stuttgart: Enke.

Luhmann, N. (1988b). Selbstreferentielle Systeme. In: F. Simon (Hrsg.). Lebende Systeme. Wirklichkeitskonstruktionen in der systemischen Therapie (S. 47-53). Berlin, New York: Springer.

Luhmann, N. (1988c). Was ist Kommunikation? In: F. Simon (Hrsg.). Lebende Systeme. Wirklichkeitskonstruktionen in der systemischen Therapie (S. 10-18). Berlin, New York: Springer.

Luhmann, N. (1989). Vertrauen. Ein Mechanismus der Reduktion sozialer Komplexität. (3. Aufl.). Stuttgart: Enke.

Luhmann, N. (1992). Operationale Geschlossenheit psychischer und sozialer Systeme., In: H. R. Fischer, & A. Retzer, J. Schweitzer (Hrsg.). Das Ende der großen Entwürfe (S. 117-131). Frankfurt a. M.: Suhrkamp.

Lumma, K. (2006). Teamfibel oder Das Einmaleins der Team- & Gruppenqualifizierung im sozialen und betrieblichen Bereich. Ein Lehrbuch zum lebendigen Lernen. (3. Aufl.). Hamburg: Windmühle.

Maass-Emden, J.-P. (2012). Die wandlungsaffine Unternehmung. Transformation aus der Schwarmforschung und der Neuro-Synergetik. Wiesbaden: Gabler.

Macharzina, K. (1993). Unternehmensführung. Das internationale Managementwissen. Konzepte-Methoden-Praxis. Wiesbaden: Gabler.

Malik, F. (1982). Evolutionäres Management. Voraussetzungen und Konsequenzen eines Ansatzes zur Steuerung sozialer Systeme. Die Unternehmung. Swiss journal of business research and practice, Organ der Schweizerischen Gesellschaft für Betriebswirtschaft 36 (2), S. 77-89.

Malik, F., & Sandner, K. (1982). Evolutionäres Management. Die Unternehmung. Swiss journal of business research and practice. Organ der Schweizerischen Gesellschaft für Betriebswirtschaft 36 (2), S. 91-106.

Malik, F. (1986). Das Management komplexer Systeme. Bern, Stuttgart: Haupt.

Malik, F. (1993). Systemisches Management, Evolutionen, Selbstorganisation – Grundprobleme, Funktionsmechanismen und Lösungsansätze für komplexe Systeme. Bern, Stuttgart: Haupt.

March, J. G. (1991). Exploration and Exploitation in Organizational Learning. Organization Science 2 (1), S. 71-87.

Marrow, A. (1977). Kurt Lewin – Leben und Werk. Stuttgart: Klett-Cotta.

Martens, E. (1994). Amerikanische Pragmatisten. In: O. Höffe (Hrsg.). Klassiker der Philosophie, Bd. II: Von Kant bis Sartre (S. 225-250). München: C. H. Beck.

Maturana, H. R., & Varela, F. J. (1980). Autopoiesis and Cognition. The Realization of the Living. Dordrecht: Springer.

Maturana, H. (1982). Erkennen. Die Organisation und Verkörperung von Wirklichkeit. Braunschweig: Vieweg.

Maturana, H. R., & Varela, F. J. (1987). Der Baum der Erkenntnis. Die biologischen Wurzeln des menschlichen Erkennens. Bern, München, Wien: Scherz.

Matzler, K., & Bailom, Fr., Friedrich von den Eichen, S., Anschober, M. (2016). Digital Disruption. Wie Sie Ihr Unternehmen auf das digitale Zeitalter vorbereiten. München: Vahlen.

Maurer, I. (Hrsg.). (2014). Organisationsentwicklung. Konzepte und Anregungen für prozessorientierte Beratung. Marburg: Tectum.

Maximini, D. (2013). Scrum – Einführung in der Unternehmenspraxis. Von starren Strukturen zu agilen Kulturen. Berlin, Heidelberg: Springer.

Mayo, E. (1949). Probleme industrieller Arbeitsbedingungen. Frankfurt a. M.: Verlag der Frankfurter Hefte.

Mc Kenna, D. D., & Wright, P. M. (1992). Alternative metaphors for organization design. In: M. D. Dunnette, & L. M. Hough (Hrsg.). Handbook of industrial and organizational psychology, Vol. 1-3 (S. 901-961). Palo Alto: Nicholas Brealey Publishing.

McCann, J. (2004). Organizational effectiveness. changing concepts for changing environments. Human Rewsource Panning 27, S. 42-51.

Mensing, W. (2015). Erfolgreiches Projektmanagement ohne externe Berater in KMUs. Praxisleitfaden zur Etablierung Interner Projektmanager. Wiesbaden: Springer.

Mintzberg, H., & Ahlstrand, B., Lampel, J. (2003). Strategy Safari. Eine Reise durch die Welt des strategischen Managements. (Nachdr.). Frankfurt a. M.: Redline

Moreno, J. L. (1955). Preludes to my autobiography. Introduction to Who shall survive? Beacon, NY: Beacon House.

Müller-Jentsch, W. (2007). Strukturwandel der industriellen Beziehungen. »Industrial Citizenship« zwischen Markt und Regulierung. Wiesbaden: VS Verlag.

Nagel, R., & Wimmer, R. (2014). Systemische Strategieentwicklung. Modelle und Instrumente für Berater und Entscheider. (6. Aufl.). Stuttgart: Schäffer-Poeschel.

Nellesen, L., & Schmidt, J. (1975). Kein Anschluß unter dieser Nummer? Erfahrungen mit Trainings in einer Institution. Gruppendynamik 6, S. 276-294.

Nellesen, L. (1993). Organisationsentwicklung. Stein des Weisen oder Stein des Anstoßes. In: G. Fatzer (Hrsg.). Organisationsentwicklung für die Zukunft (S. 309-324). Köln: Edition Humanistische Psychologie.

Nerdinger, F. W., & Blickle, G., Schaper, N. (2011). Arbeits- und Organisationspsychologie. (2. Aufl.). Berlin, Heidelberg: Springer.

Niedereichholz, C. (2010): Beratungsmarketing und Auftragsakquisition. (5. Aufl.). München: Oldenbourg.

Neuberger, O. (1995a). Führen und geführt werden. (5. Aufl.). Stuttgart: Enke.

Neuberger, O. (1995b). Mikropolitik. Der alltägliche Aufbau und Einsatz von Macht in Organisationen. Stuttgart: Enke.

Neuberger, O. (1995c). Mobbing. Übel mitspielen in Organisationen. (2. Aufl.). München: Hampp.

Nicolai, A. T., & Simon, F. B. (2001). Kritik der Mode, Managementmoden zu kritisieren. In: Wüthrich, H. A., & Philipp, A., & Winter, W.B. Grenzen ökonomischen Denkens. Auf den Spuren einer dominanten Logik (S. 499-523). Wiesbaden: Gabler.

Niermeyer, R. (2013). Mitarbeitermotivation in Veränderungsprozessen. Mit Arbeitshilfen online. Psychologische Erfolgsfaktoren des Change Managements. Freiburg: Haufe.

Nissen, V. (2007). Consulting Research. Unternehmensberatung aus wissenschaftlicher Perspektive. Wiesbaden: Deutscher Universitäts-Verlag.

Obermaier, R. (2016). Industrie 4.0 als unternehmerische Gestaltungsaufgabe. Strategische und operative Handlungsfelder für Industriebetriebe. In: R. Obermaier (Hrsg.). Industrie 4.0 als unternehmerische Gestaltungsaufgabe. betriebswirtschaftliche, technische und rechtliche Herausforderungen (S. 3-34). Wiesbaden: Springer Gabler.

ÖGGO. Ausschreibung für das Internationale Symposium der Österreichischen Gesellschaft für Gruppendynamik und Organisationsberatung (ÖGGO) vom 26.-29. Oktober 1995.

Ohnesorge, D., & Fitz, R. E. (2014). Wertorientierung und Sinnentfaltung im Coaching. Vorgehen und Praxisbeispiele nach dem St. Galler Coaching Modell. Wiesbaden: Springer.

Owen, H. (1995). Open space. [United States]. Distributed by Open Space Institute.

Paech, N. (2014). Postwachstumsökonomik. In: Gabler Wirtschaftslexikon (S. 2506-2509). Wiesbaden: Springer Gabler.

Pascale, R. T., & Athos, A. G. (1981). The art of Japanese management. New York: Simon and Schuster.

Pechlaner, H., & Raich, M., Schön, S., Matzler, K. (2010). Change Leadership. Den Wandel antizipieren und aktiv gestalten. Wiesbaden: Gabler.

Petzold, H. (1978). Lewin und Moreno. Bemerkungen anläßlich des Erscheinens der Lewin-Biographie von Alfred Marrow auf Deutsch. Gruppendynamik 3, S. 208-211.

Petzold, H. (1980a). Moreno und Lewin und die Anfänge psychologischer Gruppenarbeit. Zeitschrift für Gruppenpädagogik 1, S. 1-18.

Petzold, H. (1980b). Moreno – nicht Lewin – der Begründer der Aktionsforschung. Gruppendynamik 2, S. 142-166.

Pfannenberg, J. (2013). Veränderungskommunikation. So unterstützen Sie den Change-Prozess wirkungsvoll. (3. Aufl.). Frankfurt a. M.: Frankfurter Allgemeine Buch.

Portele, G. (1984). Gestalttheorie, Theorie der Autopoiese und Gestalttherapie. Gestalt Theory 7, S. 245-259.

Prammer, K. (2013). Organisationsentwicklung und Leistungsprozessmanagement – konzeptionelle Grundlagen. In: R. Grossmann (Hrsg.). Organisationsentwicklung im Krankenhaus (S. 117-139). Berlin: Med.-Wiss. Verl.-Ges.

Probst, G. J. B. (1987). Selbst-Organisation. Ordnungsprozesse in sozialen Systemen aus ganzheitlicher Sicht. Berlin: Parey.

Probst, G., & Gomez, P. (Hrsg.). (1989): Vernetztes Denken. Wiesbaden: Gabler.

Probst, G., & Raub, S., Romhardt, K. (2010). Wissen managen. Wie Unternehmen ihre wertvollste Ressource optimal nutzen. (6. Aufl.). Wiesbaden: Gabler Verlag, GWV Fachverlage GmbH, Wiesbaden (SpringerLink. Bücher).

Probst, G., & Wiedemann, C. (2013). Strategie-Leitfaden für die Praxis. Wiesbaden: Springer Fachmedien Wiesbaden, Imprint. Springer Gabler.

Proesler, H. (1955). Zum Aufgabenbereich der Sozialwissenschaften. Mensch und Arbeit. Zeitschrift für schöpferische Betriebsführung 7 (5), S. 130-131.

Pühl, H. (2009). Handbuch Supervision und Organisationsentwicklung. (3. Aufl.). Wiesbaden: VS Verlag.

Pümpin, C., Prange, J. (1991). Management der Unternehmensentwicklung. Frankfurt a. M.: Campus Verlag.

Radel, J. (2011). Gestaltung und Evaluation von betrieblichen Veränderungsprozessen. Münster, New York, München, Berlin: Waxmann (Internationale Hochschulschriften, 545).

Raisch, S., & Birkinshaw, J., Probst, G., Tushman, M. L. (2009). Organizational Ambidexterity. Balancing Exploitation and Exploration for Sustained Performance. Organization Science 20 (4), S. 685-695. Abgerufen von http.//www.jstor.org/stable/25614687. Datum des Zugriffs 6. Januar 2017.

Ratzmann, M. (2015). Organisationsentwicklungsmaßnahmen. In: Bornewasser, M., & Schlick, C. M., & Bouncken, R. B. (Hrsg.) Teamkonstellation und betriebliche Innovationsprozesse (S. 299-325). Wiesbaden: Springer.

Reese-Schäfer, W. (1992): Luhmann. Zur Einführung. Hamburg: Junius.

Rennebach, S. (2010): Unternehmen im Wandel. Komplexe Veränderungsprozesse erfolgreich gestalten. Hamburg: Diplomica.

Reinhardt, K. (2014). Organisationen zwischen Disruption und Kontinuität. Analysen und Erfolgsmodelle zur Verbesserung der Erneuerungsfähigkeit von Organisationen durch Kompetenzmanagement. München: Hampp.

Reith, F. von der, & Wimmer, R. (2014). Organisationsentwicklung und Change-Management. In: Wimmer, R., & Meissner, J.O., & Wolf, P. Praktische Organisationswissenschaft. Lehrbuch für Studium und Beruf (S. 139-166). Heidelberg: Carl Auer.

Retzer, A., & Fischer, R. (1991). Verstehen, Sprache und Konsens – Der lange Abschied vom Prinzipiellen. Helm Stierlin zum 65. Geburtstag. Familiendynamik 2, S. 134-144.

Retzer, A., & Simon F. B. (1995). Das Hellinger-Phänomen. Psychologie heute, Juni 1995.

Richter, M. (1994). Organisationsentwicklung. Bern: Haupt.

Rieckmann, H. (1980). Organisationsentwicklung und soziotechnische Systemgestaltung. Dargestellt am Beispiel einer Werksgründung. Organisationsentwicklung in Theorie und Praxis 1, S. 145-160.

Rieckmann, H. (1991). Organisationsentwicklung – von der Euphorie zu den Grenzen. In: T. Sattelberger (Hrsg.). Die lernende Organisation. Konzepte für eine neue Qualität der Unternehmensentwicklung (S. 125-144). Wiesbaden: Gabler.

Riedler, K.-K. (1997). Der Qualitätsfaktor als strategisches Element des Lean Managements. Kassel. Kassel Univ. Press.

Robertson, B. J. (2016). Holacracy. Ein revolutionäres Management-System für eine volatile Welt. München: Vahlen.

Roehl, H. (2014). Zwischen nicht mehr und noch nicht. Organisationale Routinen als Grundlage des Wandels. In: S. Kaiser (Hrsg.). Zukunftsfähige Unternehmensführung zwischen Stabilität und Wandel (S. 41-51). Düsseldorf: Handelsblatt Fachmedien GmbH.

Roethlisberger, F. J., & Dickson, W. J. (1966). Management and the Worker. Cambridge, Mass: Harvard University Press.

Rogers, C. (1968). Interpersonal relationship USA 2000. Journal of Applied Behavioural Science 4 (3), S. 265-280.

Rogers, C. (1972). Die nichtdirektive Beratung. München: Fischer.

Rosa, H. (2016): Beschleunigung und Entfremdung. Entwurf einer Kritischen Theorie spätmoderner Zeitlichkeit. (5. Aufl.). Berlin: Suhrkamp.

Rosa, H., & Lorenz, S. (2009). Schneller kaufen! Zum Verhältnis von Konsum und Beschleunigung. Berliner Debatte Initial 20 (1), S. 10-18.

Rosenstiel, L. von (1991). Anerkennung und Kritik als Führungsmittel. In: L. von Rosenstiel, & E. Regnet, M. Domsch (Hrsg.). Führung von Mitarbeitern. Handbuch für erfolgreiches Personalmanagement (S. 188-197). Stuttgart: Schäffer-Poeschel.

Rosenstiel, L. von, & Molt, W., Rüttinger, B. (2005): Organisationspsychologie. (9. Aufl.). Stuttgart: Kohlhammer.

Rosenstiel, L. von (2007). Grundlagen der Organisationspsychologie. Basiswissen und Anwendungshinweise. (6. Aufl.). Stuttgart: Schäffer-Poeschel.

Rosenstiel, L. von, & Hornstein E. von, Augustin, S. (2012). Change Management Praxisfälle. Veränderungsschwerpunkte Organisation, Team, Individuum. Berlin, Heidelberg: Springer.

Rosnay, J. de (1979). Das Makroskop. Systemdenken als Werkzeug der Ökogesellschaft. Reinbek: Rowohlt.

Rossi, Peter H., & Lipsey, Mark W., Freeman, Howard E. (2004). Evaluation. A systematic approach. (7. Aufl.). Thousand Oaks: SAGE.

Rüegg-Stürm, J., Gritsch, L. (2001). Ungewissheit und Stabilität in Veränderungsprozessen. Zur Bedeutung von Ritualen in tiefgreifenden Veränderungsprozessen von Unternehmungen. St. Gallen. Institut für Betriebswirtschaft, Universität St. Gallen (Diskussionsbeiträge, Institut für Betriebswirtschaft, Nr. 42).

Rüegg-Stürm, J. (2003). Kulturwandel in komplexen Organisationen. St. Gallen (Diskussionsbeitrag, Institut für Betriebswirtschaft an der Hochschule St. Gallen, 49).

Rüegg-Stürm, J., & Grand, S. (2014). Das St. Galler Management-Modell. 4. Generation. Einführung. Bern: Haupt.

Russell, B., & Whitehead A. N. (1910-1913). Principa Mathematica. 3 Bde. Cambridge: University Press.

Sackmann, S. (1993). Die lernfähige Organisation – Theoretische Überlegungen, gelebte und reflektierte Praxis. In: G. Fatzer (Hrsg.). Organisationsentwicklung für die Zukunft. Köln: EHP.

Sandner, K., & Probst, G., Dyllik, T., Malik, F. (1982). Zur Reduktion von Management auf Kybernetik. Die Unternehmung. Swiss journal of business research and practice, Organ der Schweizerischen Gesellschaft für Betriebswirtschaft 36 (2), S. 113-122.

Sattelberger, T. (Hrsg.). (1991). Die lernende Organisation. Konzepte für eine neue Qualität der Unternehmensentwicklung. Wiesbaden: Gabler.

Sattelberger, T. (2015a). 50 Jahre Personalmanagement. Entwicklungen. Entgleisungen. Entdeckungen. In: T. Sattelberger, & G. Bergmann, C. Eireiner, S. Fischer, H. Fischer, F. Gairing et al. (Hrsg.). 50 Jahre Personalmanagement an der Hochschule Pforzheim (S. 13-27). Pforzheim.

Sattelberger, T. (2015b). Disruption der Geschäftsmodelle – Unternehmen der Zukunft. Arbeitswelt 4.0. Agenda für HR als Co-Architekt einer neuen Arbeits- und Führungskultur. Kienbaum Jahrestagung 2015. Berlin.

Sattelberger, T., & Welpe, Isabell, Boes, Andreas (Hrsg.). (2015c). Das demokratische Unternehmen. Neue Arbeits- und Führungskulturen im Zeitalter digitaler Wirtschaft. Freiburg, München: Haufe.

Sattelberger, T. (2. November 2015). »Unternehmen müssen demokratischer werden«. Interview. Zeit-online. Abgerufen von http://www.zeit.de/karriere/beruf/2015-10/thomas-sattelberger-unternehmen-demokratie-mitarbeiter-mitbestimmung. Datum des Zugriffs 6. Januar 2017.

Schanne, S. (2010). Organisationsentwicklung zwischen Organisation und Profession. Handlungslogiken interner OE-Berater. München: Hampp.

Scharmer, C. O., Käufer, K. (2008). Führung vor der leeren Leinwand. Presencing als soziale Technik. Organisationsentwicklung. Zeitschrift für Unternehmensentwicklung und Change Management 2/08, S. 4-11.

Scharmer, C. O. (2015). Theorie U. Von der Zukunft her führen. Presencing als soziale Technik. (4. Aufl.). Heidelberg: Carl Auer.

Schein, E. H. (1993). Organisationsberatung für die neunziger Jahre. In: G. Fatzer (Hrsg.). Organisationsentwicklung für die Zukunft (S. 405-420). Köln: Edition Humanistische Psychologie.

Schein, E. H. (1994). Überleben im Wandel. Darmstadt, München, Wien, Frankfurt a. M: Lanzenberger Looss Stadelmann.

Schein, E. H. (1995). Unternehmenskultur. Ein Handbuch für Führungskräfte. Frankfurt a. M., New York: Campus.

Schein, E. H. (2000a). Organisationsentwicklung. Wissenschaft, Technik oder Philosophie? In: K. Trebesch (Hrsg.). Organisationsentwicklung. Konzepte, Strategien, Fallstudien, wegweisende Beiträge aus der Zeitschrift OrganisationsEntwicklung (S. 19-32). Stuttgart: Klett-Cotta.

Schein, E. H. (2000b). Prozessberatung für die Organisation der Zukunft. Köln: Edition Humanistische Psychologie.

Schein, E. H. (2010). Organisationskultur. The Ed Schein Corporate culture survival guide. (3. Aufl.). Bergisch Gladbach: Edition Humanistische Psychologie (EHP-Organisation).

Schiersmann, C., & Thiel, H.-U. (2014). Organisationsentwicklung. Prinzipien und Strategien von Veränderungsprozessen. (4., überarb. und aktual. Aufl.). Wiesbaden: Springer VS.

Schiessler, B. (2013): Die Rolle der Organisationsentwicklung im Change Management. In: M. Landes, & E. Steiner (Hrsg.). Psychologie der Wirtschaft (S. 589-611). Wiesbaden: Springer.

Schmid, B. (1993). Menschen, Rollen und Systeme – Professionsentwicklung aus systemischer Sicht. Organisationsentwicklung 4, S. 18-27.

Schmidt, G. (1991). Wer einigermaßen der Gleiche bleiben will, muß sich ständig verändern. Oder. Die Metamorphose der Heidelberger Familientherapiegruppe als Beispiel für die Entwicklung eines kooperativen Nicht-Nullsummenspiels. Familiendynamik 2, S. 145-163.

Schmidt, J. (1989). Systemisch denken lernen... Oder. Lernprozesse rekonstruieren, Lernprozesse konstruieren. Organisationsentwicklung 4, S. 1-16.

Schmidt, J. (1994). Über »Gregory Bateson« Oder. Vorarbeiten zu einer künftigen Humanwissenschaft. Gruppendynamik 2, S. 203-226.

Schmidt, S. J. (Hrsg.). (1994). Der Diskurs des Radikalen Konstruktivismus. (4. Aufl.). Frankfurt a. M.: Suhrkamp.

Schmidt, S. J. (1994). Der radikale Konstruktivismus. Ein neues Paradigma im interdisziplinären Diskurs. In: S. J. Schmidt (Hrsg.). Der Diskurs des Radikalen Konstruktivismus (S. 11-88). (4. Aufl.). Frankfurt a. M.: Suhrkamp.

Schmitz, C., & Gester, W., Heitger, B. (Hrsg.). (1992). Managerie. Systemisches Denken und Handeln im Management. Heidelberg: Carl Auer.

Schreyögg, G., & Noss, C. (1995). Organisatorischer Wandel. Von der Organisationsentwicklung zur lernenden Organisation. Die Betriebswirtschaft 55 (2), S. 169-185.

Schreyögg, G. (2008). Organisation. Grundlagen moderner Organisationsgestaltung, mit Fallstudien. (4. Aufl.) Wiesbaden: Gabler.

Schreyögg, G., & Sydow, J. (2009). Verhalten in Organisationen. Wiesbaden: Gabler Verlag, Springer Fachmedien Wiesbaden, Wiesbaden.

Schreyögg, G., & Conrad, P. (2010). Organisation und Strategie. Wiesbaden: Gabler Verlag, Springer Fachmedien Wiesbaden, Wiesbaden.

Schreyögg, G. (2014). Pfadabhängigkeit und Pfadbruch in Unternehmen. Schmalenbachs Zeitschrift für betriebswirtschaftliche Forschung 68 (1), S. 1-17.

Schreyögg, B. (2015): Emotionen im Coaching. Kommunikative Muster der Beratungsinteraktion. Wiesbaden: Springer.

Schumacher, T. (2003). Identität oder strategischer Wandel? Eine systemische Perspektive auf organisationale Veränderungen. Heidelberg: Carl Auer.

Schwaab, M.-O., & Bergmann, G., Gairing, F., Kolb, M. (2010). Führen mit Zielen. Konzepte – Erfahrungen – Erfolgsfaktoren. (3. Aufl.). Wiesbaden: Gabler Springer.

Schwarz, G., & Heintel, P., Weyrer, M., Stattler, H. (Hrsg.). (1993). Gruppendynamik. Geschichte und Zukunft. Wien: WUV.

Schwertl, W. (2016). Kommunikative Kompetenz im Business-Coaching. Reflexionen über eine oft missverstandene Dienstleistung. Wiesbaden: Springer.

Seifert, J. W. (2012). 30 Minuten Moderieren. Offenbach: Gabal.

Sellien, R., & Sellien H. (1975). Dr. Gablers Wirtschafts-Lexikon. Wiesbaden: Gabler.

Selvini-Palazzoli, M., & Boscolo, L., Cecchin G., Prata G. (1981). Hypothetisieren – Zirkularität – Neutralität. drei Richtlinien für den Leiter der Sitzung. Familiendynamik 6, S. 123-139 .

Selvini-Palazzoli, M., & Anolli, L., DI Blasio P., Giossi L., Pisano J., Ricci C., Sacchi M., Ugazio V. (1985). Hinter den Kulissen der Organisation. Stuttgart: Klett-Cotta.

Selvini-Palazzoli, M., & Boscolo, L., Cecchin G., Prata G. (1988). Paradoxien und Gegenparadoxien. (3. Aufl.). Stuttgart: Klett-Cotta.

Senge, P. M. (2011). Die fünfte Disziplin. Kunst und Praxis der lernenden Organisation. (11. Aufl.). Stuttgart: Schäffer-Poeschel.

Senge, P., & Scharmer, C. O., Jaworski, J., Flowers, B. S. (2011). Presence. Exploring Profound Change in People, Organizations and Society. New York: Nicholas Brealey Publishing.

Shazer, S. de (1989). Der Dreh. Überraschende Wendungen und Lösungen in der Kurzzeittherapie. Heidelberg: Carl Auer.

Shazer, Steve de, & Stopfel, U. (2014). Wege der erfolgreichen Kurztherapie. (12. Aufl.). Stuttgart: Klett-Cotta.

Sievers, B. (1976). Organisationsentwicklung als Strategie der Integration von Schulreform und Lehrerfortbildung. In: K. Aregger (Hrsg.). Lehrerfortbildung. Praxisorientierte Konzepte und neue Bereiche. Weinheim: Beltz.

Sievers, B. (Hrsg.). (1977a). Organisationsentwicklung als Problem. Stuttgart: Klett-Cotta.

Sievers, B. (1977b). Organisationsentwicklung als Problem. In: B. Sievers (Hrsg.). Organisationsentwicklung als Problem (S. 10-31). Stuttgart: Klett-Cotta.

Sievers, B. (2003). Das Unbewusste in Organisationen. Freie Assoziationen zur psychosozialen Dynamik von Organisationen, Beiträge aus 5 Jahren Freie Assoziationen. Gießen: Psychosozial-Verlag.

Simon, F. B. (1988a). Unterschiede, die Unterschiede machen. Frankfurt a. M.: Suhrkamp.

Simon, F. B. (Hrsg.). (1988b). Lebende Systeme. Wirklichkeitskonstruktionen in der systemischen Therapie. Berlin, New York: Springer.

Simon, F. B. (1988c). Wirklichkeitskonstruktionen in der Systemischen Therapie. In: F. Simon (Hrsg.). Lebende Systeme. Wirklichkeitskonstruktionen in der systemischen Therapie (S. 1-9). Berlin, New York: Springer.

Simon, F. B. (1990b). »Harte« und »weiche« Wirklichkeiten. In: R. Königswieser, & F. Capra (Hrsg.). Das Systemisch-evolutionäre Management (S. 85-94). (2. Aufl.). Wien: Orac.

Simon, F. B., & Janes, A. (1992). Radikale Marktwirtschaft. In: C. Schmitz, & W. Gester, B. Heitger (Hrsg.). Managerie. Systemisches Denken und Handeln im Management (S. 245-257). Heidelberg: Carl Auer.

Simon, F. B. (1993). Unterschiede, die Unterschiede machen. Klinische Epistemologie. Grundlage einer systemischen Psychiatrie und Psychosomatik. (2. Aufl.). Frankfurt a. M.: Suhrkamp.

Simon, F. B. (2004). Meine Psychose, mein Fahrrad und ich. Zur Selbstorganisation der Verrücktheit. (10. Aufl.). Heidelberg: Carl Auer.

Simon, F. B., & Clement, U., Stierlin, H. (2004). Die Sprache der Familientherapie. Stuttgart: Klett-Cotta.

Simon, F. B. (2008). Konsultanten. Heidelberg: Carl Auer.

Simon, F. B. (2010). Die Kunst, nicht zu lernen und andere Paradoxien in Psychotherapie, Management, Politik. Heidelberg: Carl Auer.

Simon, F. B. (2012). Die andere Seite der »Gesundheit«. Heidelberg: Carl Auer.

Simon, F. B. (2013). Gemeinsam sind wir blöd!? Die Intelligenz von Unternehmen, Managern und Märkten. (4. Aufl.). Heidelberg: Carl Auer.

Simon, F. B. (2014a). Einführung in die (System-)Theorie der Beratung. Heidelberg: Carl Auer.

Simon, F. B. (2014b). Wurzeln der systemtheoretischen Organisationstheorie. In: Wimmer, R., & Meissner, J.O., & Wolf, P. Praktische Organisationswissenschaft. Lehrbuch für Studium und Beruf (S. 50-67). Heidelberg: Carl Auer.

Simon, F. B. (2015a). Einführung in die systemische Organisationstheorie. (5. Aufl.). Heidelberg: Carl Auer.

Simon, F. B. (2015b). Einführung in Systemtheorie und Konstruktivismus. (7. Aufl.). Heidelberg: Carl Auer.

Simon, F. B., & Rech-Simon, C. (2016). Zirkuläres Fragen. Systemische Therapie in Fallbeispielen. Ein Lernbuch. (12. Aufl.). Heidelberg: Carl Auer.

Spencer Brown, G. (1979). Laws of form. New York: E. P. Dutton.

Sperling, J. B. (2011). Moderation. Zusammenarbeit in Besprechungen und Projektmeetings fördern. München: Haufe Lexware.

Springer Gabler Verlag (Hrsg.). Gabler Wirtschaftslexikon. Stichwort: Organizational Burnout. Abgerufen von http://wirtschaftslexikon.gabler.de/Archiv/569817/organizational-burnout-v6.html. Datum des Zugriffs 3. Januar 2017.

Springer, R. (1999). Rückkehr zum Taylorismus? Arbeitspolitik in der Automobilindustrie am Scheideweg. Frankfurt a. M.: Campus.

Stein, L. (2010). Managementpraktiken unternehmerischer Nachhaltigkeit. Wie Unternehmen ihren Beitrag zu einer lebenswerten Welt gestalten. Heidelberg: Verl. für Systemische Forschung im Carl Auer.

Stiefel, R. Th. (1977). Organisationsentwicklung und Management-Weiterbildung. Eine begriffliche Einführung mit Literaturhinweisen. Der Betriebswirt. Theorie und Praxis für Führungskräfte 18 (2), S. 47-50.

Stiefel, R. (1995). Das Ende der Technokraten. Eine Renaissance der Humanistischen Psychologie in der Kosmologie des Managements? Management-Andragogik und Organisationsentwicklung 1, S. 24-26.

Stierlin, H. (1971). Das Tun des Einen ist das Tun des Andern. Frankfurt a. M.: Suhrkamp.

Stierlin, H. (1975). Von der Psychoanalyse zur Familientherapie. Stuttgart: Klett-Cotta.

Stierlin, H. (1988). Prinzipien der systemischen Therapie. In: F. Simon (Hrsg.). Lebende Systeme. Wirklichkeitskonstruktionen in der systemischen Therapie (S. 54-65). Berlin, New York: Springer.

Stillman, R. J. (Hrsg.). (2010). Public administration. Concepts and cases. Hawthorne and the electric. (9th ed.). Belmont, CA: Wadsworth Cengage.

Stockmann, R., & Meyer, W. (2014). Evaluation. Leverkusen: Budrich.

Strohm, O. (2008). Zur Veränderungen führen. Mikropolitische Strategien und Verhaltensweisen von Führungskräften in Veränderungsprozessen. In: Unternehmensgestaltung im Spannungsfeld von Stabilität und Wandel (S. 349-362). Zürich: vdf.

Streich, R. K. (1997): Veränderungsmanagement. In: M. Reiß, & L. Rosenstiehl, A. Lanz (Hrsg.). Change Management: Programme, Projekte und Prozesse (S. 237-254). Stuttgart: Schäffer-Poeschel.

Sutorius, R. (2008). Projektmanagement Checkbook. München: Haufe.

Taylor, F. W. (1911, 1976 printing). Scientific management. Comprising shop management, the principles of scientific management [and] testimony before the special House committee. Westport, Conn. Greenwood Press.

Taylor, F. W. (1913). Die Grundsätze wissenschaftlicher Betriebsführung. München: Oldenbourg.

Trebesch, K. (1980a). Organisationsentwicklung in Europa. Beiträge zum 1. Europäischen Forum über Organisationsentwicklung in Aachen 1978. Stuttgart, Bern: Haupt 1980a.

Trebesch, K. (1980b). Organisationsentwicklung in Europa. Beiträge zum 1. Europäischen Forum über Organisationsentwicklung in Aachen 1978. Stuttgart, Bern: Haupt.

Trebesch, K. (1982). 50 Definitionen zur Organisationsentwicklung und kein Ende, oder. Würde Einigkeit stark machen? Organisationsentwicklung (3), S. 37-62.

Trebesch, K. (1994). Unternehmensentwicklung – Ein Konzept für die Praxis. Organisationsentwicklung (2), S. 4-24.

Trebesch, K. (Hrsg.). (2000). Organisationsentwicklung. Konzepte, Strategien, Fallstudien, wegweisende Beiträge aus der Zeitschrift OrganisationsEntwicklung. Stuttgart: Klett-Cotta.

Trepper, T. (2012). Agil-systemisches Softwareprojektmanagement. Wiesbaden: Springer.

Treude, B. (Hrsg.). Organisationsentwicklung. Hamburg 1981.

Triebel, C., & Heller, J., Hauser, B., Koch, A. (Hrsg.). (2016). Qualität im Coaching. Denkanstöße und neue Ansätze. Wie Coaching mehr Wirkung und Klientenzufriedenheit bringt. Berlin, Heidelberg: Springer.

Trist, E. L, & Higgin, G. W., & Murray, H.,& Pollock, A.B. (1963). Organizational choice. New York: Garland.

Trist, E. L. (1972). The evolution of sociotechnical systems. Occassional paper No.2, June 19th of the Ontario Quality of Working Life Centre 1972.

Trist, E. L. (1975). Sozio-Technische Systeme. In: W. Bennis, & K. Benne, R. Chin (Hrsg.). Änderung des Sozialverhaltens (S. 201-218). Stuttgart: Klett.

Ulrich H., & Probst G. (Hrsg.). Self-organization and management of social systems. Berlin: Springer.

Vahs, D. (2015). Organisation. Ein Lehr- und Managementbuch. (9. Aufl.). Stuttgart: Schäffer-Poeschel Verlag.

van Maanen, J. (2011). Ethnography as Work. Some Rules of Engagement. Journal of Management Studies 48 (1), S. 218-234.

Varela, F., & Maturana H., Uribe R. (1982). Autopoiesie. Die Organisation lebender Systeme, ihre nähere Bestimmung und ein Modell. In: H. Maturana (Hrsg.). Erkennen. Die Verkörperung von Wirklichkeit (S. 157-169). Braunschweig: Vieweg.

Varela F. J., & Maturana H. R., Uribe R. (1974). Autopoiesis: The organization of living systems, its characterization and a model. Biosystems 5 (4), S. 187-196.

Varela F. J. (1984) Two principles for self-organization. In: H. Ulrich, & G. Probst (Hrsg.). Self-organization and management of social systems (S. 25-33). Berlin: Springer.

Vester, F. (1984): Neuland des Denkens. München: DTV.

Vogel, H.-C., & Bürger, B., Kersting, H. J. (Hrsg.). (1994): Werkbuch für Organisationsberater. Aachen: Wissenschaftlicher Verlag des Instituts für Beratung und Supervision.

Walger, G., & Achatzi, H.-J. (Hrsg.). (1995): Formen der Unternehmensberatung. Systemische Unternehmensberatung, Organisationsentwicklung, Expertenberatung und gutachterliche Beratungstätigkeit in Theorie und Praxis. Köln: Schmidt.

Walger, G., & Kailer, N. (Hrsg.). (2000): Perspektiven der Unternehmensberatung für kleine und mittlere Unternehmen. Probleme - Potentiale - empirische Analysen. Wien: Linde.

Wastian, M., & Braumandl, I., Rosenstiel, L. von (2012). Angewandte Psychologie für das Projektmanagement. Ein Praxisbuch für die erfolgreiche Projektleitung. (2. Aufl.). Berlin, Heidelberg: Springer.

Watzlawick, P., & Beaver, J. H., Jackson, D. D. (1969). Menschliche Kommunikation. Formen, Störungen, Paradoxien. Bern, Stuttgart: Haupt.

Watzlawick, P. (Hrsg.). (1985). Die erfundene Wirklichkeit. Wie wissen wir, was wir zu wissen glauben? Beiträge zum Konstruktivismus. (12. Aufl.). München, Zürich. Piper.

Weber, G., & Schmidt, G., Simon, F. B. (2013). Aufstellungsarbeit revisited. Heidelberg: Carl Auer.

Weber, M., & Urbanski, J. (2012). Big Data im Praxiseinsatz. Szenarien, Beispiele, Effekte. Berlin, Hannover: BITKOM, Technische Informationsbibliothek und Universitätsbibliothek.

Weber, S. M. (2009). Großgruppenverfahren als Methoden transformativer Organisationsforschung. In: S. Kühl, & P. Strodtholz, A. Taffertshofer (Hrsg.). Handbuch Methoden der Organisationsforschung. Quantitative und Qualitative Methoden (S. 145-179). Wiesbaden: VS Verlag.

Weckmüller, H., & Biemann, T. (Hrsg.). (2013). Exzellenz im Personalmanagement. Neue Ergebnisse der Personalforschung für Unternehmen nutzbar machen. Freiburg: Haufe.

Weisbord, M. R., & Janoff, S. (1995). Future search. An action guide to finding common ground in organizations and communities. San Francisco. Berrett-Koehler.

Werkmann-Karcher, B., & Rietiker, J. (2010). Angewandte Psychologie für das Human Resource Management. Konzepte und Instrumente für ein wirkungsvolles Personalmanagement. Berlin, Heidelberg: Springer.

Werner, C. (Hrsg.). (2013). Handbuch Organisationsdiagnose. München: Utz.

Werther, S., & Jacobs, C. (2014). Organisationsentwicklung. Freude am Change. Berlin: Springer.

Westermann, R. (2002). Merkmale und Varianten von Evaluationen. Zeitschrift für Psychologie, Journal of Psychology 210 (1), S. 4-26.

Wiener, N. (1948). Cybernetics: Or Control and Communication in the Animal and the Machine. Paris: Hermann & Cie & Cambridge Massachusetts: MIT Press.

Willke, H. (1994): Systemtheorie II: Interventionstheorie: Grundzüge einer Theorie der Intervention in komplexe Systeme. Stuttgart, Jena: Fischer.

Willke, H. (2000). Systemtheorie. (6. Aufl.). Stuttgart: Fischer.

Willke, H. (2009). Organisationales Lernen. Die intelligente Organisation. In: Breuer, C., & Thiel, A. (Hrsg.). Handbuch Sportmanagement (S. 122-138). Schorndorf: Hofmann.

Willke, H. (2014). Systemtheorie III. Steuerungstheorie. Grundzüge einer Theorie der Steuerung komplexer Sozialsysteme. (4. Aufl.). Stuttgart: UVK.

Wimmer, R. (1990): Wozu noch Gruppendynamik? Eine systemtheoretische Reflexion gruppendynamischer Arbeit. Gruppendynamik 1, S. 5-28.

Wimmer, R. (1992a). Was kann Beratung leisten? Zum Interventionsrepertoire und Interventionsverständnis der systemischen Organisationsberatung. In: R. Wimmer (Hrsg.). Organisationsberatung. Neue Wege und Konzepte (S. 59-112). Wiesbaden: Gabler.

Wimmer, R. (1992b). Der Systemische Ansatz – mehr als eine Modeerscheinung. Zur professionellen Orientierung von internen Experten für Organisations- und Personalentwicklung. In: C. Schmitz, & W. Gester, B. Heitger (Hrsg.). Managerie. Systemisches Denken und Handeln im Management (S. 70-104). Heidelberg. Carl Auer.

Wimmer, R. (1993a). Zur Eigendynamik komplexer Organisationen. In: G. Fatzer (Hrsg.). Organisationsentwicklung für die Zukunft (S. 255-308). Köln: EHP.

Wimmer, R. (1993b). Erlebt die Gruppendynamik eine Renaissance? Eine systemtheo-retische Reflexion gruppendynamischer Arbeit am Beispiel der Trainingsgruppe. In: G. Schwarz, & P. Heintel, M. Weyrer, H. Stattler (Hrsg.). Gruppendynamik. Geschichte und Zukunft (S. 111-140). Wien: WUV.

Wimmer, R. (1995). Die permanente Revolution. Aktuelle Trends in der Gestaltung von Organisationen. In: R. Grossmann, & E. E. Krainz, M. Oswald (Hrsg.). Veränderung in Organisationen. Management und Beratung (S. 21-42). Wiesbaden: Gabler.

Wimmer, Rudolf (2009). Systemische Organisationsberatung – Organisationsverständnis und künftige Herausforderungen. In: Pühl, H. (Hrsg). Handbuch Supervision und Organisationsentwicklung (S. 213-230). Wiesbaden: VS Verlag.

Wimmer, R., & Trebesch, K., Minx, E., Doppler, K., Lauterburg, C. (2011). Die Zukunft des Change Management. Organisationsentwicklung. Zeitschrift für Unternehmensentwicklung und Change Management 30 (4), S, 16-29.

Wimmer, R. (2012). Die neuere Systemtheorie und ihre Implikationen für das Verständnis von Organisation, Führung und Management. In: Rüegg-Stürm, J, & Bieger, T. Unternehmerisches Management – Herausforderungen und Perspektiven. Festschrift für Prof. Peter Gomez (S. 7-65). Bern: Haupt Verlag.

Wimmer, R. (2014). Praktische Organisationswissenschaft. Lehrbuch für Studium und Beruf. (2. Aufl.). Heidelberg: Carl Auer.

Wimmer, R., & Glatzel, K., Lieckweg, T. (Hrsg.). (2014). Beratung im Dritten Modus. Die Kunst, Komplexität zu nutzen. Heidelberg: Carl Auer.

Wimmer, R., & Meissner, J. O., Wolf, P. (Hrsg.). (2014). Praktische Organisationswissenschaft. Lehrbuch für Studium und Beruf. (2. Aufl.). Heidelberg: Carl Auer.

Wimmer, R. (2015). Beratung im Dritten Modus – ein Vorschlag zur Weiterentwicklung systemischer Organisationsberatung. Zeitschrift für Organisationsentwicklung und Gemeindeberatung 15, S. 44-55.

Wimmer, R., & Oswald, M., Santer, H. (2016). Strategiegeleitete Führung von Unternehmen. Stuttgart: Schäffer-Poeschel.

Wirtschaftslexikon (2016): Consultingunternehmen. Abgerufen von http://www.daswirtschafts¬lexikon.com/d/consultingunternehmen/consultingunternehmen.htm. Datum des Zugriffs 17. Dezember 2016.

Wirtschaftswoche (2015). Die neue Leichtigkeit. Große Konzerne spielen Start-ups. Abgerufen von http.//www.wiwo.de/erfolg/management/die-neue-leichtigkeit-grosse-konzerne-spielen-¬start-ups, 12551818.html. Datum des Zugriffs 7. Januar 2017.

Woltmann-Zingsheim, B. (1994). Konstruktivistische Denk-Weisen In: H.-C. Vogel, & B. Bürger, H. J. Kersting (Hrsg.). Werkbuch für Organisationsberater (S. 71-95). Aachen: Wissenschaftlicher Verlag des Instituts für Beratung und Supervision.

Womack, J. P., & Jones, D. T., Roos, D. (1992). Die zweite Revolution in der Autoindustrie. Konsequenzen aus der weltweiten Studie aus dem Massachusetts Institute of Technology. (6. Aufl.). Frankfurt a. M.: Campus.

Worley, C. G., & Mohrman, S. A. (2014). Is change management obsolete? Organizational Dynamics 43 (3), S. 214-224.

Wunderer R., & Kuhn T. (1993): Unternehmerisches Personalmanagement. Konzepte, Prognosen und Strategien für das Jahr 2000. Frankfurt a. M., New York: Luchterhand.

Zald, D. H., & Rauch, S. L. (2006). The orbitofrontal cortex. Oxford, New York: Oxford University Press.

ZEW (2015): Übertragung der Studie von Frey, Osborne (2013) auf Deutschland. Kurzexpertise Nr. 57. Aufgerufen von http://www.zew.de/publikationen/uebertragung-der-studie-von-frey-osborne-2013-auf-deutschland. Datum des Zugriffs 3. Januar 2017.

Zikopoulos, P. C. (2012): Understanding big data. Analytics for enterprise class Hadoop and streaming data. New York: McGraw-Hill.

Zikopoulos, P. C. (2013). Harness the Power of Big Data. The IBM Big Data Platform. New York: McGraw-Hill.